Thomas Mann Jahrbuch Band 27

THOMAS MANN
Jahrbuch

Band 27 2014

Begründet von
Eckhard Heftrich und Hans Wysling

Herausgegeben von
Katrin Bedenig und Hans Wißkirchen

KLOSTERMANN

Herausgegeben in Verbindung mit der Deutschen Thomas Mann-Gesellschaft,
Sitz Lübeck e. V. und der Thomas Mann Gesellschaft Zürich

Redaktion und Register: Angelina Immoos und Katrin Keller,
Thomas-Mann-Archiv der ETH Zürich

Gedruckt auf Alster Werkdruck der Firma Geese, Hamburg,
alterungsbeständig ∞ ISO 9706 und PEFC-zertifiziert
Satz: post scriptum, www.post-scriptum.biz
Druck: Wilhelm & Adam, Heusenstamm
Printed in Germany
ISSN 0935-6983
ISBN 978-3-465-03824-5

Inhalt

Abhandlungen

Bibliographie

Anhang

Vorwort

Die Jahrestagung der Deutschen Thomas Mann-Gesellschaft stand im September 2013 unter dem Thema »Thomas Mann und Nachkriegsdeutschland« und wurde gemeinsam mit dem Ortsverein BonnKöln in Bonn ausgerichtet. Die Vorträge dieser Tagung bilden den ersten Teil des vorliegenden Bandes. Gerne heben wir an dieser Stelle das Referat von Prof. Dr. Günther Rüther »Zwischen Nähe und Distanz. Thomas Manns Deutschlandbild im Goethejahr 1949« hervor und weisen Sie auf nachstehende Publikation hin: Günther Rüther: Thomas Manns Deutschlandbilder im Goethejahr 1949, in: Historisch-Politische Mitteilungen. Archiv für Christlich-demokratische Politik, Jg. 16, 2009, Köln, Weimar, Wien S. 57–80.

Im zweiten Teil werden die Vorträge der Jahrestagung der Thomas Mann Gesellschaft Zürich vom Juni 2013 wiedergegeben. Sie nahmen unter dem Titel »›Enthusiastische Ambivalenz‹ – Thomas Mann und Richard Wagner« Bezug auf das große Wagner-Gedenkjahr.

Es folgen in der Rubrik »Abhandlungen« ein Sekundärliteraturbeitrag über die Bezüge der Novelle *Mario und der Zauberer* zu Kleists *Über das Marionettentheater* sowie ein groß angelegter Rezensionsüberblick zu amerikanischen Forschungsbeiträgen.

Des Weiteren kann die Quellenforschung um einen Beitrag über Fundstücke zu Hermann Hans Wetzler und damit eine bisher unbekannte Quelle zum Roman *Doktor Faustus* ergänzt werden.

Mit dem bereits 10. Nachtrag zur Thomas-Mann-Bibliographie ist in diesem Band ein Jubiläum dieser für die Forschung äußerst wertvollen Ergänzungen zur Bibliographie Georg Potempas zu begehen. Wir danken aus diesem Anlass den verdienten Begründern Gregor Ackermann und Gert Heine, aber auch für die wertvolle Unterstützung Paul Schommer, Walter Delabar, Bernhard Veitenheimer und Dirk Heißerer.

Abgerundet wird dieser Band durch die bewährte Auswahlbibliographie, die diesmal die Erscheinungsjahre 2012–2013 umfasst, sowie die Mitteilungen der Deutschen Thomas Mann-Gesellschaft und der Thomas Mann Gesellschaft Zürich.

Es bleibt ein letzter und ganz besonderer Dank: Thomas Sprecher hat sich mit der letztjährigen Jahrbuch-Ausgabe von der Herausgeberschaft des Thomas Mann Jahrbuchs verabschiedet. Er hatte die Funktion des Herausgebers seit 1994 und somit knapp 20 Jahre inne. Wir möchten Thomas Sprecher für seine langjährige Arbeit für das Thomas Mann Jahrbuch im Namen der Deutschen und der Schweizer Thomas Mann-Gesellschaften sehr herzlich danken.

Die Herausgeber

Norbert Frei

Kollektivschuldthese und Vergangenheitspolitik

Thomas Mann im politischen Horizont der Nachkriegsdeutschen

Spätestens seit Reinhart Kosellecks berühmter Begriffspaarung ist es bekanntlich schwierig geworden, über ›Erwartungshorizonte‹ zu handeln, ohne die davorliegenden ›Erfahrungsräume‹ zu erörtern. Im Falle des vergangenheitspolitischen Erwartungshorizonts der Nachkriegsdeutschen, der hier mit Blick auf Thomas Manns Rolle darin kurz beleuchtet werden soll, hieße das, mindestens bis auf das Jahr 1933 zurückzugehen. Weil das aber im Rahmen dieser Skizze nicht geleistet werden kann, ist eine weitere Beschränkung vielleicht gestattet: auf die sozialpsychische Lage im Deutschland der späten vierziger und frühen fünfziger Jahre.

I.

Der Beitrag lässt somit nicht nur die politische Ereignisgeschichte, sondern auch die Kommunikationen und Konfrontationen der unmittelbaren Nachkriegszeit beiseite, in die sich Thomas Mann rasch eingebunden sah: die frühen, vielfach erörterten Auseinandersetzungen um Bürde und Bedeutung von Exil und ›innerer Emigration‹, insbesondere die archetypische Auseinandersetzung mit Walter von Molo und Frank Thiess und das darin zum Ausdruck kommende, zweifellos harte Ringen um wechselseitige Anerkennung;[1] die schon seit dem Sommer 1945, dann anlässlich der Europareise 1947, aber auch danach wiederholt erörterte Frage, ob Thomas Mann aus dem Exil hätte zurückkehren sollen, um direkt Einfluss auf die Entwicklung des nachnationalsozialistischen Deutschland zu nehmen;[2] schließlich seine anfängliche Reserven gegenüber dem Nürnberger Prozess und seine schon früh artikulierten Zweifel am Willen der Amerikaner, die, wie er es nannte, »Nazi-Mentalität« (19.1, 141) in Deutschland entschlossen auszutilgen.

Diese unerquickliche erste Phase, die geprägt war durch falsche Vorstellungen seiner deutschen Freunde wie seiner deutschen Gegner, war in gewisser

[1] Vgl. Thomas Mann: Warum ich nicht nach Deutschland zurückgehe, September 1945. Offener Brief an Walter von Molo, in: 19.1, 72–82.
[2] Vgl. Tb, 4.8.1949, hier Anm 5.

Weise abgeschlossen, als der 74-Jährige im Mai 1949 seine zweite Expedition nach Europa antrat, die zugleich die erste ins Nachkriegsdeutschland werden sollte. Andererseits gab es im Verlauf der Reise neue Aufregungen, und als Thomas Mann am 23. Juli 1949 schließlich mit Katia von Zürich aus nach Frankfurt aufbrach, wo die Rede zu Goethes 200. Geburtstag zuerst gehalten werden sollte, da war ihm, »alsob es in den Krieg ginge« (Tb, 23.7.1949).

Vor allem der Besuch in Weimar sorgte für vorauseilenden Verdruss. Dabei störte den wie eine »[k]önigliche Hoheit«[3] Empfangenen weniger das Geraune ob der Aufwertung der kommunistischen Machthaber, die mit der Wiederholung der Goethe-Rede im Thüringischen tatsächlich oder vermeintlich verbunden sein würde. Was ihn betroffen machte, war die Kritik an seinem öffentlichen Schweigen über das Internierungslager auf dem Ettersberg – besonders scharf von Seiten des vormaligen Buchenwald-Häftlings Eugen Kogon, der mit dem *Recht auf den politischen Irrtum* schon im Sommer 1947 in den Frankfurter Heften eine von allen Gegnern der Entnazifizierung gern gehörte Parole ausgegeben hatte.[4] Von einem vermiedenen ›Besuch‹ in Buchenwald zu sprechen, wie das schon zeitgenössisch der Fall war und wie es auch in einem Teil der jüngeren biographischen Literatur noch zu lesen ist[5], scheint allerdings fragwürdig: Kann man wirklich glauben, die Sowjets hätten den Dichter vorgelassen?[6]

Jedenfalls traf die Sache erstaunlich präzise, was Thomas Mann bei Gesprächen »unter der Hand« (19.1, 715) über das sowjetische Speziallager hatte in Erfahrung bringen können und was er nach seiner Rückkehr in die USA in seinem ausführlichen *Reisebericht* niederlegte. Im Magazin der New York Times erschien der Text jedoch nur sehr (und nicht gerade glücklich) gekürzt.[7] In der deutschen Langfassung heißt es: »Folter, Prügel, Vergasung, die sadistische Erniedrigung des Menschen, wie in den Nazi-Lagern, gebe es dort nicht. Aber die Sterbeziffer sei hoch infolge von Unterernährung und Tuberkulose.« (19.1, 715)

---

[3] So die treffende Beobachtung von Klaus Harpprecht: Thomas Mann. Eine Biographie, Reinbek: Rowohlt 1995, S. 1762.

[4] Vgl. Eugen Kogon: Das Recht auf den politischen Irrtum, in: Frankfurter Hefte. Zeitschrift für Kultur und Politik, Jg. 2, Frankfurt/Main: Verlag der Frankfurter Hefte 1947, S. 641–655; siehe auch Kogons offener Brief an Mann, erschienen am 30.7.1949 in der Frankfurter Neuen Presse und abgedruckt in: Thomas Mann im Urteil seiner Zeit. Dokumente 1891–1955, hrsg. von Klaus Schröter, Frankfurt/Main: Klostermann 2000 (= TMS XXII), S. 378–380.

[5] So Donald A. Prater: Thomas Mann – Deutscher und Weltbürger. Eine Biographie, München: Hauser 1995, S. 573; unbefriedigend auch Hermann Kurzke: Thomas Mann. Das Leben als Kunstwerk. München: Beck 1999, S. 542; differenzierter Harpprecht 1995 (wie Anm. 3), S. 1757ff.

[6] In diese Richtung schon Manns eigene, am Tag seiner Abreise nach Stuttgart und München am 27.7.1949 verfasste Replik an seine Kritiker (vgl. 19.1, 692).

[7] Prater 1995 (wie Anm. 5), S. 573, spricht deshalb von einem »kurzen« Bericht; der gekürzte Reisebericht für das New York Times Magazin vom 25.9.1949 ist abgedruckt in: Tb, 1949–1950, S. 663–666; die deutsche Langfassung in: 19.1, 704–717.

›Kriminelle Vernachlässigung‹ hat dies die erst nach dem Ende der DDR wirklich einsetzende zeitgeschichtliche Forschung genannt[8] – und natürlich eine andere Terminologie für die Häftlingsgesellschaft gefunden als jene, die Thomas Mann offenbar mehr oder weniger wörtlich von seinen Informanten übernahm: Danach waren in Buchenwald neben »asozialen Elementen und verwilderten Landfahrern« zu je etwa einem Drittel »Uebeltäter[] der Nazi-Zeit« interniert und solche, »die sich manifester Quertreibereien gegen den neuen Staat schuldig gemacht und notwendig hätten isoliert werden müssen«. Immerhin setzte Thomas Mann hinzu: »Das Bild ist traurig genug. Wir wollen hoffen, daß es nicht auch noch zu schön gefärbt ist.« (19.1, 715)

»Bin gesund geblieben. Habe schlecht und recht standgehalten«, resümierte Mann das dichtgedrängte Pensum an Reden und Ehrungen, Feiern und Begegnungen am 4. August 1949 in seinem Tagebuch. Da war er bereits in Amsterdam und hatte erstmals seit fast zwei Wochen Gelegenheit zu einer Eintragung.

Thomas Manns Eindrücke aus »zwei spinnefeindlichen Sphären«, in denen ihm »gleichermaßen ›göttliche Ehren‹ erwiesen« wurden, waren naturgemäß ambivalent, und erst jetzt, in Amsterdam, war auch Zeit, sich den »Trauer- und Schreckenseinbruch« noch einmal zu vergegenwärtigen, den die Nachricht vom Selbstmord seines Sohnes Klaus bedeutet hatte, die ihn gleich zu Anfang der Reise in Stockholm erreichte (Tb, 6. 8. 1949).

II.

Politisch fiel die Deutschlandreise in jene Wochen, in denen die Etablierung der beiden deutschen Staaten ihrem Abschluss entgegenging; Thomas Mann hat diesen Umstand, soweit ich sehe, nicht explizit festgehalten. Im Osten wie im Westen wurde das Ende der unmittelbaren Besatzungsherrschaft als ein Neuanfang gedeutet. Dies umso mehr, als sich eine übergroße Mehrheit der Deutschen seit Jahren unter der Bürde eines Kollektivschuldvorwurfs wähnte – eines Vorwurfs freilich, der nie als alliierte Politik formuliert worden war, dessen Existenz zu behaupten und ihn abzuwehren aber wirkungsvoll der eigenen Entlastung diente.[9] Auch vor diesem Hintergrund verbanden viele Deutsche mit der neuen Staatlichkeit nicht zuletzt vergangenheitspolitische Erwartun-

---

[8] Vgl. als Überblick: Sowjetische Speziallager in Deutschland 1945 bis 1950. Studien und Berichte, Bd. 1, hrsg. von Sergej Mironenko, Lutz Niethammer, Alexander von Plato, Berlin: Akademie Verlag 1998; vgl. auch: Das sowjetische Speziallager Nr. 2 1945–1950. Katalog zur Dauerausstellung in Buchenwald, hrsg. von Bodo Ritscher u. a., Göttingen: Wallstein 1999.

[9] Vgl. dazu meinen Aufsatz: Von deutscher Erfindungskraft oder: Die Kollektivschuldthese in der Nachkriegszeit, in: Norbert Frei: 1945 und wir. Das Dritte Reich im Bewußtsein der Deutschen. München: dtv 2009, S. 159–169, 228–233.

gen: im Osten natürlich nur hinter vorgehaltener Hand, im Westen öffentlich und mit wachsender Lautstärke.

Forderungen nach einer Beendigung der seit langem höchst unpopulären Entnazifizierung, ja nach einem Schlussstrich unter die, wie man schon damals gerne sagte, ›jüngste Vergangenheit‹, wurden jetzt laut. Und vor dem Hintergrund des eskalierenden Kalten Kriegs verstanden sich die vormaligen Volksgenossen des Nationalsozialismus immer mehr als dessen eigentliche Opfer. In der Öffentlichkeit trat die Minderheit der überlebenden Opfer der NS-Verfolgung, die nach Kriegsende für eine kurze Phase durchaus Gehör und Anerkennung – und auch wirksame Hilfe – gefunden hatte, nun immer mehr zurück hinter die sich lautstark zu Wort meldende Mehrheit der Opfer von Bombenkrieg, Flucht und Vertreibung. Und statt um Entschädigung für NS-Verfolgte rang man um ›Wiedergutmachung‹ für die Opfer der Entnazifizierung und um Kompensation für die ›Restitutionsgeschädigten‹ – also für die vormaligen ›Arisierer‹.

Die politische Klasse der jungen Bundesrepublik trug diesen oft ganz unverfroren vorgetragenen vergangenheitspolitischen Erwartungen in vielerlei Hinsicht Rechnung.[10] Aber auch in der DDR tat man mehr für die einstigen Mitläufer und die anpassungswilligen ›Ehemaligen‹, als in das Klischee vom ›Hort des Antifaschismus‹ passen will.[11] Schon 1948 hatte die sowjetische Besatzungsmacht die National-Demokratische Partei Deutschlands zugelassen: mit dem klaren Ziel, den im Osten verbliebenen ehemaligen Nationalsozialisten, Berufssoldaten, Vertriebenen und dem rechten Restbürgertum eine politische Heimat anzubieten, die in der Hierarchie der Blockparteien freilich fest eingemauert und kontrolliert werden würde.

Und als der Bundestag im Dezember 1949 – als eines seiner ersten Gesetze überhaupt – mit Zustimmung aller Parteien ein allgemeines Straffreiheitsgesetz verabschiedete, das nicht zuletzt Zehntausende von kleineren NS-Tätern begünstigte,[12] da hatte die Provisorische Volkskammer der DDR auf Antrag der SED ein »Gesetz über den Erlaß von Sühnemaßnahmen und die Gewährung staatsbürgerlicher Rechte für die ehemaligen Mitglieder und Anhänger der Nazipartei und Offiziere der faschistischen Wehrmacht« bereits beschlossen, nämlich in ihrer fünften Sitzung am 9. November 1949.

---

[10] Vgl. zum Folgenden meine Darstellung: Vergangenheitspolitik. Die Anfänge der Bundesrepublik und die NS-Vergangenheit, München: Beck 2012 (= Beck'sche Reihe, 6060).

[11] Vgl. zum Folgenden Norbert Frei: NS-Vergangenheit unter Ulbricht und Adenauer. Gesichtspunkte einer »vergleichenden Bewältigungsforschung«, in: Die geteilte Vergangenheit. Zum Umgang mit Nationalsozialismus und Widerstand in beiden deutschen Staaten, hrsg. von Jürgen Danyel, Berlin: Akademie Verlag 1995 (= Zeithistorische Studien, Bd. 4), S. 125–132.

[12] Vgl. Frei 2012 (wie Anm. 10), S. 29–53.

Auch hinsichtlich der weiteren ›Wiederherstellung‹ der Ehre der deutschen Soldaten waren die Parallelen zwischen Ost-Berlin und Bonn auffäl-
lig: Adenauers erste ›Ehrenerklärung‹ datiert vom 5. April 1951 (abgegeben in
der Bundestagsdebatte über das sogenannte ›131er‹-Gesetz, das nicht zuletzt
eine generöse Versorgung der ehemaligen Berufssoldaten brachte); des Kanz-
lers zweiter Kotau vor den nun ihrer Wiederverwendung entgegensehenden
Wehrmachtoffizieren, datiert vom 3. Dezember 1952 (abgegeben in der Debatte
über den Generalvertrag und die EVG). Und vom 2. Oktober 1952 stammt das
DDR-Gesetz mit dem sprechenden Titel: »Über die staatbürgerlichen Rechte
der ehemaligen Offiziere der faschistischen Wehrmacht und der ehemaligen
Mitglieder und Anhänger der Nazipartei«.

Das alles – und vor allem die stupenden Parallelen im Umgang mit der Vergangenheit in Ost und West – verfolgte Thomas Mann allem Anschein nach
offenbar ebenso wenig en détail wie damals die meisten Deutschen. Aber wie
diese spürte er doch sehr genau, dass die Zeichen in seiner alten Heimat auf
›Schlussstrich‹ und ›Vergessen‹ standen. Doch im Gegensatz zu seinen (soll
man sagen: ehemaligen?) Landsleuten missfiel ihm auf das Heftigste, was die
übergroße Mehrheit der Deutschen für richtig, ja sogar für notwendig hielt.

Und noch etwas unterschied die Beobachtungen und Empfindungen des
exilierten Dichters von denen der Deutschen, vor allem der Westdeutschen:
Die Sorge nämlich, dass die von ihm für so gefährlich gehaltenen Tendenzen in
Deutschland durch die – aus seiner Sicht – kaum weniger negative Entwicklung
in den USA gleichsam potenziert würden.

III.

Seit dem Tod von Präsident Roosevelt, den Thomas Mann geradezu verehrte,
hatte sich die politische Lage in Amerika nach seinem Eindruck in raschen
Schritten verdüstert. Inzwischen hatte er sogar das nicht unbegründete Gefühl,
dass die immer noch wachsende Kalte-Kriegs-Psychose und der damit einher-
gehende Hass auf tatsächliche oder vermeintliche Kommunisten sogar für ihn
selbst bedrohlich wurden. Bestärkt wurde er darin vor allem durch die Gespräche mit seiner Tochter Erika, die unter der ständigen Beobachtung durch das
FBI und vielleicht mehr noch unter der Ungewissheit über ihren schwebenden
Einbürgerungsantrag litt, den sie schließlich verbittert zurückzog.

Spätestens seit November 1949 trug sich Thomas Mann mit dem Gedanken, für die Zeitung Aufbau eine »zusammenfassende Anklageschrift in der
Art von ›Dieser Friede‹ zu schreiben« (Tb, 6.11.1949), im Gestus mithin an-
knüpfend an seine Kritik des westlichen Appeasement gegenüber Hitler aus
dem Jahr 1938. In den Weihnachtstagen 1949 nahm der Text Gestalt an, wobei

ihm schon während des Schreibens klar wurde, dass es sich um einen »explosiven« (Tb, 25. 12. 1949), ja um einen »wahrscheinlich unmöglichen Artikel« (Tb, 26. 12. 1949) handeln würde. Tatsächlich ist der mehr als zwölf Buchseiten lange Artikel nie erschienen; mit Verve verwahrt sich Mann darin gegen seine Stigmatisierung als *fellow traveller*; zuletzt sei er besonders in der westdeutschen Presse des »Kommunismus« bezichtigt worden, die ihm »Verrat an der Freiheit« (Ess VI, 149) vorwerfe.

In unserem Zusammenhang besonders interessant ist jene Passage, in der er sich gegen die »ruchlose Einbeziehung des deutschen Militarismus in die ›Europäische Front‹« ausspricht; trotz aller europäischer Ängste sei dieser »nationalsozialistische Wiederaufmarsch in vollem Gange«. Und weiter heißt es dort:

Alles, was 1945 einen Augenblick, schon damals mit Unrecht, glaubte, sich verkriechen zu müssen, – frech erhebt es wieder sein Haupt, patriotisch beherrscht es die Szene, und kaum um 1930 hat sich das bessere, höhere, reinere Deutschtum in solcher Isolierung befunden. Niemand hat es mehr nötig, zu beteuern, er sei im Herzen nie ein Nationalsozialist gewesen. Im Gegenteil, aller Vorteil ist bei denen, die es von Herzen waren – und die es geblieben sind. (Ebd.)

Das war rabenschwarzer Pessimismus – und kaum genährt von direkten eigenen Beobachtungen, für die während der vollgestopften Deutschlandreise auch gar keine Zeit gewesen war. Mit anderen Worten: Es handelte sich bestenfalls um die Konklusion aus Gesprächen mit Gleichgesinnten und Vertrauten, deren Befürchtungen er gleichsam verdichtete. Selbst ein so zutreffender Hinweis wie der auf eine zur »Farce« gewordenen Entnazifizierung konnte Manns harte Diagnose schwerlich begründen, zumal zu sagen ist, dass er den nach vierjähriger Praxis verbliebenen Stellenwert der Verfahren im Grunde überschätzte, als er meinte, die Entnazifizierung sei »herabgesetzt auf den Rang eines politischen Ablenkungsmanövers« (ebd.).

Tatsächlich war die Entnazifizierung in der frischgebackenen Bundesrepublik eben nicht einmal mehr ein Ablenkungsmanöver, sondern ein in Abwicklung begriffenes Modell, dessen ›Liquidation‹ inzwischen praktisch niemand mehr im Bundestag widersprechen mochte.[13]

Aber heißt das, dass die 1945 begonnene politische Säuberung gescheitert war, wie Thomas Mann und mit ihm die meisten aus der überschaubaren Gruppe derer meinten, die sich jetzt resigniert die ›45er‹ zu nennen begannen und von denen ein inzwischen gleichfalls ernüchterter Eugen Kogon 1954 in den Frankfurter Heften sagen sollte, »allzuviele 131er« hätten über sie gesiegt?[14]

---

[13] Näheres dazu bei Frei 2012 (wie Anm. 10), S. 54–69.
[14] Zit. nach ebd., S. 99.

Die zeitgeschichtliche Forschung hat diese Skepsis der Zeitgenossen lange weitergetragen, und das frühe Standardwerk zu diesem Thema trägt in seiner zweiten Auflage von 1982 nicht von ungefähr den Titel *Die Mitläuferfabrik*.[15] Doch mit dieser Diagnose lässt sich nicht erklären, warum die ›Renazifizierung‹, jedenfalls in einem tieferen ideologischen Sinne, ausgeblieben ist, die fast alle kritischen Geister – nicht zuletzt übrigens auch die Liberalen in der amerikanischen Militärregierung – im Sommer 1949 kommen sahen.

Aufgrund der weitgehend wiederhergestellten Kontinuität in den Funktionseliten[16] haben wir es Anfang der fünfziger Jahre also einerseits mit einer personalpolitisch schwer belasteten Bundesrepublik zu tun. Andererseits gilt es zu erklären, warum trotz dieser Belastungen erstaunlich schnell ein geradezu hyperstabiles politisches Gemeinwesen zustande kam und wieso sich schon nach zwei, drei Legislaturperioden eine überraschend muntere Demokratie zu entwickeln begann. Die neueren Deutungen der Zeithistoriker knüpfen im Grunde bei Beobachtungen an, wie sie ein langjähriger Nachbar der Manns nach Pacific Palisades berichtete – just in den Tagen, als der ›Zauberer‹ dort seine Philippika gegen Amerika und dessen bundesrepublikanische ›Kolonie‹ verfasste. Am 28. Dezember 1949 schrieb Theodor Adorno aus Frankfurt am Main:

[I]ch habe außer ein paar rührend marionettenhaften Schurken von altem Schrot und Korn, noch keinen Nazi gesehen, und das keineswegs bloß in dem ironischen Sinne, daß keiner es gewesen sein will, sondern in dem weit unheimlicheren, daß sie glauben, es nicht gewesen zu sein; daß sie es ganz und gar verdrängen [...]. (BrAd, 45)

Die eilfertige, geradezu kollektive Pauschaldistanzierung der Deutschen von ihrer je eigenen Vergangenheit, wie Adorno sie in diesen Zeilen beschreibt, mochte für kritische Geister schwer zu ertragen sein – Hannah Arendt hat bekanntlich ähnliches beobachtet,[17] und die Mitscherlichs werden später von »Derealisierung« sprechen.[18] Mittelfristig lag darin aber ein Hoffnungszeichen. Denn wenn die Beobachtung richtig war, dann hieß das ja auch, dass die nach dem Ende der politischen Säuberung und parallel zu den Reintegrationssignalen von der Bonner Politik postulierte normative Abgrenzung vom Nationalsozialismus von einer Mehrheit akzeptiert wurde. Mochte dies fürs erste

---

[15] Vgl. Lutz Niethammer: Entnazifizierung in Bayern. Säuberung und Rehabilitierung unter amerikanischer Besatzung, Frankfurt/Main: Fischer 1972; 2. Auflage unter dem Titel: Die Mitläuferfabrik. Die Entnazifizierung am Beispiel Bayerns, Berlin: Dietz 1982.

[16] Vgl. Hitlers Eliten nach 1945, hrsg. von Norbert Frei, München: dtv 2010.

[17] Vgl. Hannah Arendt: Besuch in Deutschland, in: Dies.: Zur Zeit. Politische Essays. München: dtv 1989, S. 43–70.

[18] Alexander und Margarete Mitscherlich: Die Unfähigkeit zu trauern. Grundlagen kollektiven Verhaltens. München: Piper 1967, passim.

vielleicht auch nur im Sinne einer rhetorischen Abstandnahme der Fall sein, so erschien Anpassung an die neuen politischen Verhältnisse doch als das Gebot der Stunde.

Dass die meisten Deutschen seit der zweiten Hälfte der vierziger Jahre bereit waren, demokratische Parteien zu wählen, machte sie noch nicht zu Demokraten, eröffnete aber die Chance für einen nachholenden Sinneswandel. Und in dem Maße, in dem die neue Demokratie als ein auch ökonomisch und sozial in die Zukunft weisendes Staatsgebilde erschien, wuchs ihr schon in den fünfziger Jahren beträchtliches Vertrauen zu.

Dem ›sozialen Humanismus‹, zu dem sich Thomas Mann bis in seine letzten Jahre bekannte, zogen die Westdeutschen die ›soziale Marktwirtschaft‹ zweifellos vor. Seit 1952 endgültig zurück auf der ›alten Erde‹, hielt sich der Dichter von politischen Tagesaktualitäten nun weitgehend fern. Die nicht wenigen Besuche in Deutschland, die noch folgen sollten, boten den Deutschen reichlich Gelegenheit, dem alten ›Zauberer‹ zu huldigen, der im Abendlicht eines ruhmvollen Lebens die Schauseite des Versöhnlichen zu zeigen bereit war. Vielleicht waren es auch die Erinnerungen an diese letzten Begegnungen, die seine friedliebend gewordenen Deutschen lenkten, als Allensbach 1963 nach ihren literarischen Vorlieben fragte: Nach Ernest Hemingway und vor Ludwig Ganghofer war es Thomas Mann, den sie jetzt am liebsten lesen mochten.[19]

---

[19] Vgl. The Germans. Public Opinion Polls 1947–1966, hrsg. von Elisabeth Noelle und Erich Peter Neumann, Allensbach: Verlag für Demoskopie 1967, S. 106.

Hans Rudolf Vaget

Der Unerwünschte

Thomas Mann in Nachkriegsdeutschland

Nach der Niederwerfung des Hitler-Reichs waren Thomas Mann noch zehn Jahre zu leben vergönnt – Jahre, die er, in Amerika und mehr noch in Deutschland, als ein Wechselbad von Huldigungen und Anfeindungen, von »Qual und Glanz« (Tb, 20.9.1953) erlebte. Hermann Kurzke hat für die hier zur Debatte stehenden Jahre 1945 bis 1955 eine weit auseinander klaffende Schere von offizieller Huldigung und heimlichem Hass konstatiert.[1] Die Frage, ob wir heute diese Schere für geschlossen erklären können, muss offen bleiben. Sie lässt sich keineswegs so umstandslos bejahen, wie es angesichts einer auf Hochtouren arbeitenden Thomas-Mann-Industrie und seiner steten Präsenz im Feuilleton den Anschein haben mag, weil oft auch heute noch die mehr oder weniger aufrichtige Bewunderung für den Schriftsteller mit der mehr oder weniger selbstgerechten Ablehnung des politischen Thomas Mann unentwirrbar verwickelt ist.

Ein Beispiel für viele ist Friedrich Sieburg, damals einer der einflussreichsten Publizisten. Sieburg veröffentlichte 1949 aus Anlass von Thomas Manns erstem Deutschland-Besuch einen großen Artikel, den er scheinbar versöhnlich gestimmt mit *Frieden mit Thomas Mann* überschrieb. Darin ergeht er sich ehrerbietig über den »großen« und »verehrten Schriftsteller« und sein »enormes, dichterisch-kritisches Werk«, um sodann desto ungehemmter die, wie er meint, »politischen Ohnmachtsanfälle« zu geißeln: »Jeder politisch denkende Deutsche muss aufs Entschiedenste alles ablehnen, was der Dichter in den letzten Jahren zu diesen Fragen gesagt hat, obwohl so vieles daran richtig war.«[2] Der vormalige Sympathisant des Nationalsozialismus war nun offenbar bereit zu konzedieren, dass an der Verurteilung Hitlers und des Dritten Reichs etwas Richtiges war, doch Thomas Manns Kritik an Deutschland, die in hohem Maße eine Selbstkritik war, löste eine empörte Abwehr aus, die man getrost als schizophren bezeichnen darf.

---

[1] Vgl. Hermann Kurzke: Thomas Mann. Das Leben als Kunstwerk. Eine Biographie, München: Beck 1999, S. 544.

[2] Friedrich Sieburg: Frieden mit Thomas Mann, in: Thomas Mann im Urteil seiner Zeit. Dokumente 1891–1955, hrsg. mit einem Nachwort und Erläuterungen von Klaus Schröter, Frankfurt/Main: Klostermann 2000 (= TMS XXII), S. 375–378. Zuerst erschienen am 15.7.1949 in: Die Gegenwart, Jg. 4, Nr. 14, Freiburg in Breisgau 1949, S. 14–16.

Als Ergebnis der Informationsexplosion der letzten dreißig Jahre mehren sich die Indizien, dass Thomas Mann im kulturellen Gedächtnis der Deutschen nicht nur als der Verfasser von *Buddenbrooks* und *Der Zauberberg* weiter leben wird, sondern als der publizistisch engagierteste Gegenspieler Hitlers und als einer der großen Deutschland-Kritiker in der Tradition Friedrich Nietzsches und Heinrich Heines. Mit Gewissheit darf man heute voraussagen, dass neben dem literarischen Werk auch sein Wirken als historische Gestalt auf unabsehbare Zeit das feste Fundament seiner Reputation abgeben wird.

Kurzkes Bild von der auseinander klaffenden Schere von Ablehnung und Akzeptanz ist jedoch nicht in dem Sinne zu verstehen, dass sich Akzeptanz und Ablehnung die Waage hielten. Selbst die offiziellen Ehrungen wie die aus Anlass des Goethe- und Schiller-Jubiläums von 1949 beziehungsweise 1955 waren Gegenstand von Streit und Polemik. Als tiefer reichend erwies sich die offene oder verdeckte Ablehnung gerade dieses Exilanten, weil er amerikanischer Staatsbürger geworden war und im Gegensatz etwa zu Bertolt Brecht oder Theodor W. Adorno die Remigration nie ernsthaft in Betracht zog. In den Augen der Deutschen war Thomas Mann ein Sonderfall – ein höchst irritierender Sonderfall.

Selbst heute noch lässt sich die Ablehnung von damals bis zu einem gewissen Grad nachvollziehen. Anstatt als ein guter Arzt in das Land seiner Herkunft zurückzukehren, wozu Walter von Molo glaubte, ihn auffordern zu dürfen, verschrieb der *Faustus*-Autor aus dem fernen Kalifornien die Radikalkur einer schonungslosen Konfrontation mit dem monströsen, jüngsten Kapitel der deutschen Geschichte. Statt Linderung zu schaffen, verursachte er neue Schmerzen; statt sie zu verbinden, tröpfelte er Jod in die ohnehin schon brennende Wunde. Der einst schimpflich Vertriebene verweigerte sich der Rolle des beschwichtigenden, momentan Trost spendenden Hausarzts und stellte eine Ferndiagnose, die der langfristigen Gesundung Deutschlands und der Deutschen galt, denn es ging ihm nicht um Linderung, sondern um Heilung.

Thomas Manns Mahnungen fanden kaum Gehör, weil sie für die große Mehrheit der Deutschen zu früh kamen – zu einem Zeitpunkt, zu dem die Überlebenden der Nazizeit vordringlich mit der Sicherung ihrer Existenz befasst und noch nicht bereit waren, den eigenen Anteil an ihrem gegenwärtigen Unglück zu bedenken. Um die schlimmen Wahrheiten der vergangenen zwölf Jahre zu akzeptieren, hätte es eines moralischen Kraftakts bedurft, zu dem die Wenigsten fähig oder auch nur willens waren.

Auch in dieser Hinsicht tat sich also eine Schere auf: hier die schmerzlichen Einsichten des Emigranten in die Ursachen der deutschen Katastrophe, die für ihn nicht erst im Krieg und der militärischen Niederlage offenbar wurden, sondern bereits 1933; dort das zähe Festhalten an Illusionen und Selbsttäuschungen, die die NS-Propaganda den Menschen eingetrichtert hatte. Als Emigrant hatte Thomas Mann die Gelegenheit, gleichsam auf der Überholspur der Geschichte zu fahren und dabei einen Vorsprung an historischer Erkenntnis zu gewinnen, die in Deutschland erst Jahrzehnte nach seinem Tod konsensfähig wurde. Nicht alle Exilanten haben diese Gelegenheit genutzt. Dass Thomas Mann sie so weit gehend nutzte, dankt sich seiner Bereitschaft, Deutschland auch von außen zu sehen, mit den Augen der Opfer der deutschen Aggression. Mehr als seine US-Staatsangehörigkeit war es diese Außenperspektive auf Deutschland, die den *Faustus*-Autor vielen Deutschen ungenießbar machte, weil man als kalt und herzlos empfand, was doch nur die Wahrheit war.

Das derzeitige Selbstverständnis der Deutschen kennzeichnet im Kern ein gewisser Stolz auf die Stabilität und die Reife des politischen Systems, das nach dem Krieg, nicht ohne Zutun von außen, tiefe Wurzeln geschlagen hat und nach dem Ende der Zweistaatlichkeit auch das feste Fundament der Berliner Republik ausmacht. Dieser mitnichten unberechtigte Stolz überschreitet jedoch gelegentlich die Grenze zu einer unziemlichen Überheblichkeit, mit der man sich gerne als Weltmeister der sogenannten ›Vergangenheitsbewältigung‹ geriert und sich selbstgefällig auf die Schultern klopft, da man es doch im Vergleich mit anderen Nationen so herrlich weit gebracht habe. Dabei wird gern vergessen, dass der Weg zu der gegenwärtigen Stabilität lang und steinig war, weil die ehrliche und schonungslose Auseinandersetzung mit der Vergangenheit durch die in Bonn offiziell betriebene Vergangenheitspolitik mit ihren vielfachen Rücksichten auf die Millionen von Beteiligten und Belasteten lange blockiert war.[3] Eine gründliche, die kollektive Erinnerung korrigierende Auseinandersetzung kam eigentlich erst mit dem Historikerstreit von 1986 bis 1987 in Gang. Dieser zögerlich voranschreitende Prozess der Selbsterforschung ging einher mit der endgültigen Hinwendung zum Westen im Sinne von Heinrich August Winklers Interpretation der beiden jüngsten Jahrhunderte deutscher Geschichte als einen langen Weg nach Westen.[4] Früher als die Daheimgebliebenen erkannte Thomas Mann, dass zwischen der Selbsterforschung der Deutschen und der West-Integration Deutschlands der engste Zusammenhang besteht. Vor allem aber wird kaum je gesehen, dass Deutschlands Weg nach Westen weniger mühsam gewesen wäre, wenn man im Zuge des politischen Neuansatzes den Mut aufgebracht und die Aufrichtigkeit besessen hätte, dem unbequemen Mahner in Pacific Palisades Gehör zu schenken, insbesondere seinen im Exil gewonnenen Einsichten in den geschichtlichen Ort des Nationalsozialismus und in die tieferen Gründe für das schwer und langfristig beschädigte Verhältnis Deutschlands zur Welt. Eben dieses Verhältnis

---

[3] Siehe dazu grundlegend Norbert Frei: Vergangenheitspolitik. Die Anfänge der Bundesrepublik und die NS-Vergangenheit, München: Beck 1996.

[4] Siehe Heinrich August Winkler: Der lange Weg nach Westen, 2 Bände, München: Beck 2000.

zur übrigen Welt nach einer zwölfjährigen Periode der Rebarbarisierung war in den Nachkriegsjahren dem in Amerika zum Weltbürger gereiften Thomas Mann die Hauptsorge.

*

Wir berühren damit einen wichtigen Aspekt der jüngsten deutschen Geschichte, die sogenannte ›zweite Geschichte des Nationalsozialismus‹, d. h. die unerlässliche moralische, politische und juristische Aufarbeitung der Hitler-Jahre.[5] Thomas Mann meldete sich in dieser dringlichen und für die politische Zukunft Deutschlands entscheidenden Angelegenheit bereits vor Kriegsende zu Wort. Die Einsichten, die er dazu in seinen letzten Kriegsschriften artikulierte, haben seine Einstellung zu Nachkriegsdeutschland dauerhaft geprägt. Seine Sicht der jüngsten Vergangenheit blieb jedoch für die meisten Überlebenden schlicht inakzeptabel. Hier sei lediglich an drei seiner Einsichten erinnert.

Im Januar 1945 wurden Auschwitz und die anderen Todeslager von der Roten Armee befreit. Thomas Mann reflektierte über die Bedeutung der grauenhaften Entdeckungen in seiner Radioansprache nach Deutschland vom 14. Januar 1945, indem er die Frage stellt, wie nach Auschwitz »eine verständige Aussöhnung mit den anderen Völkern«, zumal den von Deutschland geknechteten, überhaupt denkbar sei. Seine Antwort schon damals: nur durch die »volle und rückhaltlose Kenntnisnahme entsetzlicher Verbrechen« und die »klare Einsicht in die Unsühnbarkeit dessen, was ein von schändlichen Lehrmeistern zur Bestialität geschultes Deutschland der Menschheit angetan hat« (XI, 1106). Viele Deutsche haben nichts davon gewusst, wie Thomas Mann bewusst war, oder nichts davon wissen wollen. Deshalb die ernste Mahnung: »Es muß aber in euer Gewissen eindringen, wenn ihr verstehen und leben wollt, und ein gewaltiges Aufklärungswerk, das ihr nicht als Propaganda mißachten dürft, wird nötig sein, um euch zu Wissenden zu machen« (ebd., 1107). Damit ist in aller Klarheit die unerlässliche Aufgabe nicht nur der Selbsterforschung, sondern auch der Holocaust-Forschung bezeichnet, lange bevor diese in Deutschland ernsthaft in Angriff genommen wurde.

Einen Monat danach, im Februar des letzten Kriegsjahres, schreibt Thomas Mann einen Artikel, dem er den Titel *Das Ende* gibt – offenbar in Anspielung auf die hochdramatische Stelle in Wotans Monolog in *Die Walküre*: »nur Eines will ich noch: das Ende – das Ende!« Auch diesem Text liegt die Frage zugrunde, was es nach diesem Krieg bedeuten wird, ein Deutscher zu sein, und wie Deutschland je wieder »zum redlichen Mitarbeiter an einer helleren Men-

---

[5] Siehe Der Nationalsozialismus – Die zweite Geschichte. Überwindung, Deutung, Erinnerung, hrsg. von Peter Reichel, Harald Schmid und Peter Steinbach, München: Beck 2009.

schenzukunft« (XII, 950) werden könne. Was Thomas Mann dazu zu erinnern hat, muss allen, die sich innerlich längst vom Nationalsozialismus abgewandt hatten, besonders unwillkommen gewesen sein. Es sei einfach unrealistisch, von den misshandelten Völkern Europas zu erwarten, dass sie »einen rein-lichen Trennungsstrich ziehen zwischen dem ›Nazismus‹ und dem deutschen Volk« (ebd., 946). Schließlich hatten es die Völker Europas nicht allein mit Nazis zu tun; die gesamte deutsche Volkskraft stand hinter dem Regime und schlug seine Schlachten. Daraus folgt, dass ganz Deutschland haftbar ist. Dies bedeutet nun keineswegs, dass jeder Deutsche schuldig ist. Es bedeutet aber, dass alle Deutschen die Verantwortung für das Geschehene tragen müssen. Statt von Kollektivschuld, spricht Thomas Mann also von kollektiver Verant-wortung und fügt hinzu: »ganz unabhängig von dem immer prekären Begriff der ›Schuld‹« (ebd.).

Im April 1945 schließlich erschien in dem Nachrichtenmagazin Time eine Bildreportage, die der Welt zum ersten Mal die grausige Wirklichkeit des deutschen Lagersystems vor Augen führte. Thomas Mann reagierte mit ei-nem Artikel, der in Deutschland kaum zehn Tage nach der Kapitulation unter einem nicht autorisierten und verstörenden Titel erschien: *Thomas Mann über die deutsche Schuld*.[6] Dieser Text entpuppte sich alsbald in der deutschen Wahrnehmung des berühmten Emigranten als der größte Stein des Anstoßes. Auch hier geht es um die Frage, wie es nach dem Offenbarwerden »unsere[r] Schmach« weitergehen kann und soll angesichts der Tatsache, dass »alles Deut-sche […] mitbetroffen« ist von der »entehrenden Bloßstellung« durch die von Deutschen begangenen Verbrechen. Thomas Mann nennt hier zwei Bedingun-gen: Die Deutschen müssen dem »lästerlichen Wahn von Rassensuperiorität« abschwören und sie müssen auf jede Art von Machtpolitik verzichten, denn »Macht ist nicht alles, sie ist nicht einmal die Hauptsache, und deutsche Größe war nie eine Sache der Macht« (XII, 951–953). Man möchte annehmen, dass die meisten Deutschen so unmittelbar nach dem Zusammenbruch des Hitler-Reichs mit einer so selbstverständlichen Lehre aus der jüngsten Vergangenheit wie dem Verzicht auf Machtpolitik kein Problem gehabt hätten. Es ist deshalb ebenso rätselhaft wie aufschlussreich, dass gerade dieser Artikel das Verhältnis der Deutschen zu dem *Faustus*-Autor aufs schwerste belasten sollte, vor allem wohl wegen seines irritierenden Titels, der offenbar einen kollektiven Nerv traf. Indem man entrüstet Anstoß nahm an einer Anschuldigung, die Thomas

---

6 Der Artikel erschien am 12. 5. 1945 zunächst auf Englisch unter dem neutralen Titel *Address to the German People* in: The Nation, Jg. 160, Nr. 19, New York: The Nation Associates Inc. 1945, S. 535. In der deutschen Fassung hat Thomas Mann ihn mit *Die Lager* überschrieben (siehe XII, 951–953). In Deutschland erschien er in mehreren Zeitungen unter verschiedenen Überschriften. Die Fassung *Thomas Mann über die deutsche Schuld* erschien am 18. 5. 1945 in der Bayerischen Landeszeitung.

Mann nie erhoben hatte – nämlich dass jeder einzelne Deutsche schuldig sei – hielt man sich für berechtigt, die vielen anderen Wahrheiten, an die er erinnerte, von sich weisen zu können, insbesondere die Tatsache, dass Hitler sich auf breite Zustimmung berufen konnte und dass das gegenwärtige Unglück der Deutschen selbstverschuldet sei.[7] Unmittelbar nach Kriegsende, als der Washingtoner Vortrag *Deutschland und die Deutschen* bekannt wurde, kamen weitere Ärgernisse von Seiten Thomas Manns hinzu, vornehmlich die These, dass der Nationalsozialismus tiefe Wurzeln in der deutschen Kultur hatte und viel mit der deutschen Innerlichkeit zu tun hatte, samt deren schönster Blüte, der deutschen Musik.[8]

Walter von Molo, als er Thomas Mann aufforderte, nach Deutschland zurückzukehren, ging es offenbar darum, seinen ehemaligen Kollegen in der Sektion Dichtkunst der Preußischen Akademie von seiner, wie er meinte, wirklichkeitsfernen Sicht der deutschen Dinge abzubringen. Inzwischen wissen wir, dass die sogenannte ›große Kontroverse‹ um Thomas Mann von Molos Freund Johann Franz Gottlieb Grosser umsichtig eingefädelt worden war. Grosser war ein uneinsichtiger Nazi, dem es um nichts anderes ging, als die peinliche Frage der Schuld und der Verantwortung zu verwischen – in seinem eigenen höchst suspekten Fall und im Hinblick auf alle, die mitgemacht hatten.[9]

Angesichts des hier beschriebenen Vorsprungs an historischer und politischer Erkenntnis klingt der gelegentlich erhobene Vorwurf, Thomas Mann habe zum Gedeihen der politischen Kultur Nachkriegsdeutschlands nicht nur nichts beigetragen, sondern im Gegenteil diese durch sein angebliches Insistieren auf der sogenannten Kollektivschuld behindert, als gänzlich abwegig und wirklichkeitsfremd.[10] In Wirklichkeit hat sich kein anderer Schriftsteller die Rückkehr Deutschlands in den Kreis der zivilisierten Nationen so angelegen sein lassen wie Thomas Mann. Und kein anderer hat so früh und so entschieden die moralische Voraussetzung einer neuen und glaubwürdigen politischen

---

[7] Vgl. zu diesem gut erforschten sozialpsychologischen Phänomen Norbert Frei: Von deutscher Erfindungskraft oder: Die Kollektivschuldthese in der Nachkriegszeit, in: Rechtshistorisches Journal, Jg. 16, Frankfurt/Main: Löwenklau Gesellschaft 1997, S. 621–634.

[8] Den Vortrag *Deutschland und die Deutschen* (siehe XI, 1126–1148) hat Thomas Mann erstmals am 29. 5. 1945 im Coolidge Auditorium in the Library of Congress in Washington in englischer Sprache gehalten.

[9] Siehe Die grosse Kontroverse. Ein Briefwechsel um Deutschland, hrsg. von J. F. G. Grosser, Hamburg, Genf, Paris: Nagel 1963. Vgl. dazu Leonore Krenzlin: Geschichte des Scheiterns – Geschichte des Lernens? Überlegungen zur Lage während und nach der ›Großen Kontroverse‹ und zur Motivation ihrer Akteure, in: Fremdes Heimatland. Remigration und literarisches Leben nach 1945, hrsg. von Irmela von der Lühe und Klaus-Dieter Krohn, Göttingen: Wallstein 2005, S. 57–70.

[10] Dies die These in dem Thomas Mann Kapitel in: Aleida Assmann: Geschichtsvergessenheit, Geschichtsversessenheit. Vom Umgang mit deutschen Vergangenheiten nach 1945, Stuttgart: DVA, S. 118–123.

Kultur genannt wie der *Faustus*-Autor, nämlich die »volle und rückhaltlose Kenntnisnahme entsetzlicher Verbrechen« (XI, 1106).

Er selbst setzte die geziemenden Zeichen. Bei seinem ersten Besuch in London nach dem Krieg gedachte er des opferreichen englischen Beitrags zum Sieg über Hitler-Deutschland. In dem Vorspruch zu seinem Nietzsche-Vortrag im King's College sagte er, er empfinde es als seine Pflicht, seine Anteilnahme und Bewunderung für Großbritannien zum Ausdruck zu bringen, denn ohne seinen Widerstand wäre von der Zivilisation in Europa nichts übrig geblieben.[11] In demselben post-nationalen Geist versicherte er den Franzosen bei seinem Auftritt an der Sorbonne seine Anteilnahme und berichtete von seinem Mit-Leiden, »als der abstoßende Abenteurer, dem Deutschland in die Hände gefallen war, seinen elenden Sieg über Frankreich feierte« (XIII, 231). Ohne seine amerikanische Staatsbürgerschaft zu erwähnen, bezeichnete er sich als einen »europäisch gesinnten Deutschen« und demonstrierte mit kleinen Gesten des politisch-moralischen Anstands wahrhaft europäische Gesinnung lange bevor sie in den Beziehungen Frankreichs und Deutschlands zur Normalität wurde.[12]

*

Wie sehr Thomas Mann in den Nachkriegsjahren die Gemüter erregte, geht aus einer Befragung hervor, die die amerikanische Militärbehörde in München und einigen anderen Städten Bayerns im Sommer 1947 durchführte. Befragt wurden 82 sogenannte Meinungsführer, d. h. Vertreter des politischen, wirtschaftlichen und kulturellen Lebens, so dass den Ergebnissen ein hohes Maß an Repräsentanz zuerkannt werden durfte. Die Akten lagen jahrzehntelang in den National Archives in Washington, bevor Jost Hermand und Wigand Lange sie 1999 ausgruben.[13] Veranlasst wurde die Umfrage durch ein von Dieter Sattler vorgelegtes Memorandum vom Mai 1947, *An unsere Emigranten*, und von dessen Rede zur Eröffnung der Münchner Kulturwoche vier Wochen später.[14] Dieter Sattler war Staatssekretär im Bayerischen Kultusministerium. Als einer der ganz wenigen bemühte er sich, die Emigranten für den Neuanfang und die Wiederbelebung des kulturellen Lebens zu gewinnen. Klarsichtig und unbe-

---

[11] Einem Bericht in der London Times vom 21. 5. 1947, S. 8 zufolge. Vgl. hierfür BrAM, 1054. Den Vortrag *Nietzsches Philosophie im Lichte unserer Erfahrung* (siehe 19.1, 185–226) hat Thomas Mann am 20. 5. 1947 in englischer Sprache im King's College der London University gehalten.

[12] Am 11. 5. 1950 hielt Thomas Mann diese Rede in französischer Sprache in der Faculté des Lettres der Sorbonne.

[13] Siehe Jost Hermand / Wigand Lange: »Wollt ihr Thomas Mann wiederhaben?« Deutschland und die Emigranten, Hamburg: Europäische Verlagsanstalt, 1999. Die insgesamt 82 Befragten verteilen sich wie folgt: Würzburg: 14; Augsburg: 20; München: 19; Nürnberg: 13; Regensburg: 16.

[14] Sattlers Apell *An unsere Emigranten* ebd., S. 63–67.

irrbar nannte er eine handfeste Begründung für seinen Aufruf: »die Gestrigen sind wieder da aber mit allen ihren Parolen und wer das leugnet, steckt den Kopf in den Sand.«[15]

In Reaktion auf Sattlers mutigen Vorstoß beschloss das Office of Military Government for Bavaria, die Einstellung der Deutschen zu den Emigranten allgemein und zu Thomas Mann im Besonderen zu erkunden. Die Begründung der Aktion: Thomas Mann habe kürzlich über die Deutschen Äußerungen gemacht, die allgemein als nicht gerade schmeichelhaft empfunden wurden – als »not alltogether flattering«. Auf diesem Wege, so die Begründung, ließe sich im Hinblick auf diesen Exilanten erkennen, ob es den Deutschen mit der »reeducation and rehabilitation of Germany« wirklich Ernst sei. Dass es dabei in erster Linie um den *Faustus*-Autor ging, ist aus der internen Bezeichnung dieser Aktion zu ersehen; man nannte sie einfach die Befragung zu »Thomas Mann and others«.[16] Gleichwohl waren die Fragen allgemein gehalten; sie lauteten: ›Sind Sie der Meinung, dass die Emigranten zurückkehren und sich an der Umerziehung und Wiedergutmachung beteiligen sollen? Oder sind Sie der Meinung, dass sie nicht zurückkehren sollten, weil sich zwischen ihnen und dem Deutschland von heute eine Kluft aufgetan hat‹?[17]

Das Ergebnis der Umfrage fiel ernüchternd aus. Ein Großteil der Befragten sprach sich unverhohlen gegen eine Rückkehr der Emigranten aus, weil zu befürchten sei, dass sie kein Verständnis aufbrächten für das Leid der im Land Gebliebenen. Gegen die Rückkehr speziell Thomas Manns sprachen sich – mit der rühmlichen Ausnahme des Komponisten Karl Amadeus Hartmann und Erich Kästners – die große Mehrheit der Befragten aus, auch diejenigen, die die Rückkehr anderer – zum Beispiel Carl Zuckmayers – entschieden befürworteten. Als die Ursache für die Ablehnung Thomas Manns wird sein »inkonsequentes, unfreundliches, ja zum Teil sogar feindliches Verhalten dem deutschen Volk gegenüber« angegeben.[18] Exemplarisch für diese Pro-Emigranten-aber-contra-Thomas-Mann-Einstellung ist das Interview mit dem Münchner Musikkritiker Walter Panofsky, der zu Protokoll gab: »Den Ruf an die Emigranten halte ich für eine Selbstverständlichkeit, da unser Volk dazu schon aus Anstandsgründen die Verpflichtung hat.« Thomas Mann jedoch sei eine Ausnahme. Panofsky, der im Dritten Reich »aus rassischen Gründen« seinen Beruf nicht ausüben konnte, attestiert diesem Emigranten ein »moralisches und ethisches Versagen«, weil er sich weigere, nach Deutschland zu kommen, aber kritische Urteile über das Land fälle, ohne sich selbst ein Bild davon zu

---

[15] Ebd., S. 64.
[16] Ebd., S. 61–62.
[17] Vgl. ebd., S. 62.
[18] Ebd., S. 100.

machen.[19] Es ist recht besehen ein läppischer Vorwurf, der vermutlich tiefere Gründe der Ablehnung verdecken sollte.

Im Kern ging es bei dieser Aktion der amerikanischen Militärregierung also um die Frage: »Wollt ihr Thomas Mann wieder haben?« Die große Mehrheit der Befragten wollte ihn nicht wieder haben; mehr noch: Von den mehrheitlich sowieso unerwünschten Emigranten war Thomas Mann der unerwünschteste.

Der Betroffene wusste von der Befragung in Bayern nichts. Es ist jedoch nicht zu übersehen, dass er im Grunde seines Herzens mit den Initiatoren der Aktion in einem zentralen Punkt übereinstimmte: Seine Person, sein ganz besonderer Fall, stelle den Prüfstein für die Aufrichtigkeit der Deutschen dar. Dass er in der Tat so dachte, geht unter anderem aus der *Ansprache im Goethejahr 1949* hervor. Darin zitiert er – ohne Zweifel zustimmend – einen jungen Deutschen, der ihm geschrieben habe, dass »der Weg der Deutschen zu einem echten Europäertum [...] mit der Gerechtigkeit und dem Verständnis, das man einmal in Deutschland Ihrer Person und Ihrem Werk widerfahren läßt, aufs engste verknüpft« (19.1, 677) sei. Es wäre wohl abwegig, in diesem Satz nichts als ein weiteres Indiz seines prononcierten Selbstwertgefühls zu erblicken. Vielmehr bezeichnet er, wie die Umfrage in Bayern belegt, einen objektiven Sachverhalt: Thomas Mann war in der Tat ein Testfall.

*

Was die Befragung ans Licht brachte und mit teils offenen, meist jedoch sehr gewundenen Erklärungen belegte, ist die Irritation, die allein schon von dem Namen Thomas Mann ausging und offenbar nur von ihm. Zahlreiche andere Quellen bestätigen diesen Befund. Die gesammelten Zeugnisse seiner Unerwünschtheit ergeben eine lange Liste, die ein grelles Licht auf die Mentalitätsgeschichte der Nachkriegsjahre werfen. Hier wäre zu reden von den sattsam bekannten Anfeindungen durch die Innere Emigration, aber auch in deren Gefolge durch die Gruppe 47; von dem törichten Protest des Westdeutschen Autorenverbands gegen die Verleihung des Frankfurter Goethe-Preises an den *Faustus*-Autor; von der gequälten, missverständlichen und nicht selten unaufrichtigen Rezeption dieses Musik- und Deutschland-Romans; von dem verräterischen Theater um die sogenannte Kollektivschuld-These; von dem Eiertanz in der Bayerischen Akademie der Schönen Künste um seine Ehrenmitgliedschaft;[20] von dem merkwürdigen Verdacht der Verteufelung Deutschlands und

---

[19] Ebd., S. 156–157.
[20] Siehe dazu Albert von Schirnding: Rückkehr eines Ausgewiesenen. Thomas Mann und die Bayerische Akademie der Schönen Künste, mit einem Geleitwort von Dieter Borchmeyer, Göttingen: Wallstein 2011.

der Schützenhilfe für den Kommunismus und von dem geradezu hirnrissigen Vorwurf, er sei eigentlich mitschuldig an Deutschlands Verderben, weil der ironische Charakter seiner Werke die bürgerliche Jugend »in die geistige Irre« geführt und dem Nationalsozialismus in die Arme getrieben habe.[21]

Hinzu kam, dass man in Bonn und zunächst auch in Lübeck, ihm, der während der Hitler-Jahre für das Ansehen Deutschlands in der Welt mehr geleistet hatte als sonst wer, die kalte Schulter zeigte. Der Grund ist nicht weit zu suchen: Seine Vorhaltungen standen dem mächtigen Strom des Beschweigens und der verbreiteten Haltung des Schwamm-drüber, die für das politische Leben Westdeutschlands konstitutiv waren, diametral entgegen. Was sich später in der Bonner Vergangenheitspolitik konkretisierte, hatte in der Ablehnung Thomas Manns eine ihrer charakteristischen Antezedenzien.[22]

Zu einer Versöhnung zwischen Deutschlands berühmtestem Emigranten und dem offiziellen ›Adenauer-Deutschland‹, wie er es zu nennen beliebte, ist es nicht gekommen. Erst 2005, ein halbes Jahrhundert nach seinem Ableben, erfolgte eine offizielle Verneigung vor dem immer noch umstrittenen Autor durch Bundespräsident Horst Köhler.[23] In seiner Rede in Lübecks Marienkirche zitierte das deutsche Staatsoberhaupt eine der anstößigsten und am erbittertsten zurückgewiesenen Mahnungen in Thomas Manns Kriegsschriften, nämlich dass die Bombardierung Lübecks und der anderen deutschen Städte selbstverschuldet sei – dass in Lübeck und anderswo lediglich geerntet werde, was von den Deutschen in Rotterdam und Coventry gesät wurde. Dass Horst Köhler im Jahre 2005 endlich sagen konnte, dass Thomas Mann Recht hatte, reflektiert nicht nur die historische Klarsicht dieses Bundespräsidenten, sondern auch das nach einer Serie von Deutschland-Debatten spürbar entspanntere Verhältnis der Deutschen zu diesem Schriftsteller.

So aufschlussreich es für die Erhellung der deutschen Mentalitätsgeschichte sein mag, die Einwände und Vorbehalte der Deutschen gegen Thomas Mann möglichst vollständig zu erfassen, ein besseres Verständnis des schwierigen Verhältnisses wird sich erst dann einstellen, wenn es gelingt, die tieferen Gründe der vielfältigen Anfeindungen zu Tage zu fördern. Es lassen sich zwei Hauptgründe ausmachen: Thomas Manns Kritik an Deutschland sowie das biographische Faktum seiner amerikanischen Staatsbürgerschaft.

---

[21] Vgl. Ulrich Sonnemann: Thomas Mann oder Mass und Anspruch, in: Frankfurter Hefte, Jg. 3, H. 7, Frankfurt/Main 1948, S. 625–640.

[22] In Norbert Freis Analyse in *Vergangenheitspolitik* (Anm. 3) spielt Thomas Mann keine Rolle.

[23] Vgl. Horst Köhler: Festansprache, in: Vom Nachruhm. Beiträge zur Lübecker Festwoche 2005 aus Anlass des 50. Todesjahres von Thomas Mann, hrsg. von Ruprecht Wimmer und Hans Wißkirchen, Frankfurt/Main: Klostermann 2007 (= TMS XXXVII), S. 235–239.

Zweifellos hätte sich das Verhältnis der Deutschen zu Thomas Mann weniger aufgeregt gestaltet, wenn er sich wie die anderen Emigranten damit begnügt hätte, Hitler und den Nationalsozialismus sowie den Opportunismus der zum Mitmachen bereiten deutschen Eliten anzuprangern. Der *Faustus*-Autor blieb jedoch bei solchen wohlfeilen Verurteilungen post festum nicht stehen, sondern lenkte den Blick auf die über große Zeitstrecken gewachsenen mentalen Voraussetzungen und kulturellen Antezedenzien, die dem Triumph der Hitler-Bewegung gleichsam die Bahn geebnet hatten, nämlich den kulturellen und rassischen Superioritätswahn, der dem Weltmachtstreben seine trügerische Legitimation verlieh.[24] Statt weiterhin der These von den zwei Deutschland das Wort zu reden, dem guten und dem bösen, konfrontierte er die Überlebenden mit der bitteren Wahrheit, dass es nur ein Deutschland gebe und dass das böse das fehlgegangene gute sei, woraus zu folgern war, dass alles Deutsche – auch der deutsche Geist – durch den Nationalsozialismus in Mitleidenschaft gezogen und moralisch kompromittiert war.

Bezeichnend für die Irritation, die von der Tiefenschärfe der Mann'schen Ursachenforschung ausging, ist der humorlose Protest der evangelischen Bischöfe gegen die vermeintliche Verunglimpfung Martin Luthers, den Thomas Mann einen »stiernäckige[n] Gottesbarbar[en]« (19.1, 652) nannte.[25] Die Aktion erinnert fatal an den Protest der Münchner Wagnerianer, angeführt von Hans Knappertsbusch, gegen die angebliche Verunglimpfung Richard Wagners durch den Nobelpreisträger, einem glühenden Wagner-Bewunderer.[26] Während der Wagner-Protest 1933 die Ausstoßung und »nationale Exkommunikation« zur Folge hatte, verpuffte die Posse des Luther-Protests im Leeren.[27] Wer kann es dem Betroffenen verdenken, dass er angesichts solcher verbohrter Reaktionen sich an die Zeit unmittelbar vor der Machtübernahme durch Hitler erinnert fühlte![28] In seinen Augen hatte sich nicht viel geändert – nicht genug.

Noch schwerer wog für seine Gegner die Tatsache seiner amerikanischen Staatsbürgerschaft. Da mochte er noch so treuherzig versichern, dass er »als amerikanischer Staatsangehöriger ein deutscher Schriftsteller geblieben« sei, »treu der deutschen Sprache« (19.1, 668). Solche Beteuerungen mussten ihren

---

[24] Vgl. dazu Verf.: Thomas Mann und die deutsche Musik, in: ders.: Seelenzauber. Thomas Mann und die Musik, Frankfurt/Main: S. Fischer 2006, S. 21–47.

[25] Vgl. dazu Lutherische Verwahrung gegen Thomas Mann, in: Thomas Mann im Urteil seiner Zeit (Anm. 2), S. 374.

[26] Vgl. Verf.: Thomas Mann, Wagner und der Fall Knappertsbusch, in: wagnerspectrum Jg. 7, H. 2, Würzburg: Königshausen und Neumann 2011, S. 21–36.

[27] Von »nationaler Exkommunikation« spricht Mann in *[Antwort an Hans Pfitzner]* (XIII, 91) und auch in *Briefwechsel mit Bonn* (XII, 789).

[28] Brief an Emil Preetorius, 14. 1. bis 24. 2. 1946, in: Thomas Mann: Fragile Republik. Thomas Mann und Nachkriegsdeutschland, hrsg. von Stephan Stachorski, Frankfurt/Main: Fischer 1999, S. 42–44.

Zweck verfehlen angesichts jener anderen Tatsache, dass zwei seiner Söhne, Klaus und Golo, in amerikanischer Uniform nach Deutschland zurückkehrten und dass ihr Vater sich als Propagandist dem *war effort* der Alliierten zur Verfügung gestellt hatte. Thomas Mann wurde als Angehöriger einer Siegermacht wahrgenommen, die der Goebbels-Propaganda zufolge entschlossen war, die Deutschen zu bestrafen und umzuerziehen. Bezeichnenderweise haftete Hermann Hesse, dessen Kritik an Deutschland radikaler und konsistenter war als die Thomas Manns, kein solcher Makel an. Die Erklärung ist nicht weit zu suchen: Hesse wurde als Schweizer, nicht als Amerikaner wahrgenommen.

Bereits in der ›großen Kontroverse‹ unmittelbar nach Kriegsende wurde Thomas Manns Amerikanertum gegen ihn gewendet. Mit dem versteckten oder offenen Hinweis auf die amerikanische Staatsbürgerschaft wurden alle seine Aussagen über Deutschland in Frage gestellt; sogar die Berechtigung zu solchen Aussagen wurde bestritten. Auch dazu gab Frank Thiess, der Wortführer der Inneren Emigration, den Ton an. Sein Kollege Otto Flake brachte die Sache auf ihren beschämenden Punkt, indem er Thomas Mann schlicht als »amerikanische[n] Untertan« apostrophierte.[29]

In letzter Konsequenz ging es jedoch in jener Kontroverse um etwas Höheres, nämlich um die Deutungshoheit über die jüngste deutsche Vergangenheit. Die Frage war, wessen Sicht der üblen Geschichte die gültige war. Die der Emigranten, die, wie Thiess formulierte, der deutschen »Tragödie [...] aus den Logen und Parterreplätzen des Auslands« bloß zugeschaut haben, oder die der in Deutschland Gebliebenen, die sie am eigenen Leib erlitten haben?[30] Offensichtlich ist die Interpretation der deutschen Katastrophe ein so unentbehrlicher Grundpfeiler der politischen Kultur Nachkriegsdeutschlands, dass das Ringen um die Deutungshoheit im Prinzip endlos ist und sein muss. Von daher erklärt sich, warum Thomas Manns Position auch heute noch umstritten ist. Bedenklich ist jedoch, dass sich der Widerstand gegen ihn weitgehend derselben Argumente bedient wie schon 1945, als sei keine mentale Wandlung erfolgt und als hätte sich der Wissensstand in den letzten drei Jahrzehnten nicht enorm verändert.

Besonders symptomatisch ist der Fall des Thomas Mann Gegners Walter Boehlich, der den Deutschland-Roman des Emigranten samt des darin entfalteten Deutschlandbilds mit aller Entschiedenheit verwarf. Die Naziherrschaft, unter der Boehlich selbst zu leiden hatte, nennt er hier »eine Epoche der Weltgeschichte« und fügt einen berühmten Satz Goethes zitierend hinzu: »und

---

[29] Otto Flake: Der Fall Thomas Mann, in: Die grosse Kontroverse (Anm. 9), S. 53.
[30] Frank Thieß: Die innere Emigration, in: Die grosse Kontroverse (Anm. 9), S. 24; ebenfalls in: Thomas Mann im Urteil seiner Zeit (Anm. 2), S. 337.

Thomas Mann kann sagen, er sei nicht dabei gewesen.«[31] Mit einer gewissen Melancholie muss man zur Kenntnis nehmen, dass sich Boehlich nicht zu gut war, die Argumentation eines Frank Thiess zu übernehmen, und das Dabeigewesensein zum alleinigen Kriterium der moralischen Befugnis zu erheben. Bedenkt man die einflussreiche Rolle, die Boehlich als Cheflektor des Suhrkamp Verlags eine Dekade lang innehatte, so begreift man, warum in den 60er und 70er Jahren, der Hochzeit der von George Steiner so getauften »Suhrkamp culture«, Thomas Mann als Inbegriff der lustvoll verteufelten bürgerlichen Kultur einen so schweren Stand hatte.[32]

Seither greift man zu anderen Methoden, den politischen Schriftsteller Thomas Mann auf Distanz zu halten, wenn nicht gar zu erledigen. Man bestreitet seine Kompetenz, den politischen Weg Deutschlands zu erklären oder auch nur zu verstehen. Am hartnäckigsten hält sich die jedem nicht-deutschen Beobachter verblüffende und gänzlich unverständliche These, dass dieser Autor, was die Politik betrifft, als ein wirklichkeitsfremder, unwissender Magier anzusehen sei.[33] Ausgerechnet ihm, der in den Zeitungen und am Radio das politische Geschehen angespannt verfolgte – den man heute einen *news junkie* nennen würde – soll die Welt der Politik ein Buch mit sieben Siegeln gewesen sein. Im Grunde genommen haben wir es mit einer wohl bekannten Verhaltensweise zu tun: Man tötet den Boten, weil man seine Botschaft nicht hören will.

Denselben Zweck der Entwertung verfolgt eine abgemilderte Form der unseligen These von dem unwissenden Magier. Man argumentiert, dass sich der beherzte Verteidiger der Weimarer Republik, der passionierte Hitler-Gegner und rückhaltlose Roosevelt-Verehrer nur höchst widerwillig auf die Politik eingelassen habe und dass, aufs Ganze gesehen, seine Wortmusik, seine höchst produktive Faszination durch die Liebe in der komplizierten Form, die sein Los war, allein wirklich zählten.[34] Auch hier mag ein Blick über den deutschen Tellerrand die Verhältnisse zurecht zu rücken. Mit Bezug auf diese typisch deutsche Tendenz, die politischen Einlassungen letztlich nicht ernst zu nehmen, erinnert der englische Thomas Mann-Experte T. J. Reed sehr zu Recht daran, dass die politischen Schriften nicht nach denselben ästhetischen Kri-

---

[31] Walter Boehlich: Thomas Manns ›Doktor Faustus‹, in: Merkur, Jg. 2, H. 4, Stuttgart und Baden-Baden: DVA 1948, S. 596. In seiner *Ansprache im Goethejahr 1949* mokiert sich Thomas Mann über Boehlich, ohne seinen Namen zu nennen (vgl. 19.1, 674f.). Vgl. auch Tb, 9. 1. 1954.

[32] George Steiner: Adorno. Love and Cognition, in: The Times literary supplement, London: Times 9. 3. 1973, S. 253.

[33] Siehe Joachim Fest: Die unwissenden Magier. Über Thomas und Heinrich Mann, Berlin: Siedler 1985. Vgl. dazu Verf.: Ein unwissender Magier? Noch einmal der politische Thomas Mann, in: Vom Nachruhm (Anm. 23), S. 131–152.

[34] Beispielhaft für diese Auffassung ist das bedeutende Buch von Hermann Kurzke (Anm. 1), S. 573f.

terien zu beurteilen sind und dass Thomas Mann – durchaus im Sinne seines Vorbilds Nietzsche – als politischer Kommentator oberflächlich aus Tiefe war.[35]

*

Abschließend ist festzustellen, dass das Verhältnis dieses Autors zu Nachkriegsdeutschland eine gemischte Bilanz aufweist. Einigen Defiziten stehen beträchtliche, in der Emigration erzielte Gewinne an historischer und politischer Erkenntnis gegenüber. Es ist nicht zu leugnen, dass Thomas Manns Wahrnehmung der Bundesrepublik getrübt war durch die Erbitterung darüber, dass in ›Adenauer-Deutschland‹ so viele Nazis und Schuldbeladene ungeschoren davon kamen. So hat er die historischen Leistungen der Bundesrepublik weder wahrgenommen noch gewürdigt. Dazu gehören die feste, dauerhafte Verankerung der Demokratie in Deutschland, die erfolgreiche Integration von Millionen Flüchtlingen und Vertriebenen und der wirtschaftliche Wiederaufschwung; das sogenannte ›Wirtschaftswunder‹ stellte sich ihm in erster Linie als ein »freche[s] und unmoralische[s] Wohlsein nach Schandtaten« dar.[36] Zweifellos hegte er für die DDR größere Sympathien als für die Bonner Republik, wobei er sich nur unzureichend von dem undemokratischen und repressiven Charakter des SED Staates Rechenschaft ablegte.

Die Bonner Tagespolitik interessierte Thomas Mann wenig. Sein positiver Beitrag zur politischen Kultur Nachkriegsdeutschlands gehört in das weite Feld jener zweiten Geschichte des Nationalsozialismus, von der oben die Rede war, und seiner schonungslosen Aufarbeitung. Dabei ging es ihm vordringlich um die Wiederaufnahme Deutschlands in den Kreis der zivilisierten Völker und Nationen. Den sichersten Weg zu diesem Ziel erblickte er in dem Verzicht auf kontinentale oder gar globale Machtpolitik und in der Besinnung auf die geistigen und kreativen Tugenden der Deutschen. Die Geschichte hat ihm darin Recht gegeben. Als ebenso zutreffend erwies sich die Befürwortung in den Kriegsschriften einer territorialen Verkleinerung Deutschlands. Sie wurde von den Siegermächten oktroyiert, doch die Tatsache, dass sie von den Deutschen nach und nach innerlich akzeptiert wurde, hat sich als ein unerlässlicher Garant des Friedens in Europa erwiesen. Auch seine Vision einer europäischen Staatenföderation, die künftige Kriege ausschließt, ist verwirklicht worden. Da es ihm nicht um Linderung zu tun war, sondern um Heilung eines geistig-seelisch kranken Gemeinwesens, ging er zur Irritation vieler Zeitgenossen in der Ursachenforschung zur deutschen Katastrophe weit über die üblichen Verdächtigen

---

[35] Vgl. T. J. Reed: Thomas Mann. The Uses of Tradition, Oxford: Clarendon Press, 2nd edition 1996, S. 432–443.
[36] Brief an Klaus Mampell vom 17. 5. 1954, in: Fragile Republik (Anm. 28), S. 220.

wie Nationalismus, Militarismus, Antisemitismus, Weltwirtschaftskrise und Versailler Vertrag hinaus und nahm mentalitätsgeschichtliche Faktoren unter die Lupe: die deutsche Weltfremdheit, die deutsche Innerlichkeit samt ihrer schönsten Blüte, die scheinbar über jeden Verdacht erhabene deutsche Musik. Die Provokation des *Doktor Faustus* liegt nämlich darin, dass er uns eine bittere Wahrheit zumutet: Deutschland ist den Weg in die »Anti-Humanität« (10.1, 414) nicht gegen den Geist seiner avancierten Musikkultur gegangen, sondern durchaus in dem ihr innewohnenden Geist des Suprematiestrebens.

Die Rolle des Praeceptor Germaniae, die man ihm nach den *Betrachtungen eines Unpolitischen* zuzuschreiben begann, hat sich Thomas Mann nicht anmaßen wollen. Wenn je, so hat er sie erst in der Emigration innerlich akzeptiert im deutlichen Bewusstsein »einer wechselseitigen erzieherischen Verbundenheit von Nation und Autor« und »in dem Glauben an die *unvergleichliche moralische Wichtigkeit* dessen [...], was in Deutschland geschieht« (XII, 788–789), wie er in dem Bonner Brief erklärte. Es war eine unbequeme, aber durch den Gang der deutschen Dinge ihm zugewachsene Rolle, die ihn in den Stand setzte, Nachkriegsdeutschland den schweren aber einzig zum Ziel führenden Weg zurück in den Kreis der zivilisierten Völker zu weisen.

Hans Wißkirchen

Politische Lektüren

Die Rezeption der Brüder Heinrich und Thomas Mann im geteilten
Deutschland zwischen 1945 und 1955

Widmet man sich dem Thema der Rezeption der Brüder Mann im geteilten
Deutschland in der Nachkriegszeit, dann scheint man sich auf den ersten Blick
nur mit einem vergleichsweise kurzen Zeitraum zu befassen. Auch bei Heinrich
und Thomas Mann wäre freilich nichts verfälschender, als von einer Stunde
Null auszugehen. Ihre Wirkungsgeschichte reicht zurück bis ins 19. Jahrhundert und ist nur im Kontext bestimmter Kontinuitätslinien verstehbar, die
sehr viel früher beginnen und sich bis weit in die Nachkriegszeit, teilweise
sogar bis heute abzeichnen. Es ist daher notwendig, den Blick zunächst auf
die Jahrzehnte vor 1945 zu richten – wenn auch nur gezielt auf die wichtigsten
Erlebnisse und prägenden Erfahrungen. Für den Zeitraum der unmittelbaren
Nachkriegszeit sind vor allem die Äußerungen, welche die Debatten in den
jeweiligen Todesjahren, also 1950 und 1955, prägten, aufschlussreich.

1. Heinrich Mann

Heinrich Mann hatte sich gegen Deutschland sozialisiert – als Mensch und
als Schriftsteller. »Meine Erzieher waren französische Bücher, Krankheit, das
Leben in Italien, und zwei Frauen«[1], schreibt er 1910 im Alter von 39 Jahren.
Italien als das Land, in dem er lebte, und Frankreich als das Land, dem er seinen
Traum von der Revolution zueignen konnte – das waren die Resonanzböden
seines Denkens, Hoffens und Schreibens. Für die spätere Rezeption ist das
wichtig: Heinrich Mann sammelte die ihn ästhetisch prägenden Eindrücke
nicht in Deutschland, sondern in der Fremde. Ebenfalls wichtig ist, dass sich
im kollektiven Kulturgedächtnis ein ganz bestimmtes Bild von Heinrich Mann
festgesetzt hat – das des fortschrittlichen Autors, das ihn zugleich als Gegen-
part zu seinem konservativen Bruder Thomas Mann erscheinen ließ.

---

[1] Heinrich Mann: Essays und Publizistik. Kritische Gesamtausgabe, Bd. 2: Oktober 1904 bis
Oktober 1918, hrsg. von Manfred Hahn unter Mitarbeit von Anne Flierl und Wolfgang Klein,
Bielefeld: Aisthesis 2012, S. 112.

Das ist zu kurz gegriffen. Denn bei dieser Sichtweise wird immer wieder die Tatsache vergessen, dass Heinrich Mann seine Laufbahn als ein romantischer Autor begonnen hatte, der durchaus von konservativen und antisemitischen Zügen geprägt war. Diese Anfänge gehören untrennbar zu seinem Sosein als Autor.[2]

Wenn er sich ab etwa 1905 schon sehr früh und sehr entschieden zu einem Vertreter der demokratisch orientierten Autoren entwickelt, der in der Zeit vor dem Ersten Weltkrieg und dann noch deutlicher während des Krieges und in den unmittelbar folgenden Wirren der Deutschen Revolution eine singuläre Stellung als moralische Instanz in Deutschland erlangt, dann verleugnet er keineswegs seine Anfänge. Dass etwa Diederich Heßling, der Held seines berühmtesten Romans *Der Untertan*, jemand ist, der bei aller menschlichen Kälte am liebsten träumt, wie es gleich zu Beginn des Werkes heißt, ist durchaus autobiographisch zu verstehen. Auch Heinrich Manns herausragende Stellung in der Weimarer Republik beruhte nicht nur darauf, dass er sich immer wieder öffentlich für die junge Demokratie engagierte und sich mit seiner Autorität in einige zentrale und öffentliche Debatten einmischte, sondern ebenso auf einer anderen Eigenschaft, die man als eine seltsame Mischung aus Idealismus und ideologischer Härte beschreiben kann. Am eindrucksvollsten kommt dies in der von ihm 1923 geprägten Formel von der »Diktatur der Vernunft«[3] zum Ausdruck.

Ab 1933 lebte Heinrich Mann im Exil in Frankreich. Hier war er gewissermaßen zu Hause, denn hier kamen das Ideale und das Reale – in seinem Selbstverständnis – zur Deckung. Er, der immer das Ideal der Französischen Revolution den deutschen Verhältnissen entgegen gehalten hatte, war hier an ›seinem‹ Ort. Literarischer Ausdruck dieser gefühlten Einheit von Ideal und Leben sind die beiden *Henri Quatre*-Romane, die 1935 und 1938 erschienen und mit Fug und Recht zu seinen Hauptwerken gezählt werden müssen. Nun wäre es natürlich eine sehr einseitige Darstellung, stilisierte man Heinrich Manns Exil in Nizza zu einer Idylle. Die Verhältnisse waren schwierig. Auch Heinrich Mann litt unter dem emotionalen und materiellen Druck des Exillebens. Aber er setzte auch im Exil den Kampf gegen Hitler fort, der das politisches Wirken Heinrich Manns bereits in der späten Weimarer Republik entscheidend geprägt hatte.

---

[2] Vgl. Peter Stein: Heinrich Manns Antisemitismus und seine Artikel in der Zeitschrift »Das Zwanzigste Jahrhundert«, in: Heinrich-Mann-Jahrbuch 30, hrsg. von Andrea Bartl, Ariane Martin und Hans Wißkirchen, Lübeck: Schmidt-Römhild 2012, S. 83–127.

[3] Dem Reichskanzler Gustav Stresemann schreibt Heinrich Mann in einem offenen Brief, der am 11. 10. 1923 in der Vossischen Zeitung abgedruckt wird: »Ich fordere Diktatur der Vernunft.« Diese Formel wählt er auch als Titel für die von ihm im selben Jahr herausgegebene Sammlung politischer und zeitkritischer Essays; Heinrich Mann: Diktatur der Vernunft, Berlin: Die Schmiede 1923.

So verfolgte er die immer größere Ausweitung des Machtbereiches der Nationalsozialisten mit Aufmerksamkeit und Sorge. Und wie schon zu Zeiten der Weimarer Republik sah er sich auch jetzt in der Verpflichtung zur Tat.

Hier zeigen nun neuere Aktenfunde, dass Heinrich Mann nicht nur eine zentrale Rolle in der Volksfrontbewegung in Frankreich spielte, dass er nicht nur – und diese Feststellung ist nicht übertrieben – die einzige Person war, die in leitender Funktion die unterschiedlichen Gruppierungen der Hitlergegner vereinigen konnte, sondern dass er sich von der Kommunistischen Internationalen auch vereinnahmen ließ.[4] Man warb intensiv um ihn und das verfehlte seine Wirkung nicht. Seine Bücher wurden in hohen Auflagen in der Sowjetunion gedruckt, und – was eine große Ausnahme war – er erhielt großzügige Tantiemen. Heinrich Mann, das muss festgestellt werden, hat ab etwa 1935 die Sowjetunion als einen Staat angesehen, der ein letztes Bollwerk gegen die unaufhörliche Faschisierung Europas darstellte. Man sollte auch nicht verschweigen, dass er in diesem Kontext die Moskauer Prozesse als notwendig erachtet hat. Dennoch ist er, trotz vielfacher Bitten, niemals nach Moskau gereist.

In Frankreich wurden zum Zweck der politischen Vereinnahmung insbesondere zu deutschen Exilanten Beziehungen geknüpft, die bis weit in die Nachkriegszeit in der DDR Bestand hatten. Bei Heinrich Mann ist eine dieser Beziehungen diejenige zu Walter Ulbricht, der damals in Paris tätig war, Heinrich Mann hoch schätzte und ihn als einen ästhetischen Maßstab betrachtete. Heinrich Mann stand mit Ulbricht persönlich und brieflich in Kontakt. Aufgrund der vorliegenden Quellen kann man das Verhältnis als kritisch-solidarisch bezeichnen. Aber Heinrich Mann ließ sich durch Ulbrichts künstlerische Wertschätzung nicht blenden und schrieb etwa im Oktober 1937 an den Schriftstellerkollegen Lion Feuchtwanger:

Das Dringlichste ist, den Ulbricht loszuwerden. [...] Was er will, ist nichts Geringeres als eine neue Volksfront, die keine mehr wäre, sondern er hätte abgesprengte Bruchstücke unter seinem Befehl. Er ist ein vertracktes Polizeigehirn, sieht über seine persönlichen Intrigen nicht hinaus, und das demokratische Verantwortungsgefühl, das jetzt erlernt werden muß, ist ihm fremd. [...] Der U.[lbricht] will nur selbst zur Macht [...].[5]

Hier kommt eine Ambivalenz zum Ausdruck, die Heinrich Manns politisches Denken und Handeln in diesen bewegten Zeiten grundlegend prägte. Er durchdringt viele Dinge sehr genau mit einem von psychologischem Scharfsinn geprägten Blick. Im Falle Ulbrichts kommt noch eine gleichsam prophetische

---

[4] Vgl. Dirk Kemper: Heinrich Mann und Walter Ulbricht. Das Scheitern der Volksfront. Briefwechsel und Materialien, Paderborn: Fink 2012.

[5] Heinrich Mann an Lion Feuchtwanger, 29. 10. 1937, in: Lion Feuchtwanger: Briefwechsel mit Freunden 1933–1958, Bd. 1, Berlin: Aufbau 1991, S. 330.

Qualität hinzu, denn in seinen wenigen Sätzen kann man die Karriere des späteren Staatsratsvorsitzenden vorweggenommen sehen. Heinrich Mann aber setzte diese Einsichten nicht in öffentliches Handeln um, sondern fühlte vielmehr einen Zwang, sich mit den Hitlergegnern zu solidarisieren, weil er darin die einzige Möglichkeit sah, den Tyrannen zu stoppen.

Dass dabei eine gehörige Portion Naivität mitspielte, hat ein anderer Lübecker, der die damalige ›Szene‹ genau kannte, beschrieben: Willy Brandt. In seinen Erinnerungen *Links und frei* schreibt Brandt, dass er nach einer Volksfrontsitzung von 1938 den Eindruck gehabt habe, »Heinrich Mann werde mißbraucht. Er las vor, was ihm aufgeschrieben worden war. [...] Gewiß war er kein Kommunist. Doch er glaubte einfach an den Wahrheitsgehalt der Moskauer Prozesse.«[6]

Heinrich Manns Engagement bei der Volksfront hatte keinen Erfolg und blieb Episode. Die Geschichte wurde anders geschrieben. Frankreich wurde besetzt und Heinrich Mann gelang im letzten Moment die Flucht nach Amerika. Von 1940 bis zu seinem Tod im Jahr 1950 lebte Heinrich Mann im amerikanischen Exil – vereinsamt, ohne Resonanz bei den Lesern und der amerikanischen Öffentlichkeit und damit wieder ganz im Gegensatz zu seinem Bruder Thomas, der es gerade im amerikanischen Exil zu ganz neuen Qualitäten von Berühmtheit und Ansehen brachte.

Nach Kriegsende warb zunächst die sowjetische Zone, ab 1949 dann die Deutsche Demokratische Republik intensiv um Heinrich Mann. Seine Bücher wurden schon sehr früh in Ost-Deutschland verlegt und man ernannte ihn in absentia zum ersten Präsidenten der Deutschen Akademie der Künste in Ost-Berlin. Liest man, was er in seinen späten Briefen über die geplante Übersiedlung nach Berlin schreibt, dann wird abermals eine Ambivalenz deutlich: Er sagt nicht Nein, aber es gibt auch kein definitives Ja zur Rückkehr nach Europa. Fast scheint es, als findet er immer wieder neue retardierende Argumente, um nicht reisen zu müssen. Als schließlich die Passage auf einem polnischen Schiff gebucht und das Haus in Ost-Berlin eingerichtet ist, kommt der Tod und Heinrich Mann wird in der Fremde, in Santa Monica begraben. Er stirbt als ein Exilautor, dem die Heimkehr verwehrt geblieben ist.

In der DDR geht man freilich mit dieser Tatsache auf eine ganz eigene Art und Weise um: Man betreibt auch posthum die systematische Heimholung Heinrich Manns weiter. Das beginnt 1950 anlässlich seines Todes. In der offiziellen Trauerbotschaft der DDR heißt es:

---

[6] Willy Brandt: Links und frei. Mein Weg 1930–1950, Hamburg: Hoffmann und Campe 2012, S. 143.

Mit tiefer Trauer nimmt die Regierung der Deutschen Demokratischen Republik von dem Tode des großen deutschen Dichters Heinrich Mann Kenntnis, der mitten in den Vorbereitungen zur Rückkehr nach Berlin in Kalifornien verstorben ist.[7]

Hier wird die Kontinuitätslinie aus dem Exil in die DDR in einem doppelten Sinn weitergezeichnet. In einem allgemeinen Sinn verstand sich die DDR als der Staat, in dem das ›andere‹, das exilierte Deutschland nach der Niederlage seinen Ort finden sollte und konnte. In einem konkreten, auf Heinrich Mann bezogenen Sinn berief man sich auf eine ganz bestimmte Tradition in seinem Gesamtwerk, die vor allem auf *Professor Unrat* und auf *Der Untertan* gründet und bis in die aktuelle Gegenwart, die Zeit nach dem Zweiten Weltkrieg, fortgeführt wurde. In genau diesem Sinne fährt die Verlautbarung fort:

Heinrich Mann hat durch seine gesellschaftskritischen Romane dem imperialistischen kaiserlichen Deutschland die Maske vom Gesicht gerissen. Er gehört zu der allzu geringen Schar jener führenden deutschen Intellektuellen, die sich zusammen mit der Arbeiterschaft bemühten, die Weimarer Republik in eine wirkliche Volksrepublik zu verwandeln. Auf ihn konzentrierte sich der Haß der Nazidiktatur, die ihn, den Präsidenten der deutschen Dichterakademie, außer Landes trieb.[8]

Bis in die sprachlichen Einzelheiten werden hier die Kontinuitätslinien verfestigt. Der neu gewählte Akademiepräsident wird mit dem Akademiepräsidenten der Weimarer Republik subtil in eins gesetzt. Und dabei bleibt es nicht. Die Vereinnahmung wird über die rein textliche Ebene hinaus auch in der Realität umgesetzt. Was der Tod eigentlich verhindert hatte, wird Jahre später nachgeholt. 1961 wird die Urne Heinrich Manns aus den USA über Prag nach Ost-Berlin überführt und Heinrich Mann findet in einer Art Staatsbegräbnis auf dem Dorotheenstädtischen Friedhof direkt neben Bertolt Brecht seine letzte Ruhe. Diese Heimkehr, oder besser Heimholung, die seine Rezeptionsgeschichte in *beiden* deutschen Staaten entscheidend steuert, kommt 1971 durch eine Rede des Staatsratsvorsitzenden Ulbricht zum vorläufigen Abschluss:

Seit Jahrzehnten wird Heinrich Mann im westdeutschen Staat faktisch totgeschwiegen [...]. Das ist die Tradition des deutschen Imperialismus. Wir würden die Verfechter dieser Tradition sträflich unterschätzen, wenn wir uns nicht auch darauf vorbereiteten, ihre mit Sicherheit zu erwartenden Versuche, Heinrich Mann für ihren Alleinvertretungsanspruch zu mißbrauchen und ihn im antikommunistischen Sinne zu verfälschen, offensiv zu zerschlagen. [...] Denn Heinrich Mann ist unser![9]

---

[7] Trauerbotschaft der Regierung, u. a. in: Neues Deutschland, 14. 3. 1950; Tägliche Rundschau, 14. 3. 1950, zitiert nach: Heinrich Mann 1871–1950. Werk und Leben in Dokumenten und Bildern. Mit unveröffentlichten Manuskripten und Briefen aus dem Nachlass, hrsg. von Sigrid Anger, Berlin: Aufbau 1977, S. 351.

[8] Ebd.

[9] Wir sind die legitimen Erben, in: Neues Deutschland, 22. 1. 1971, zitiert nach Jörg Bern-

Damit war das Ziel erreicht. Und es entbehrt nicht einer gewissen historischen Ironie, dass es gerade Walter Ulbricht war, der in seiner Rede abschließend sagte: »Wir sind die legitimen Erben seines humanistischen Vermächtnisses.«[10]

Diese Rezeptionslinie lässt sich so lesen: Heinrich Mann wird als ein politischer Autor gesehen, der sich konsequent gegen den Ersten Weltkrieg, für die Demokratie und gegen den Hitlerfaschismus eingesetzt hatte. Ulbricht konnte dabei an autobiographische Erfahrungen, insbesondere an das gemeinsame Arbeiten mit Heinrich Mann in Paris anknüpfen. Keine Rolle spielte dabei Heinrich Manns geheime Sicht der Dinge gegenüber dem späteren Staatsratsvorsitzenden, die er selbst niemals öffentlich gemacht hatte und die daher auch seine eigene Rezeptionsgeschichte nicht mehr steuern konnte. Problematisch an dieser Rezeption, die das Primat des Politischen vor dem Ästhetischen festzuschreiben beginnt, ist ihre partielle Stimmigkeit. Was das meint, hat niemand besser als Heinrich Mann selbst verstanden, der schon 1946 dieser sich andeutenden Form der Vereinnahmung vergeblich vorbeugen wollte. In einem Brief an den Deutschen Kulturbund Stockholm bittet er deshalb, sein Andenken

möge sich nicht auf einige, schon gewohnte Charaktertypen beschränken. In Wirklichkeit habe ich mehr als nur den Helden des *Blauen Engel* und den vorweggenommenen Nazi des *Untertan* gemacht: Schöneres, meine ich, und näher der Vollendung, die ich nie erreichte.[11]

Noch deutlicher wird er ein Jahr vor seinem Tod gegenüber seinem Freund Karl Lemke:

Indessen, einmal von einem Publikum festgelegt als ›politischer‹ Romancier, blieben Schönheiten meist unbeachtet; […] ich bin nur falsch entdeckt. Als Verfasser eines romanhaften Leitartikels möchte ich nicht fortleben.[12]

Die nicht entdeckten Schönheiten, der fehlende ästhetische Blick auf sein Werk und die Reduktion auf das sicher vorhandene, aber beileibe nicht alles ausmachende Politische, sind diejenigen Aspekte, welche die Rezeption seit 1933 wesentlich bestimmen. Die politische Lektüre Heinrich Manns in der DDR

hard Bilke: Heinrich Mann in der DDR, in: Heinrich Mann 1871/1971. Bestandsaufnahme und Untersuchung. Ergebnisse der Heinrich-Mann-Tagung in Lübeck, hrsg. von Klaus Matthias, München: Fink 1973, S. 375.

[10] Ebd.

[11] Zitiert nach Manfred Flügge: Heinrich Mann. Eine Biographie, Reinbek bei Hamburg: Rowohlt 2006, S. 496.

[12] Heinrich Mann an Karl Lemke, 10.12.1948, in: Heinrich Mann: Briefe an Karl Lemke und Klaus Pinkus, hrsg. von der Deutschen Akademie der Künste zu Berlin [Ost], Hamburg: Claassen 1964, S. 90–91.

reicht also bis ins Exil zurück. Festzumachen ist diese Linie an einer Person wie Walter Ulbricht.

Zugleich hat diese reduzierende Lektüre das Heinrich Mann-Bild auch in der Bundesrepublik Deutschland definiert, dessen Folgen heute noch, wenn auch abgeschwächt, fortdauern. Bis in die siebziger Jahre lässt sich kaum eine nennenswerte Wirkungsgeschichte Heinrich Manns in der Bundesrepublik erkennen. In einer Art Abwehrreflex wird er als ein ›kommunistischer‹ Autor kaum wahrgenommen. In den fünfziger und sechziger Jahren gilt er als ein Autor der DDR, dessen Werke in hohen Auflagen im Aufbau-Verlag und nur in einigen ausgewählten Lizenzausgaben im Westen erscheinen.

In den Jahren unmittelbar nach Kriegsende finden sich daher nur wenige Belege für die Beschäftigung mit Heinrich Mann in der Bundesrepublik. Und alle weisen sie in die oben aufgezeigte Richtung. So heißt es 1948:

Er gehört zu der 1933 geschlagenen Generation, die bei der Verteidigung der Freiheit in Deutschland versagt hat. Der Kampf um die Freiheit ist mit der Niederlage des Nazismus nicht beendet. Die Fronten stehen schärfer denn je [...]. Das Versagen seiner Generation war nicht persönliche Schuld, wohl ist es der Übergang in das Lager des Ungeistes und der Diktatur.[13]

Das Letztere ist der zentrale Vorwurf und er findet sich wieder in Bezeichnungen wie die des »politischen Pamphletisten«,[14] die mehrmals fallen. Die weitgehende Wirkungslosigkeit wird eindrucksvoll an einer Umfrage der Zeitschrift Akzente aus dem Jahr 1969 deutlich. Von 26 befragten Autoren antworteten 15, sie könnten sich nicht zu Heinrich Mann äußern, da sie mit seinem Werk sehr wenig vertraut seien oder es oftmals gar nicht kannten.[15] Über das Verhalten der beiden deutschen Staaten schreibt Thomas Mann in einer unmittelbaren Reaktion auf den Tod des Bruders sehr treffend an Emil Belzner:

Er selbst hätte die langen, überströmenden, hochfeierlichen Telegramme der Ost-Berliner Regierungsstellen und Kulturorganisationen nicht zu ernst genommen. Und doch, daß aus Bonn, Frankfurt, München (Akademie der Künste!) und aus seiner Vaterstadt Lübeck *nicht ein Wort* kam, ist *miserabel*. (Br III, 138)

---

13 Peter Blachstein: Heinrich Mann besichtigt sein Zeitalter, in: Hamburger Akademische Rundschau, Jg. 2, H. 7/8, Hamburg 1947/48, S. 395.

14 Edgar Lohner: Heinrich Mann, in: Deutsche Literatur im 20. Jahrhundert. Strukturen und Gestalten, hrsg. von Hermann Friedmann und Otto Mann, Bd. 2, Heidelberg: Rothe 1961, S. 94.

15 Vgl. dazu Helmut Koopmann: Die Aufnahme von Thomas und Heinrich Mann in der Bundesrepublik. Ein Vergleich, in: Die Resonanz des Exils. Gelungene und misslungene Rezeption deutschsprachiger Exilautoren, hrsg. von Dieter Sevin, Amsterdam/Atlanta: Rodopi 1992 (= Amsterdamer Publikationen zur Sprache und Literatur, Bd. 199), S. 189.

2. Thomas Mann

Leiden an Deutschland – so überschrieb Thomas Mann eine Herausgabe von Tagebuchnotizen aus der Exilzeit (vgl. XII, 684–766). In diesem programmatischen Titel kommt ein zentraler Unterschied zum Bruder sehr deutlich zum Ausdruck, der die Rezeptionsgeschichte nach dem Krieg stark steuerte: Als Vertreter der deutschen Kultur wurde Thomas Mann vor und nach 1933 zum repräsentativen Autor. Die Nobelpreisverleihung von 1929, wenige Jahre vor Beginn des Dritten Reiches, war dafür ein deutlicher Beleg. Heinrich Mann hatte das genau verstanden und sein Glückwunsch macht deutlich, dass er auch von dem Preis weiß, den Thomas Mann zur Erlangung der großen Ehrung zu entrichten hatte. In einer Ansprache im Berliner Rundfunk am 12. November 1929 anlässlich der Ehrung seines Bruders sagt Heinrich Mann unter anderem:

> Hier wird jemand aus einem Menschen, der vorwiegend als Erkennender begann, ein teilnehmender Mensch, ein im Geiste hilfreicher und für sein ganzes Volk wissentlich werbender Schriftsteller.
> Er ist sich bewußt, er wird immer gewisser, daß er nicht nur für sich steht, nicht einsam lebt und schreibt, sondern nach dem Sinn einer sehr großen Zahl […].
> Aber man muß wissen, daß diese reinen, geistigen Tugenden noch nicht ohne weiteres belohnt werden von der Welt. Das läge nicht im Zuge der Wirklichkeit. Die Welt will jede Wahrheit zu ihrer Zeit hören, keine zu spät, aber auch keine zu früh. Die Welt duldet beim Schriftsteller weder Überhebung noch harte Zurechtweisung. Man muß den richtigen Augenblick erfassen, um sie auf den Weg des Besseren zu geleiten. Sogar ihre Fehler muß man zeitweilig mitmachen und verklären. Das alles wird verlangt, damit die Welt geistige Geschenke empfängt, ohne sich zu widersetzen. Sie verlangt Mäßigung, die eine kluge Tugend ist.[16]

Das ist – wieder einmal – sehr klug beobachtet und weist darauf hin, dass Thomas Mann der deutschen Mentalität immer näher stand, als Heinrich Mann es tat. Er hat die Fehler der Deutschen – Heinrich Mann spricht das den Ersten Weltkrieg verherrlichende Werk *Betrachtungen eines Unpolitischen* direkt an – mitgemacht und war daher in der Lage zu ihnen zu sprechen. Anders als Heinrich Mann selbst war Thomas Mann den Deutschen eben nicht zu weit vorausgeeilt in seinen Ansichten und Einsichten. Zwar spricht Heinrich Mann das in seinem Glückwunsch nicht explizit aus, unterschwellig schwingt dieser Grundton jedoch in der gesamten Ansprache mit.

Thomas Manns Exil konnte aufgrund dieser Verwobenheit mit der deutschen Mentalität daher nicht so eindeutig und klar verlaufen wie bei Heinrich

---

[16] Heinrich Mann: Der Nobelpreis, in: Berliner Rundfunk, 12. 11. 1929, zitiert nach: Thomas Mann im Urteil seiner Zeit. Dokumente 1891–1955, hrsg. von Klaus Schröter, Frankfurt/Main: Klostermann 2000 (= TMS XXII), S. 168.

Mann. Erst Ende 1936 wurde er ausgebürgert, obwohl er seit 1933 nicht mehr in Deutschland lebte. Er hatte Schwierigkeiten damit, aus seiner repräsentativen Rolle herausgedrängt worden zu sein und konnte sich zunächst nicht als ein Exilautor begreifen. Zwar bemühte sich etwa ein Johannes R. Becher schon 1934 um ihn, analog zu den Werbungen um Heinrich Mann vonseiten der kommunistischen Exilautoren. Thomas Mann blieb allerdings reserviert und wahrte während der Exilzeit Distanz zu den werbenden Stimmen aus der Sowjetunion. Diese Distanz darf aber nicht mit einer radikalen Ablehnung verwechselt werden. Thomas Mann verstand es vielmehr, in einer Art kulturpolitischer Großdiplomatie durchaus seine partielle Sympathie für die Sowjetunion zum Ausdruck zu bringen, ohne deshalb seine bürgerlich-westliche Grundorientierung und Verankerung aufzugeben und vor allem, ohne sich später in den USA den von der Sowjetunion gesteuerten Exilgruppen in öffentlichen Verlautbarungen anzuschließen. Dass man dennoch um ihn warb, gerade als sich Hitlers Niederlage immer stärker abzeichnete und es um ein Deutschland nach dem Krieg ging, hat dann auch zu Konflikten geführt – etwa mit Bertolt Brecht, seinem großen Antipoden.

Thomas Manns Position nach dem Krieg lässt sich mit zwei Zitaten aus den Jahren 1945 und 1949 kurz skizzieren. 1945 hält Thomas Mann in seinem Vortrag *Deutschland und die Deutschen* an zentraler Stelle fest: »Man *hat* zu tun mit dem deutschen Schicksal und deutscher Schuld, wenn man als Deutscher geboren ist.« (XI, 1128) Hier spielt Thomas Mann auf den Streit an, der bei den exilierten Intellektuellen immer weiter eskalierte, je deutlicher sich das Ende des Dritten Reiches ankündigte. Es war der Streit um die Verantwortlichkeit für das, was geschehen war, verbunden mit der Frage, ob es bestimmte Traditionen gab, die dafür Voraussetzungen geliefert hatten. Thomas Mann war der Ansicht, dass es diese Verantwortlichkeit bei ihm und bei anderen deutschen Denkern und Intellektuellen gab. Er zog eine Linie von Luther über die deutsche Romantik bis hin zum Nationalsozialismus. Mit dieser Sichtweise stellte er sich gegen die Position etwa eines Bertolt Brechts, der von zwei verschiedenen Deutschland-Begriffen ausging und die Nationalsozialisten als etwas Fremdes ansah, das den Rest des Volkes unter seine Herrschaft gebracht habe.

Vier Jahre später sagte Thomas Mann in seiner *Ansprache im Goethejahr 1949* anlässlich seines Besuchs in Weimar:

Ich kenne keine Zonen. Mein Besuch gilt Deutschland selbst, Deutschland als Ganzem, und keinem Besatzungsgebiet. Wer sollte die Einheit Deutschlands gewährleisten und darstellen, wenn nicht ein unabhängiger Schriftsteller, dessen wahre Heimat, wie ich sagte, die freie, von Besatzungen unberührte deutsche Sprache ist? (19.1, 678)

Thomas Mann hat die deutsche Teilung nicht akzeptiert, sondern im Gegenteil bis an sein Lebensende an der Einheit und der Perspektive der Wiedervereinigung festgehalten. Dafür gibt es eine Reihe von Belegen, die hier nicht alle ausgeführt werden können. Ihnen allen eignet aber eine ganz besondere prophetische Qualität, weil hier eine historische Perspektive formuliert wird, die absolut konträr zum Zeitgeist der vierziger und fünfziger Jahre stand.

Wie sah nun die Rezeption Thomas Manns in den beiden deutschen Staaten anlässlich seines Todes aus? In der noch jungen Bundesrepublik gab man sich 1955 große Mühe, bei allen wertenden Äußerungen das Ästhetische und das Politische zu trennen. In politicis, so die verbreitete Meinung, habe er nach 1945 keine Position gegenüber der Bundesrepublik gefunden – mehr noch: Seine Option für die Einheit der Nation, die Nichtanerkennung der deutschen Teilung, wie sie im letzten Zitat anklang, wurde in eine Option des dritten Weges umgebogen, die ihn zu einem nicht sehr zuverlässigen Zeitgenossen während des Wiederaufbaus der Demokratie und den politischen Auseinandersetzungen des Kalten Krieges machte. So heißt es etwa am 15. August 1955 in der Bonner Rundschau:

> Die Emigration hatte ihm die Klarheit des Blickes und die Sachlichkeit des Urteils über die seelische Not und die innere Haltung der deutschen Brüder getrübt. Seine politische Ideologie, die westliche Demokratie mit östlichem Sozialismus verbinden zu können glaubt, erscheint uns auch nur dadurch zu erklären.[17]

Dann fügt das Blatt aber sofort hinzu: »Diese Feststellung beeinträchtigt in keiner Weise die Hochachtung vor der literarischen Leistung und Persönlichkeit des Toten.«[18] Das klingt nach einem etwas ›hohlen‹ Lob, dem eine gewisse Verpflichtung anhaftet, und so verwundert es nicht, dass die Rezeption von 1955 auch deutlichere Töne kennt. So spricht der Münchner Merkur lediglich davon, dass man immer bereit gewesen sei, den »Dichter Thomas Mann [...] hinzunehmen«, um dann aber kein Blatt mehr vor den Mund zu nehmen:

> [Den] Weltmann mit den seltsamen Krötenaugen jedoch, der den Nationalsozialismus haßte und das politische Rußland mitsamt der Ostzone tolerierte, den konnten wir nicht verstehen.[19]

In diesen ersten Reaktionen auf Thomas Manns Tod finden sich schon die zentralen Aspekte seiner Rezeption versammelt. Angesprochen wird einerseits der gescheiterte Versuch, in einen produktiven Dialog mit der Inneren Emigration zu treten, andererseits wird ihm die klare Ablehnung, nach dem Krieg in die Bundesrepublik zurückzukehren, verübelt. Seine Vorbehalte gegenüber dem

---

[17] Anonym (Dr. St.): Dichter im Zeitensturm. Zum Tode von Thomas Mann, in: Bonner Rundschau, 15.8.1955.
[18] Ebd.
[19] Walther Klaulehn: Die Heimkehr des Proteus oder: Das Unbehagen an Thomas Mann, in: Münchner Merkur, 16.8.1955.

›Adenauer-Deutschland‹, wie er es nannte, wurden genau registriert. Seine Sorgen vor einem Wiedererstarken des Nationalsozialismus wurden als unbegründete Träumereien eines Gestrigen abgetan. Natürlich nahm man ihm auch seine Besuche in Weimar anlässlich des Goethe- und des Schiller-Jubiläums 1949 und 1955 übel. Unmittelbar nach dem Tod Thomas Manns, so kann man konstatieren, beginnen also schon die festen Zuschreibungen von außen. Von Thomas Mann wird ein Bild gezeichnet und tradiert, das den großen Dichter anerkennt, der aber freilich ein »Ärgernis« gewesen sei, »wenn er irdisch wurde und sich in die Politik mengte«.[20]

Sucht man nach Gründen für diese Kontinuitäten in der Wahrnehmung Thomas Manns und für die Blindheiten gegenüber seiner Lebensleistung als bedeutender politischer Exilautor, so muss man natürlich den historischen Kontext berücksichtigen. Thomas Manns Blick auf die westlichen Besatzungszonen und später auf die junge Bundesrepublik war durchaus einseitig. Er hatte kein Vertrauen in den Versuch, die Deutschen demokratisch zu erziehen, und die knappe Zeitspanne von sechs Jahren Bundesrepublik reichte nicht aus, ihn eines Besseren zu belehren. So sah er die in den ersten Landtags- und Bundestagswahlen sowie in vielen anderen Bereichen des öffentlichen Lebens beginnende Demokratisierung nicht. Vielmehr sah er die ebenfalls vorhandene andere Seite der Medaille: die Kontinuitäten, die sich aus dem Hitlerreich in die Bundesrepublik fortsetzten. Dieser Blick prägte seine Haltung. Er war nicht nur einseitig, sondern auch unzeitgemäß, unabhängig davon, wie klug viele seiner Beobachtungen sich aus heutiger Perspektive darstellen.

Pointiert gesagt argumentierte Thomas Mann in vielen Fragen wie die 68er-Generation Jahre später, als sie der Vätergeneration das Vergessen und Verdrängen vorwarf. Vor diesem Hintergrund mutet es wie eine besonders perfide Ironie der Geschichte an, dass die 68er versuchten, Thomas Mann als eine bürgerliche Vaterfigur zu morden, obwohl sie einiges bei ihm hätten lernen können. Ihr einseitiger Blick auf Thomas Mann erklärt sich damit, dass sich der Topos vom unpolitischen, wirklichkeitsfernen Dichter in den sechziger und siebziger Jahren schon so verfestigt hatte, dass auch die veränderten politischen Rahmenbedingungen in einem ersten Zugriff keinen neuen Blick ermöglichten. So argumentiert Hanjo Kesting noch 1975 in seinen berühmten zehn Thesen im Nachrichtenmagazin Der Spiegel ganz im Sinne der Argumentation von 1955.[21]

Dies aber wäre ein noch aufzuarbeitender Strang der Rezeptionsgeschichte bei Thomas Mann. Wir können nur konstatieren: 1955, als die historische

---

20 Ebd.
21 Vgl. Hanjo Kesting: Thomas Mann oder der Selbsterwählte. Zehn polemische Thesen über einen Klassiker, in: Der Spiegel, Nr. 22, 26.5.1975.

Distanz noch sehr gering war, war man naturgemäß zu diesem Lernen noch nicht bereit. Ein Grund für diese Haltung in der Bundesrepublik der frühen Nachkriegszeit mag sein, dass man sich von der Rezeption des Autors in der DDR abgrenzen wollte. Diese verlief einerseits analog zu der Rezeption Heinrich Manns, also konträr zur westlichen Sicht. Andererseits unterschied sie sich aber auch in einem entscheidenden Aspekt zu der des Bruders.

In der DDR hatte man überraschenderweise überhaupt keine Probleme damit, sowohl den Schriftsteller als auch den politischen Denker Thomas Mann als eine Persönlichkeit für sich zu reklamieren. Diese Haltung mag entscheidend dazu beigetragen haben, dass der politische Thomas Mann im Westen mit großer Reserve betrachtet wurde. Aber noch etwas Wesentliches zeichnet die DDR-Rezeption aus: Im Unterschied zu Heinrich Mann verdeckt die Wahrnehmung des politischen Thomas Manns nicht den ästhetischen Blick auf den Künstler Thomas Mann. Dies lässt sich auch in der Germanistik der DDR, die im Anschluss an Georg Lukacs, der ein großer Bewunderer Thomas Manns war, mit hervorragenden Arbeiten hervorgetreten ist – etwa die von Inge Diersen oder Hans Mayer – gut beobachten. Beispielsweise schreibt auch Johannes R. Becher, damals Gründer und Präsident des Kulturbundes der DDR, später erster Kultusminister der DDR (1954), in seinem Nachruf:

Ganz Deutschland, und mit ihm die Welt, trauert um Thomas Mann. In Thomas Mann verliert das deutsche Volk seinen größten Dichter der Gegenwart. Sein Werk und sein Leben erhoben sich zu einer solch seltenen Größe, daß sie, stetig wachsend in den Jahren seiner Reife und seiner Altersweisheit, der deutschen Literatur, der deutschen Kultur, dem ganzen deutschen Vaterland zur Ehre und zum Ruhm wurden. In Thomas Mann vereint sich die schönste humanistische Tradition unserer Literatur mit dem lebensverbundenen Geist des Fortschritts. Welch ein gewaltiges, vielfältiges, vom Ringen um die menschliche Wahrheit erfülltes Werk hat Thomas Mann, unser unvergleichlicher Thomas Mann von den ›Buddenbrooks‹ bis zum ›Faustus‹ und zum ›Felix Krull‹ vollbracht![22]

Bei aller Formelhaftigkeit und bei allem staatlich verordnetem Pathos ist hier sehr gut das vielfach variierte Grundmuster der Rezeption Thomas Manns in der DDR zu erkennen. Literatur und Politik werden im Geiste eines auf der deutschen Klassik basierenden Humanismus gleichsam enggeführt. Der Humanismus und der Fortschritt werden beide im Werk angesiedelt und es stellt von daher kein Problem dar, die politischen Äußerungen Thomas Manns mit seiner literarischen Produktion im Einklang zu sehen – mehr noch: sie organisch aus dieser Produktion zu entwickeln.

---

[22] Johannes R. Becher: Dem großen Künstler und Humanisten. Nachruf des Ministeriums für Kultur der Deutschen Demokratischen Republik, in: Neues Deutschland, 14.8.1955.

Hingewiesen werden muss natürlich darauf, dass auch die Zuschreibungen der DDR ebenso wie die der Bundesrepublik Thomas Mann im Sinne der ideologischen Auseinandersetzung der beiden deutschen Staaten instrumentalisierten. Im Beileidschreiben des Zentralkomitees der Sozialistischen Einheitspartei Deutschlands kommt das sehr deutlich zum Ausdruck. Hier heißt es unter anderem:

Seine Größe und politische Weitsicht offenbarte sich in seinem Ausspruch: ›Der Antibolschewismus – die Grundtorheit unserer Epoche‹. Von diesem weisen Gedanken war sein Schaffen und Wirken der letzten Jahrzehnte erfüllt.[23]

Das war nicht ganz falsch. In einem Brief an Walter Ulbricht aus dem Jahr 1950 hatte Thomas Mann deutlich gesagt, dass er aufgrund seiner bürgerlichen Herkunft kein Kommunist sei, aber den tumben und unreflektierten Antikommunismus immer abgelehnt habe. Dies als Kerngedanken seines Schaffens zu lesen, verfehlt das Werk Thomas Manns jedoch fraglos. Auch Thomas Mann, so kann man resümieren, gerät zwischen die ideologischen Fronten. Und auch er hat darüber klug räsoniert: »Und wo ist Deutschland? Wo ist es aufzufinden, auch nur geographisch? Wie kehrt man heim in ein Vaterland, das als Einheit nicht existiert […]?« (19.1, 115) – so spricht er Ende 1945 in seiner Rundfunkansprache *Deutsche Hörer* über die BBC. Und vier Jahre später, in der bereits erwähnten *Ansprache im Goethejahr 1949*, konstatiert er,

daß der Streit, der in Deutschland geht um mein Werk und meine Person, und dem ich mit Staunen zugesehen habe, an Bedeutung weit hinausreicht über diese gleichgültige Person, dies eben nur bemühte und gewiß von anderen übertroffene Werk. […] Das ist nicht Literaturkritik mehr, es ist der Zwist zwischen zwei Ideen von Deutschland, eine Auseinandersetzung, nur anläßlich meiner, über die geistige und moralische Zukunft dieses Landes. (19.1, 676)

Thomas Mann hat freilich nicht wirklich gelitten. Den Streit um seine Person, vor allem was seinen Nachruhm betrifft, hat er weitaus besser überstanden als sein Bruder Heinrich.

Zusammenfassend lassen sich zwei Aspekte als wesentlich in der Rezeptionsgeschichte der Brüder Mann herausheben:

Zum ersten: Die Lektüre Heinrich und Thomas Manns in der unmittelbaren Nachkriegszeit in Deutschland – in Ost wie in West – war eine politische. Das ist ein zentrales Faktum, das die Rezeptionsgeschichte entscheidend grundiert hat. Aufgrund des besonderen zeitgeschichtlichen Kontextes las man die Brü-

---

[23] Dem Repräsentanten der deutschen Kultur. ZK der Sozialistischen Einheitspartei Deutschlands, in: Neues Deutschland, 14. 8. 1955.

der Mann als Exilautoren und befragte ihr Werk und Leben darauf, was es für die junge Bundesrepublik und die junge Deutsche Demokratische Republik für eine Bedeutung hatte. Ein ästhetischer Blick, der sich vor allem mit den literarischen Qualitäten der Werke befasst hätte, war damals einfach noch nicht möglich. Für die aktuelle Heinrich- und Thomas-Mann-Forschung ist das insofern von Bedeutung, als damit gezeigt wird, dass das Politische bei beiden Brüdern nichts Fremdes ist, sondern mit der Geschichte von Werk und Leben eng verwoben ist. Anders gesagt: Bei beiden ist aufgrund ihres Exils und ihrer Haltung zum Nationalsozialismus eine rein literarische Lektüre nicht zulässig.

Zum zweiten: Der schlaglichtartige Blick auf die frühe Nachkriegszeit zeigt eine grundlegende Differenz in der Wirkung der brüderlichen Werke. Eine Differenz, welche die spätere Rezeption – ich möchte fast sagen, die Rezeption bis heute – geformt und geprägt hat. Bei Heinrich dominiert die politische Lektüre auf ganzer Linie. Die Schönheiten werden nicht entdeckt; das hat er selbst am besten gesehen und formuliert. Bis heute ist dieser Blick auf Heinrich Mann als ein politischer Schriftsteller in der größeren literarischen Öffentlichkeit der vorherrschende. Zwar gibt es in der neueren Forschung kluge und überzeugende Arbeiten, die differenzierter schauen und urteilen, aber sie haben noch keinen merklichen Einfluss auf das öffentliche Bild Heinrich Manns.[24]

Ganz anders stellt es sich bei Thomas Mann dar: Die schon mit seinem Tod zu beobachtende Trennung von politischem und literarischem Schriftsteller hat hier in den sechziger Jahren zu einer Vernachlässigung, ja sogar zu einer Missachtung des politischen Thomas Manns zugunsten des frei von allen Wirklichkeitsschlacken agierenden Künstlers geführt. Thomas Mann wird in der breiten Öffentlichkeit als überragende Figur der deutschen Literatur gesehen, die sich primär über die Qualität seines Werkes definiert. Auch bei dieser Wahrnehmung ist es bis heute geblieben, obwohl in den letzten Jahren mehrere umfangreiche Arbeiten erschienen sind, die das Politische seines Werkes und Lebens wieder in den Fokus gerückt haben.[25]

---

[24] Vgl. u. a. Manfred Flügge: Heinrich Mann. Eine Biographie, Reinbek bei Hamburg: Rowohlt 2006; Helmut Koopmann: Thomas Mann – Heinrich Mann. Die ungleichen Brüder, München: Beck 2005; Peter Stein: Heinrich Mann, Stuttgart: Metzler 2002; Alexander von Fenner: Heinrich Mann. Spiegelbild und Antagonist seiner Zeit, Hamburg: Diplomica 2008.

[25] Vgl. u. a. Thomas Goll: Die Deutschen und Thomas Mann. Die Rezeption des Dichters in Abhängigkeit von der politischen Kultur Deutschlands 1898–1955, Baden-Baden: Nomos 2000; Manfred Görtemaker: Thomas Mann und die Politik, Frankfurt/Main: Fischer 2005; Philipp Gut: Thomas Manns Idee einer deutschen Kultur, Frankfurt/Main: Fischer 2008; Frank-Uwe Strassner: Gegenwart und Gegenwelten im Deutschlandbild Thomas Manns, Frankfurt/Main: Peter Lang 2010; Hans Rudolf Vaget: Thomas Mann. Der Amerikaner. Leben und Werk im amerikanischen Exil 1938–1952, Frankfurt/Main: Fischer 2011; Yahya Elsaghe: Die imaginäre Nation. Thomas Mann und das »Deutsche«, München: Wilhelm Fink 2000.

Yahya Elsaghe

Vergangenheitspolitik im Kino

Zur bundesrepublikanischen Verfilmungsgeschichte Thomas Manns

Nie zuvor und auch nie wieder gelangten in der Bundesrepublik so viele Thomas Mann-Verfilmungen ins Kino wie während der Ära Adenauer. Allein in den Fünfzigerjahren waren es drei Romane: *Königliche Hoheit*, *Bekenntnisse des Hochstaplers Felix Krull* und *Buddenbrooks*. Im Jahr nach Adenauers Rücktritt kamen dann noch *Tonio Kröger* und *Wälsungenblut* hinzu, offenbar mit geringerem Erfolg. Danach verschwand Thomas Mann von der Leinwand, bis seine Verfilmungskarriere in den Siebzigerjahren im Ausland beziehungsweise in der anderen Hälfte Deutschlands mit *Tod in Venedig* und *Lotte in Weimar* wieder einsetzte.

Dass zuvor die bundesrepublikanische Filmindustrie sozusagen das Monopol auf ihn hatte, war so selbstverständlich nicht. Sein »Wunsch«, ließ seine Witwe die bundesdeutschen Produzenten wissen, wäre eine »vertraglich« schon einmal »vorgesehene Co-Produktion zwischen West und Ost« gewesen,[1] eine gesamtdeutsche Verfilmung der *Buddenbrooks*, wie sie die DEFA angeregt hatte und wovon der Autor eben »sehr angetan« war.[2] Doch wurde dieses Projekt von einer hohen Stelle – ironischerweise oder auch nicht – im Bundesministerium für gesamtdeutsche Fragen hintertrieben.

Aufschluss über die also nicht von ungefähr einseitig bundesrepublikanischen Anverwandlungen und über ihre mentalitätsgeschichtlichen Weiterungen geben möglicherweise nur schon die Wahl der verfilmten Texte und die Reihenfolge ihrer Verfilmungen. Abgesehen allenfalls von der etwas verwickelteren Genese des *Felix Krull*, gehörten sie ja alle ins Frühwerk. Die Handlung fiel deshalb jeweils notgedrungen in Zeiten, die so weit wie nur möglich von den nachkriegsdeutschen Verhältnissen entfernt waren; wobei die Entfernung von der Vorgeschichte der bald einmal so genannten ›deutschen Katastrophe‹[3] bei den *Buddenbrooks* sogar noch gezielt vergrößert wurde. Denn die Geburt des letzten Buddenbrook wurde im Film um mehr als ein volles Jahrzehnt

---

[1] Katia Mann an Filmaufbau GmbH, München, 15. 5. 1958 (Kulturarchiv der Hochschule Hannover). Für seine Hilfsbereitschaft sei Peter Stettner, Hannover, herzlich gedankt.

[2] Anonymus: Bonner Bedenken, in: Der Spiegel, 5. 8. 1959, S. 46–48, hier S. 46.

[3] Friedrich Meinecke: Die deutsche Katastrophe. Betrachtungen und Erinnerungen, Zürich: Aero 1946; Wiesbaden: Brockhaus 1947.

vorverlegt, vom »15. April 1861« (1.1, 575) auf den »18. September 1850«. Und weil Hanno Buddenbrook auch hier früh sterben musste, ja gewissermaßen *noch* früher als im Roman – noch vor seinem Vater und nach der Suggestion der mit einem noch kindlichen, gerade einmal zehnjährigen Jungen besetzten Rolle noch *vor* der Adoleszenz –, rückte die nicht oder nicht viel weiter laufende Handlung kaum an die Zeit des Dänischen, geschweige denn des Deutschen Kriegs heran; und schon gar nicht gelangte sie auch nur in die Nähe des Deutsch-Französischen und der ihm folgenden Reichsgründung.

Für die geschichtsflüchtige Tendenz der Verfilmungen war aber eventuell eben auch nur schon der Umstand bezeichnend, dass deren Reihe just mit *Königliche Hoheit* anfing. Trotz dem »Marshallplanformat« eines *plot*,[4] in dem amerikanischer Reichtum eine deutsche Misere saniert, war das vom Autor selbst so genannte »Märchen« (DüD I, 253, 270, 273) schon nur als solches, qua Textsorte, den Alltagsrealitäten noch einmal besonders weit enthoben. Ähnliches gäbe Thomas Manns Verfilmungsgeschichte im Übrigen auch zu ihrer anderen Hälfte zu erkennen, die das populär-kollektive Bild des Autors womöglich noch stärker prägte als das Kino und deren Anfänge ihrerseits noch in die Adenauer-Zeit zurückreichen. Denn die Fernsehkarriere Thomas Mann'scher Werke begann 1963 ausgerechnet mit *Herr und Hund*:

Dieses *expresso termino* so untertitelte »Idyll« (VIII, 526), obwohl oder gerade weil während des Ersten Weltkriegs entstanden, war seinerseits wiederum schon nur als solches einem heterotopisch-heilen Reservat verschrieben,[5] ohne freilich die kruden Realitäten seiner Abfassungs- und seiner erzählten Zeit ganz und gar zu ignorieren. Seine spärlichen, vagen und euphemistischen Anspielungen auf den Kriegszustand aber wurden fürs Fernsehen sehr bezeichnenderweise vollends oder jedenfalls so gut wie komplett beseitigt: die »Pioniere« und die »Tritte ihrer schweren Stiefel«; ihr »Befehlshaber« und ihre übungsweise gebaute »Pontonbrücke«; auch die »zeitgemäß[e]« Erweiterung, von der mit Blick auf den »Tätigkeitsbezirk« der »Lokomotiven«- und eben auch Waffenfabrik J. A. Maffei im Text des Idylls, ungeachtet solch gattungskonformer Kosmetik am Wortlaut, doch die Rede ist (VIII, 530).[6] Und bei der stehengebliebenen Erwähnung eines »Flugzeug[s]« (VIII, 530) brauchten sich die Fernsehzuschauer von 1963 – im Zeitalter der Düsenjets und des zivi-

---

[4] Jochen Huth an Thomas Mann, 20.12.1952 (Kulturarchiv der Hochschule Hannover).

[5] Vgl. Yahya Elsaghe: Krankheit und Matriarchat. Thomas Manns »Betrogene« im Kontext, Berlin/New York: de Gruyter 2010 (= Quellen und Forschungen zur Literatur- und Kulturgeschichte, Bd. 53 [287]), S. 129f.

[6] Vgl. Alexander Honold: Vorkriegs-Nachlese mit »Herr und Hund«. Eine Dekonstruktion, in: Deconstructing Thomas Mann, hrsg. von dems./Niels Werber, Heidelberg: Winter 2012, S. 43–63, hier S. 55.

len Massenflugverkehrs[7] – ebenso wenig Böses zu denken wie bei der flüchtigen Andeutung der Sommerzeit: »halb acht Uhr [...] im Sinne des Gesetzes« (VIII, 530). Nichts veranlasste dazu, die Uhrzeit und das Gesetz, durch das sie im dritten Kriegsjahr erstmals verschoben worden war, auf die anfangs in aller idyllischen Unschuld eingeblendete Jahreszahl zurückzubeziehen: »1917«.

Im Kino betraf solcher Eskapismus nicht zuletzt auch die Behandlung oder besser die Ausblendung des Kalten Kriegs und der Spannungen zwischen den beiden Ideologien, die seit dem Ende des Zweiten Weltkriegs auf deutschem Boden konkurrierten. Tonio Krögers Geständnis beispielsweise, seine Mutter sei »doch von drüben« (2.1, 252), eine mittlerweile im innerdeutschen Sprachgebrauch zu notorisch trauriger Prägnanz gelangte Formel, wurde im Filmdialog schlankerhand durch eine unverfängliche Herkunftsangabe ersetzt: »Meine Mutter ist doch *aus dem Süden*.«

Wie genau solche Eingriffe, nämlich dass sie erst nach und nach vor sich gingen, kann man anhand der erhaltenen Dokumente einigermaßen akkurat rekonstruieren. Zwei, drei Beispiele aus den beiden Drehbuchfassungen, die sich aus dem Umkreis der *Felix Krull*-Verfilmung erhalten haben:

Darin fehlte nicht von Anfang an die Rolle des Hoteldirektors, den Thomas Mann noch Sätze sagen ließ wie: »Sind Sie übrigens Sozialist? [...] Sozialisten nämlich können wir in unserem Betrieb ganz und gar nicht brauchen.« (12.1, 176) Bevor die Rolle im jüngeren *draft* dann komplett wegfiel, sollte der Direktor im älteren nach »ein[em] Bedenken« immerhin noch fragen: »Sind Sie *vielleicht* Sozialist?«[8] Sonst nichts mehr.

Ein anderes Beispiel ist die Tirade des englischen Hotelbediensteten, der im Roman bedauert, dass »an Strike [...] nicht zu denken« sei, der rundheraus gesteht, »Anarchist« zu sein, und der findet, »[m]an sollte diesen ganzen ausbeuterischen Kasten in Asche legen« (12.1, 154). Diese Brandrede wurde ihrerseits erst Schritt für Schritt entschärft. Zwar hatte Bob, wie er jetzt hieß, die Erwähnung arbeitskämpferischer Notwehrmaßnahmen, und wäre es auch im vorgegebenen Modus der Negation, immer schon zu unterlassen. Dennoch sollte er in der einen Version des Drehbuchs mindestens noch sagen dürfen: »Nächstens sprenge ich den ganzen Kasten in die Luft. I am Anarchist.«[9] (Sic, ohne Artikel und *anarchist* obendrein großgeschrieben; macht gleich zwei germanizistische Schnitzer auf knapp drei englische Vokabeln.)

Solch ein Bekenntnis zum Anarchismus, hier noch offen, und sei es auch in idiomatisch und orthographisch fragwürdigem Englisch abgelegt, wäre nach

---

[7] Vgl. Wolfgang Behringer / Constance Ott-Koptschalijski: Der Traum vom Fliegen. Zwischen Mythos und Technik, Frankfurt/Main: Fischer 1991, S. 449–451.

[8] Kulturarchiv der Hochschule Hannover; im Original keine Hervorhebung.

[9] Ebd.

der anderen Version des Drehbuchs schon unterdrückt worden. Und die terroristischen Pläne des Bekenners hätten das heimische Publikum vollends nur eben noch belustigen sollen. Denn er hätte sie nun seinerseits in allerdings *gewollt* falschem, mit Anglizismen durchsetztem Deutsch zum Besten gegeben – und das macht jenen pseudoenglischen, nunmehr weggelassenen Dreiwortsatz und seine gleich doppelte Entgleisung nur desto peinlicher –: »einer von dieser Tage ich werde ihm [*scil.* ›this house‹] bestimmtlich in der Luft sprengen.«[10] Im Film endlich, mitten im Wirtschaftswunder, unterblieben solche Anspielungen auf den Klassenkampf dann zur Gänze.

Oder der im Romantext *expresso hoc verbo* unanständige Reichtum der elsässischen Klosettschüsselfabrikantengattin, der zwar auch in den erhaltenen Drehbüchern schon immer mit einem weniger anrüchigen Ursprung versehen wurde: »Impudemment riche« (12.1, 197) waren die Fabrikanten bereits hier nicht mehr in jenem allzu wörtlichen Sinn des Adverbs, so dass sie Vespasians Bonmot vom Geld, das nicht stinkt, auch nicht mehr gar so förmlich verkörperten und in eins damit die Indifferenz des Industriekapitalismus gegenüber ästhetischen wie moralischen Werten. Denn der Reichtum des »verdammte[n] Kapitalist[en]«,[11] den Bob aber nur in der älteren Drehbuchversion so nennen durfte, verdankte sich nunmehr einer Gänseleberfabrik.

Seine weniger trübe Quelle, weil er von *foie gras* als nationaltypischer Delikatesse herrührte, ließ sich jetzt allenfalls noch im Rahmen einer deutsch-französischen Kontrastbetonung nationalistisch ausmünzen. Ein halbes Jahrzehnt vor dem Elysée-Vertrag mochte hierin zwar immerhin noch von sehr fern auf die alte Erbfeindschaft abgezielt sein. Dafür jedoch blieben dem Kinopublikum Erinnerungen an einen anderen Aspekt der Zeitgeschichte erspart.

Jegliche Assoziationen mit dem finstersten Kapitel der deutschen Vergangenheit wurden unterbunden, so nahe solche Assoziationen von den Texten her eigentlich gelegen hätten. In allen seinerzeit verfilmten Texten nämlich kommen jüdische Figuren vor: in *Königliche Hoheit*, neben einem flüchtig erwähnten Bankdirektor Wolfsmilch[12] und der im Lauf der Konzeptionsgeschichte verunklärten Genealogie der Spoelmanns,[13] Doktor Sammet; in den *Bekenntnissen des Hochstaplers Felix Krull* zum Beispiel ein Halsabschneider von Bankier, der Krulls Deklassierung und halbe Verwaisung mit zu verant-

---

[10] Ebd.

[11] Ebd.

[12] Vgl. Yahya Elsaghe: »Moritz Ausspuckseles«. Zur rechts- und sozialgeschichtlichen Interpretierbarkeit ›jüdischer‹ Namen in Thomas Manns Frühwerk, in: Deutsche Vierteljahrsschrift für Literaturwissenschaft und Geistesgeschichte, Jg. 85, H. 3, Stuttgart/Weimar: Metzler 2011, S. 411–432, hier S. 428.

[13] Vgl. Yahya Elsaghe: Die imaginäre Nation. Thomas Mann und das ›Deutsche‹, München: Fink 2000, S. 312–326.

worten hat; in den *Buddenbrooks* unter anderen die Konkurrenten der eponymen Familie, die Hagenströms; in *Tonio Kröger* wiederum der Rivale des titelgebenden Protagonisten, Erwin Jimmerthal. Und in *Wälsungenblut*, was sich auch in der Forschungsliteratur nicht ebenso leicht übersehen oder unterschlagen ließ wie der ethnische Makel eines Jimmerthal oder Hagenström, ist das ganze Milieu jüdisch.

Aus den Verfilmungen waren alle diese Juden spurlos verschwunden. Oder vielmehr waren sie wiederum schrittweise zum Verschwinden gebracht worden. Denn auch hier lässt sich die Sukzessivität ihrer Beseitigung an den erhaltenen Materialien *in actu* beobachten.

Als Probe aufs Exempel hierfür kann bereits die allererste Verfilmung dienen. Für den Film *Königliche Hoheit* war die Figur eines Doktor Sammet zunächst unter diesem Namen noch verschiedentlich vorgesehen. So in einem ersten *treatment*, obgleich auch dessen Verfasser sich vornahm, das »nationale Unterbewusstsein« des Publikums zu schonen.[14] Dennoch sah er eigens vor, einen Dialog zu übernehmen, in dem Thomas Mann erst nach Sammets beruflichen Plänen, dann aber auch nach seinem Judentum und nach den damit verbundenen Diskriminierungserfahrungen fragen und den Gefragten auf dieses Letzte wenig beschönigend antworten lässt. Dabei freilich wurde die im Romandialog zweite Frage, die dort als eine solche nur interpungiert ist und ansonsten die Form einer Aussage annimmt – »Sie sind Jude?« (4.1, 33) –, nunmehr ganz naiv gestellt: »Sind Sie Jude?«[15] Als ob es die im Roman völlig selbstverständliche Option gar nie gegeben hätte, sich quasi durch Blickdiagnose der ohnehin immer schon feststehenden Antwort auf solch eine Frage selber zu vergewissern, »indem« man, wie Thomas Manns Großherzog, »den Kopf zurückw[irft] und die Augen zusammenkn[eift]« (4.1, 33).

Vor allem aber wurde die Reihenfolge der drei großherzoglichen Fragen im *treatment* umgestellt. Die Frage nach der beruflichen Zukunft Sammets trat zwischen die nach seinem Judentum und die nach der »Geltung des paritätischen« (4.1, 33) beziehungsweise des »Toleranzprinzips«.[16] Indem das Gespräch über Judentum und Diskriminierung damit durch ein vollkommen neues Thema unterbrochen wurde, war auch die Folgerichtigkeit verschleiert, mit der im Romandialog die eine, ernstgemeinte Frage nach Parität und Diskriminierung an die andere, rhetorische Frage nach Sammets jüdischer Identität anschließt. Auf solche Weise aus ihrem ursprünglichen Zusammenhang herausgelöst, wäre die Frage nach der Geltung des Toleranzprinzips samt der

---

14 Jochen Huth: Anmerkungen zum Blueprint »Königliche Hoheit«, 24. 1. 1953 (Kulturarchiv der Hochschule Hannover).
15 Ebd.
16 Ebd.

»offen[en]«[17] Antwort, die der Großherzog darauf auch im *treatment* noch erhalten sollte, nun nicht mehr ganz so zwingend und unmissverständlich auf spezifisch antisemitische Intoleranz zu beziehen gewesen wie im Romandialog.

Auch in solch geschönter Form und Sequenzierung aber scheint das dort vorgesehene Gespräch des Großherzogs mit dem Juden Sammet noch immer zu wenig Rücksicht auf das »nationale Unterbewusstsein« genommen zu haben. Im Drehbuch jedenfalls, das und obwohl es dem *treatment* ansonsten weitgehend entlanggeschrieben wurde, sucht man nach so einem Gespräch ganz vergebens. Mehr noch: Sammet kommt als solcher, das heißt unter seinem typisch jüdischen Textilnamen, gar nicht mehr vor. Er figuriert nur mehr als »Arzt« oder, in den Dialogen, als »Herr Doktor«. Und während sich eine Besetzungsliste erhalten hat, in der einer jeden Rolle die Namen der Schauspieler zugeordnet sind – so auch »Dr. Sammet Oskar Dimroth«[18] –, wurden in den *credits* des Films dann nur noch die bloßen Schauspielernamen aufgeführt, wie eben »Oskar Dimroth«.

Dabei sollte man vielleicht hinzufügen, dass Dimroth der älteren Hälfte des deutschen Publikums aus der nationalsozialistischen Unterhaltungsfilmindustrie der Kriegszeit vertraut gewesen sein dürfte. Die Besetzung führte folglich keinerlei jüdische Konnotationen mit sich. Entsprechend schlecht passte sie auf den Steckbrief der *Roman*figur. Weder fiel Dimroths Nase auffallend »flach auf den Schnurrbart« (4.1, 30) beziehungsweise Bart ab, noch trug oder spielte er sonst welche der Besonderheiten, die den jüdischen Mediziner im Roman kennzeichnen und leicht lächerlich erscheinen lassen.

Aus dem bedenklichen Schicksal, das der Figur Sammet bei ihrer kinematischen Verwertung widerfuhr, kann man jetzt die drei Operationen abstrahieren, mittels derer die Nachkriegsverfilmungen das Publikum mit unliebsamen Vergegenwärtigungen der jüdisch-deutschen Geschichte verschonten: durch Streichung oder Verwischung der betreffenden Rollen, gegebenenfalls durch deren jeweilige Besetzung und endlich durch ihre Umbenennungen.

Erstens also wurden jüdische Rollen entweder, und besonders makaber, kurzerhand getilgt; oder aber sie waren nicht mehr als solche identifizierbar. Ersatzlos gestrichen wurde zum Beispiel die Rolle des jüdischen Halsabschneiders im *Felix Krull* (die übrigens, wenn es nach Erika Mann gegangen wäre, schon in der Nachkriegsausgabe des Romanfragments gefehlt hätte[19]). Ganz entfiel ebenso in den *Buddenbrooks* die Rolle der Laura Hagenström-Sem-

---

[17] Ebd.

[18] Kulturarchiv der Hochschule Hannover.

[19] Vgl. Erika Mann an Thomas Mann, 10.2.1954, in: Hans Wysling: Narzissmus und illusionäre Existenzform. Zu den »Bekenntnissen des Hochstaplers Felix Krull«, Bern/München: Francke 1982 (= TMS V), S. 522–536, hier S. 528.

linger. Dem gemäß erhielt Tony Buddenbrook auf dem Weg von Lübeck nach Travemünde auch keine Gelegenheit mehr, gegen deren *sem*itische Herkunft zu sticheln und sie auf ihren hierauf transparenten Mädchennamen festzulegen; noch brauchte Thomas Buddenbrook seine Schwester dafür zu tadeln, dass sie ihr bei der Gelegenheit einen vorsätzlich falschen Vornamen anhängt, denselben, der den deutschen Jüdinnen später einmal tatsächlich aufgezwungen werden sollte – unter maßgeblicher Mitwirkung von Adenauers nachmaligem Kanzleramtschef –:

›Ha! – Natürlich! Wie wäre Sarah Semlinger wohl entbehrlich ...‹
›Sie heißt übrigens Laura, mein Kind, man muß gerecht sein.‹ (1.1, 127)

Wo die Rollen deutscher Juden doch beibehalten wurden, waren diese eben als solche, als Juden, nicht mehr kenntlich. So ließ der Erzähler des *Tonio Kröger*-Films in seiner sonst extensiven *voice-over narration* ehedem entscheidende Informationen weg, etwa dass Erwin Jimmerthal Sohn eines Bankdirektors zu sein hat; ganz abgesehen davon, dass der kaum Halbwüchsige nun nicht mehr als Wichtigtuer aufzutreten hatte – »Ich muß zur Stadt« (2.1, 251), »nun muß ich aber wirklich zur Stadt« (2.1, 253) – und auch nicht mehr als Schmarotzer. Denn aus freien Stücken werden ihm die Süßigkeiten nunmehr angeboten, nach denen er in der Novelle so aufdringlich fragt: »Das sind wohl Fruchtbonbons, die ihr da habt?« (2.1, 251).

Zur Aufnordung der früher eindeutig jüdischen Rollen diente zweitens, wie bei Dimroth ja schon einmal gesehen, der *cast*. Frank Michael Pingel, mit dem der Part des Erwin Jimmerthal besetzt war, hatte weder »krumme[] Beine[]« noch »Schlitzaugen« (2.1, 251). Und Wolfgang Wahl, der Hermann Hagenström spielte, den prominentesten Rivalen der Buddenbrooks, hatte keine auch noch so »wenig platt auf der Oberlippe« (1.1, 68) liegende Nase. Auch hieß seine Rolle nicht mehr wie im Roman. Denn drittens wurden wie gesagt selbst die *telling names* der ehemaligen Juden zum Schweigen gebracht.

Die Feinde der Buddenbrooks trugen nicht mehr das Kakonym *Hagen*ström, das ehedem auf den Schurken im *Ring des Nibelungen* verwiesen hatte. Die Familie mit dem einst so raffiniert sprechenden Namen hieß nun nur noch *Wagen*ström. Dabei war die Manipulation des vordem stigmatischen Namens ebenfalls das Resultat eines Prozesses, der sich an den Zeugnissen der Produktionsvorgänge ablesen lässt. Oder in gewissem Sinn lässt er sich ihnen gerade nicht mehr entnehmen. Denn in den hier ganz besonders zahlreichen Entstehungszeugen, Exposés, Korrespondenzen, Protokollen, Drehbüchern – auch in einer von Erika Mann auf deren Protest hin mit umgeschriebenen Fassung –, lautet der Name *partout* noch *Hagen*ström. Seine Abänderung erfolgte also in allerletzter Minute, möglicherweise auch aus Gründen des Persönlichkeitsschutzes und aus Rücksicht auf einen Nachfahren der Lübecker Familie, der Thomas Mann den Namen einst abgeschaut hatte.[20]

Aber was auch immer es damit auf sich hat, ganz so noble Motive sind jedenfalls nicht allen Abänderungen zu supponieren, welche an den Namen jüdischer oder ehemals jüdischer Figuren fürs Kino vorgenommen wurden. Besonders drastische Beispiele dafür lieferte erwartungs- und naturgemäß die Verfilmung von *Wälsungenblut*. Denn das Bedürfnis, alles Jüdische zu eskamotieren, musste sich natürlich nirgendwo so unverblümt oder so unverschämt verraten wie hier, wo deutsche Juden bekanntlich das Hauptpersonal stellen und wo sich Thomas Manns früher, wenn auch vergleichsweise moderater Antisemitismus nun einmal nicht weginterpretieren lässt.

Im Handlungszentrum der Novelle, das konnte auch ihren treuherzigsten Lesern nicht entgehen, stehen schwerreiche Juden mit dem gleich mehrfach signifikanten Namen »Aarenhold«: signifikant nicht nur als Anspielung auf einen besonders erfolgreichen jüdischen Magnaten, Eduard Arnhold, sondern in eins damit auch als Andenken an die alttestamentliche Urfigur Aaron; und zugleich als ein Versuch, dieses Andenken durch Abschwächung der Nebensilbe zu löschen, »Aaren«; durch die Namenskomposition davon abzulenken, »Aaren*hold*«; und durch die Ironymie dieses zweiten Kompositionsglieds, »hold«, obendrein noch die Malice der Namensträger zu camouflieren. Denn hold sind diese Juden gerade nicht und niemandem. Am allerwenigsten sind sie es den Deutschen, wie sie in der Person eines gutmütigen Adligen namens »von Beckerath« ans *receiving end* ihrer Bösartigkeit geraten.

Dieses *emplotment* erfuhr aufgrund eines von Erika Mann mitverfassten Drehbuchs eine nun wirklich bemerkenswerte Metamorphose. Für deren Gewagtheit mag vielleicht schon bezeichnend sein, dass die Autorschaft des Drehbuchs vertuscht werden sollte. Denn nicht nur dass Erika Manns Konautor dafür lediglich unter einem Pseudonym Verantwortung oder eben gerade keine Verantwortung mehr übernahm; sie selber bestand telefonisch und schriftlich darauf, dass ihr Name hier in den Para- und Epitexten ganz verschwiegen blieb – im Unterschied *nota bene* zu allen anderen Fällen, in denen der Vorspann ihre Mitarbeit jeweils eigens ausweisen musste, meistens sogar an erster Stelle. Die Hintergründe dieser Verschweigung und auch die nicht unbeträchtlichen Opfer, die sie dafür zu bringen bereit war, ließen sich aus den erhaltenen Korrespondenzen zwar zu einem guten Teil ermitteln; doch wurde dem Verfasser leider keine Erlaubnis erteilt, sie offenzulegen. Schade!

Nach dem also gewissermaßen autorlosen Drehbuch wurde Thomas Manns Beitrag zur seinerzeit bereits so genannten Judenfrage in einen ganz anders gearteten Antagonismus transformiert, ohne dass auch nur ein einziger Rezen-

---

[20] Freundlicher Hinweis von Manfred Eickhölter, Lübeck, 21.9.2013.

sent daran Anstoß genommen hätte.[21] Die Attacke der Juden gegen den adligen Deutschen oder »Germanen«, wie ihr spöttischer Titel in den Novellendialogen für ihn lautet (2.1, 446), um so das ethnische Motiv ihrer Aggression desto stärker hervorzutreiben, auch ihre Verachtung für all die »blonden Bürger des Landes« (2.1, 443) – dieses Arrangement wurde in der Verfilmung zu einem Anschlag einer adligen Familie auf einen Besitzbürger, von dem denn in einem ansonsten wortwörtlich übernommenen Dialog nicht mehr als einem Germanen, sondern nur noch süffisant als einem »Herrn« die Rede war.

Der deutsche Adel wechselte somit auf die Täterposition. An die Stelle der Anmaßungen seitens der jüdischen *nouveaux riches* – noch Vater Aarenhold »war ein Wurm gewesen, eine Laus, jawohl« (2.1, 434) – rückten Adelsdünkel und die Demütigung eines nun seinerseits Neureichen von allerdings nach wie vor untadelig deutscher Herkunft. *Dessen* Großvater, hatte *er* nun zu gestehen, sei eine Laus gewesen und ein Wurm. *Sein* Vater hatte nun einen immensen Reichtum genau so angehäuft wie Herr Aarenhold in der Novelle.

Diese Umkodierung des rassistischen Schemas in einen Standeskonflikt, die Verbürgerlichung des Opfers wie die Nobilitierung der Täter, hatte notgedrungen unmittelbare Auswirkungen auf die Namengebung. Das Opfer hieß in Drehbuch und Film mit neuem und sprechendem Vornamen »Justus«, mit Nachnamen aber ausdrücklich nicht mehr »*von* Beckerath« – es wurde eigens nach seinem Adelstitel gefragt und es musste eigens verneinen, einen zu führen –; sondern sein Name schrieb sich nur noch schlicht und einfach »Beckerath«. Die Täter dagegen hießen nun »Arnstatt‹ ›anstatt‹ »Aarenhold«. Ihr Familienoberhaupt trug den wiederum hinzuerfundenen und gänzlich unverdächtigen Vornamen »Eugen«, was die Abstammung des ›Gutgeborenen‹ also schon *ex nomine* zu bereinigen geeignet war. Auch trugen ihre Bekannten, ehemals »Erlanger« genannt (2.1, 440, 458), keinen solchen typisch jüdischen Herkunftsnamen mehr. Sie hießen jetzt standesgemäß »Donnersmarck« (nachdem sie im Drehbuch auch schon gutdeutsch »Truchseß« geheißen hatten[22]).

Dem Vorsatz, das Milieu von *Wälsungenblut* zu arisieren, gehorchte auch die Besetzung des nun judenfreien Personals. Sämtliche Rollen im Hause Arnstatt wurden mit Schauspielern und Schauspielerinnen besetzt, die weder physiognomisch noch von ihrer Geschichte her irgendwie jüdisch chargierbar waren. Darüber hinaus war das *casting* der männlichen Hauptrolle nicht etwa an den Vorgaben des selten detaillierten Portraits orientiert, das der Novellentext für Siegmund Aarenhold liefert. Vielmehr scheint die Besetzung durch eine andere, etwas ältere und besonders erfolgreiche Thomas Mann-Verfilmung geleitet gewesen zu sein. Michael Maien in der Rolle des Siegmund Graf Arnstatt sollte

21 Überprüft an den Beständen des Bundesarchivs, Abteilung Filmarchiv, Berlin.
22 Seitz GmbH Filmproduktion, München.

offenbar, vermöge seiner in der Tat frappanten Ähnlichkeit mit diesem damals berühmten Schauspieler, an den Hauptdarsteller der *Felix Krull*-Verfilmung erinnern. Und nach Ausweis der Rezensionen erinnerte er das Publikum denn auch prompt an Horst Buchholz,[23] der seinerseits keinerlei Berührungspunkte mit dem Judentum der Aarenholds hatte, weder vom Konnotat gleichsam seiner bisherigen Filmrollen her noch biographisch, ebenso wenig wie Maien selber.

So gelang der Thomas Mann-Industrie mit *Wälsungenblut* eine Quadratur des Kreises, die die Thomas Mann-Forschung zu bewerkstelligen immer nur versuchte. Der Film *Wälsungenblut* schaffte es tatsächlich, die berüchtigte Novelle von jedwedem Verdacht auf Antisemitismus zu entlasten. Und zwar muss eine solche Sanierung zu den vertraglichen Bedingungen gehört haben, unter denen die Verfilmungsrechte überhaupt erst abgetreten wurden.[24]

Dass Thomas Mann damit von der Vor- oder Vorvorgeschichte der deutschen und der jüdischen Katastrophe dissoziiert wurde, entsprach selbstverständlich einem bestimmten Narrativ der noch jungen Bundesrepublik oder, wenn man so will, einer Lebenslüge derselben. Es war der populärkulturelle Teil und Ausdruck einer »Vergangenheitspolitik«, deren bürokratisch-institutionellen Aspekten Norbert Frei unter diesem Titel an den Anfängen dieser Bundesrepublik nachgegangen ist.[25] So gesehen war es durchaus kein Zufall, dass die ersten drei Romanverfilmungen unter der Direktion von Regisseuren entstanden, die ihre Sporen noch unter dem Nationalsozialismus verdient hatten.

Nur wäre es falsch, fahrlässig und auch selbstgerecht, in ihrem fragwürdigen Umgang mit den jüdischen Figuren und den antisemitischen Elementen der verfilmten Texte bloß ein historisches und als solches überwundenes Phänomen sehen zu wollen, das allein mit den Sachzwängen der Adenauer-Zeit zu tun gehabt hätte. Im Gegenteil: Die bundesdeutschen Thomas Mann-Verfilmungen der folgenden Jahrzehnte, und das müsste einem erst recht zu denken geben, liegen gerade in dieser einen Hinsicht wieder exakt auf der Trajektorie der ersten Nachkriegsadaptionen. Dafür nur noch ein Beispiel aus der allerjüngsten Verfilmung:

Heinrich Breloer, der nicht umsonst zu Protokoll gab, dass die *Buddenbrooks* der Fünfzigerjahre zu seinen formativen Kinoerlebnissen zählten,[26] hat

---

[23] Vgl. z. B. Erich Kocian: »Wir bleiben literarisch«. Rolf Thiele dreht Thomas Manns »Wälsungenblut«, in: Stuttgarter Zeitung, 1.9.1964, S. 22.

[24] Vgl. Gabriele Seitz: Film als Rezeptionsform von Literatur. Zum Problem der Verfilmung von Thomas Manns Erzählungen »Tonio Kröger«, »Wälsungenblut« und »Der Tod in Venedig«, München: Tuduv 1979 (= Tuduv-Studien. Sprach- und Literaturwissenschaften, Bd. 12), S. 463.

[25] Vgl. Norbert Frei: Vergangenheitspolitik. Die Anfänge der Bundesrepublik und die NS-Vergangenheit, München: Beck ²1997.

[26] Vgl. Martin Ebel: Aufstieg und Zerfall der Buddenbrooks, in: Tages-Anzeiger, 20.12.2008, S. 45; ders.: Gut gemachtes Ausstattungskino, ebd.

bei seiner eigenen Verfilmung des Romans im Merkmalssatz der Hagenströms jüdische Markierungen seinerseits so gut wie vollständig beseitigt. Symptomatisch dafür wäre zum Beispiel seine Abwandlung wiederum jenes Dialogs, in dem Tony Buddenbrook über Laura Hagenström-Semlinger herzog, um von ihrem Bruder wie ein unartiges Kind zurechtgewiesen zu werden. Von diesem Dialog bleibt in Breloers Verfilmung nur etwas von seiner zweiten Hälfte, also der Zurechtweisung stehen. So isoliert und verkürzt ist die Zurechtweisung als solche nicht mehr erkennbar. Und noch dazu wird die beibehaltene Dialogzeile aus ihrem ursprünglichen Kontext herausgebrochen und in einen ganz anderen Interaktionszusammenhang gestellt. Das Gespräch, worin die zitierte Zeile jetzt auftaucht, ist aus der Intimität der Buddenbrook'schen Kutsche in einen halböffentlichen Raum verlegt und um eine Generation hinaufverschoben. »Sie sind tüchtig, die Hagenströms«, anerkennt Bethsy Buddenbrook im Ballhaus ihrem Mann gegenüber – schon in der Eröffnungssequenz und übrigens unter etlichen Reminiszenzen an jene Nachkriegsverfilmung –, um dem hinzuzufügen: »Man muss gerecht bleiben.«

Das ungenaue Zitat des Verbs, »gerecht *bleiben*« statt »*sein*«, kann einen dabei ziemlich zynisch anmuten, angesichts der hier vorgenommenen Ummodelung der angeblich mit schöner Konstanz geübten Gerechtigkeit. Gerechtigkeit nämlich lassen die Buddenbrooks *seniores* den Hagenströms in einem Moment widerfahren, da eine Generation weiter unten sich zwischen den beiden verfeindeten Familien eine Beziehung anbahnt, für die man so im Roman keine, aber auch wirklich gar keine Anhaltspunkte fände. Die Worte »Man muss gerecht bleiben« werden am Rand einer Tanzfläche gesprochen, auf der Tony Buddenbrook und Hermann Hagenström, *beide* gutaussehend, miteinander zu schäkern beginnen.

Nicht dass im Roman den Begegnungen zwischen den beiden sexuelle Energien gänzlich abgegangen wären. Bekanntlich waren sie dort sehr wohl im Spiel. Nur gehorchte das Spiel dort anderen Regeln. Und diese sind aus dem Arsenal antisemitischer Zwangsvorstellungen nur zu bekannt. Die Rivalität zwischen den neu zugezogenen Bourgeois und den alteingesessenen Patriziern, die Aspiration der einen auf das soziale Kapital der anderen fand im Roman ihre persönlich-libidinöse Entsprechung in einem ganz und gar unerwiderten Begehren, das Hermann Hagenström von Kindheit an auf oder vielmehr *gegen* Tony Buddenbrook richtete.

Von jung auf nahm seine Begehrlichkeit die Gestalt versuchter Prostitutionsgeschäfte und virtueller Vergewaltigungen an. Das alles rief er Tony, geschiedener Permaneder, geschiedener Grünlich, dann folgerichtig und sinnigerweise in Erinnerung, als er sich seinen Kauf- und Penetrationswunsch symbolisch doch noch erfüllte. Er erwarb den Stammsitz gleichsam ihrer Familie und kam ihr dabei mit seinem verhassten »Gesicht [...] unanständig und unerträglich

nahe«, »sodaß nun das schwere Pusten seiner Nase dicht unter der ihren er-
tönte« (1.1, 665).

Solche notorischen Übergriffigkeiten des begehrlichen Juden hat Breloer
in ein ganz anderes Narrativ transkribiert. Hermann Hagenströms im Roman völlig einseitiges Begehren, man höre und staune, wird in der Verfilmung
erwidert. Er und Tony Buddenbrook sind oder wären nun das Traumpaar
schlechthin. Das zu suggerieren scheut der Film keinen Aufwand: von den
Einstellungen bereits seiner *pretitle sequence* über die Ballhaussequenz bis zu
seiner letzten Rückblende, in der die dafür einschlägigste Tanzszene aus dieser
Eröffnungssequenz als nostalgisch-wehmütiges *flashback* wiedereingespielt
wird, und zwar aus Anlass just jenes finalen Immobiliengeschäfts, bei dem sich
der Käufer jetzt jedoch durchaus respektvoll benimmt und Tony keineswegs
zu nahe tritt.

Als der passende, aber dennoch versagte Mann für die stattdessen in ihren
zwei, drei Ehen unglücklich gewordene Tony verdoppelt Hermann Hagenström eine eigentlich schon einmal vergebene Funktion. Er rückt in eine Stelle
auf, die vom Roman her immer schon Morten Schwarzkopf besetzt hält; nur
dass das bei Schwarzkopf noch gegebene Problem einer *mésalliance* sich jedenfalls in seiner ökonomischen Form bei ihm, Hagenström, nicht mehr stellte.
Das entbehrt nicht einer sehr besonderen Pikanterie, um es vorsichtig zu sagen.

Denn Schwarzkopf, den ausgerechnet ein Hagenström so gewissermaßen
übertrifft oder mit dem er nunmehr zumindest in eine paradigmatische Äqui-
valenzbeziehung zu stehen kommt, nahm unter dem Romanpersonal, wenn
man es ethnisch auffächert, eine Extremposition ein. Seine im Roman defi-
nierten Personalien – norwegische Vorfahren, »außerordentlich heller Teint«,
»so blond wie möglich« (1.1, 132) – widerlegten die appellativische Bedeutung
seines Geschlechtsnamens, »*Schwarzkopf*«. Sie wiesen den so Heißenden als
Hypergermanen aus. Als solcher stand Schwarzkopf im Roman dem Semiten
Hagenström diametral gegenüber.

Im Film aber wird aus dieser Opposition so etwas wie eine nordgermani-
sche Ebenbürtigkeit. Der ominöse Name »Hagenström«, mit dessen erster, so
ungut sprechender Hälfte die Erzfeinde der Buddenbrooks im Roman noch
förmlich geschlagen waren, erhält dadurch sozusagen eine andere Betonung.
Es kommt nun quasi der Nennwert seiner zweiten Komponente zum Zug, die
vorher für ihren Teil nur ironymisch oder dann assimilationstaktisch deut-
bar gewesen wäre: das nordschwedische und also seinerseits ultragermanische
Namenssuffix der Hagen*ströms*.

Hiermit sind die antisemitischen Animositäten, die der Roman wie Thomas
Manns Frühwerk überhaupt *suaviter in modo* zu schüren half, überschrieben
durch die sentimentale Trauer um eine große Liebe, die nicht gelebt werden
durfte. Einen gewissen Tiefsinn, zugegeben, kann man solch einer *alternate*

history auch nicht ganz absprechen – wenn man sich etwa an das erinnert, was Saul Fitelberg im *Doktor Faustus* oder was Goethe in *Lotte in Weimar* über »die allerwunderlichste Verwandtschaft« von Juden und Deutschen zu sagen hat (9.1, 411),[27] eine in der DEFA-Verfilmung übrigens *tutta quanta* unterdrückte Stelle, wo auch das legendär gewordene[28] Wort von dem »verzückten Schurken« fehlt, dem die Deutschen »gläubig« hinterherzulaufen sich bereit finden (9.1, 327).

Unbeschadet dieser tieferen Sinndimension und ihrer Berührung mit dem Spätwerk des Autors ist die reale Vorgeschichte der jüdischen und der deutschen Katastrophe durch die ungelebte Liebe zwischen einer Buddenbrook und einem Hagenström wie in den Thomas Mann-Verfilmungen insgesamt bis auf den letzten Erinnerungsrest verleugnet oder verdrängt. Solche Verdrängungen haben den erwartbaren Effekt, dass das Verdrängte auch innerhalb der Verfilmungen selbst wiederkehren muss, in mutierter Form und an versetzter Stelle. Aber das stünde auf einem anderen Blatt.[29]

---

[27] Vgl. Heinrich Teweles: Goethe und die Juden, Hamburg: Gente 1925, S. 28; mit Lesespuren in Thomas Manns Handexemplar.

[28] Vgl. Yahya Elsaghe: »Lotte in Weimar«, in: The Cambridge Companion to Thomas Mann, hrsg. von Ritchie Robertson, Cambridge: Cambridge University Press 2002, S. 185–198, hier S. 195 f.

[29] Vgl. Yahya Elsaghe: »Donnersmarck« und »Blumenberg«. Verschwinden und Wiederkehr jüdischer Charaktere in der Geschichte der Thomas Mann-Verfilmungen, in: KulturPoetik, Jg. 5, H. 1, Göttingen: Vandenhoeck & Ruprecht 2005, S. 65–80, hier S. 73–78.

Elisabeth Galvan

Das Erbe der »anderen Achse«

Thomas Mann im Italien der Nachkriegszeit

I. Werkrezeption 1945–1955

Am 10. August, zwei Tage vor seinem Tod, schreibt Thomas Mann im Zürcher Kantonsspital einen Brief, der sein letzter sein wird. Im Nachhinein liest er sich wie ein posthumer Dank an eine Frau, die sich seit Jahrzehnten wie niemand sonst um die Vermittlung seines Werks in Italien verdient gemacht hat: Lavinia Mazzucchetti (1889–1965), Germanistin, Literaturkritikerin, Übersetzerin und ab 1947 Herausgeberin von Thomas Manns Gesamtwerk beim Mailänder Verlag Mondadori. Die 1889 in Mailand geborene Pionierin der italienischen Germanistik verkehrte seit den zwanziger Jahren in den antifaschistischen intellektuellen Kreisen, verlor 1929 aus politischen Gründen ihre Stelle an der Universität und widmete sich seither als Mitarbeiterin verschiedener Verlage intensiv der Vermittlung deutschsprachiger Literatur im faschistischen Italien. Mussolinis Regime mischte sich zunächst nicht in die Tätigkeit der Verlage ein, die vermehrt ausländische Werke in ihr Programm aufnahmen. Zu einer verstärkten Überwachung kam es erst 1938 als Folge der Achse Berlin–Rom, in deren Zug auch die Werke Thomas Manns nicht mehr übersetzt bzw. aufgelegt werden durften. Lavinia Mazzucchetti hat die Erfahrungen dieser Jahre im Buch *Die andere Achse. Italienische Resistenza und geistiges Deutschland* (1966) verarbeitet, insbesondere im Kapitel »Geschmuggelte Freundschaften«.

Mit Thomas Mann stand Lavinia Mazzucchetti seit 1920 in häufigem brieflichen und persönlichen Kontakt, war zu Gast in der Münchner Poschingerstraße, in Küsnacht während der ersten Jahre des Exils, und in Kilchberg nach seiner Rückkehr aus Amerika. 1927 übersetzte sie erstmals eines seiner Werke, die Erzählung *Unordnung und frühes Leid*. Im Laufe der Jahrzehnte werden nicht nur weitere Übertragungen ins Italienische folgen, sondern auch zahlreiche Einleitungen und Aufsätze, die das Werk Thomas Manns seinen Lesern in Italien entscheidend näherbringen. Eine besonders wichtige Stelle nimmt dabei der von Lavinia Mazzucchetti herausgegebene und kommentierte Briefband *Lettere a italiani* (»Briefe an Italiener«) (1962) ein, der die italienischen Beziehungen Thomas Manns von 1920 bis zu seinem Tod dokumentiert und in dem sich u. a. Briefe finden, die bis heute in keiner anderen Briefausgabe enthalten sind.

Mit Ende des Zweiten Weltkrieges hatte sich das Interesse der italienischen Leser verstärkt der zeitgenössischen ausländischen Literatur zugewendet, insbesondere der deutschen. In diesem Kontext wird gerade Thomas Manns Werk vermehrt übersetzt bzw. neu übertragen. So erscheint z. B. zu seinem 70. Geburtstag 1945 eine Luxusausgabe von *Unordnung und frühes Leid* und *Herr und Hund*. Im Vorwort geht Lavinia Mazzucchetti explizit auf die aktuelle Situation ein und positioniert den deutschen Autor in der Leselandschaft des postfaschistischen Italiens:

Wir wissen [...], wieviel Respekt und Interesse Thomas Mann in den letzten Jahrzehnten stets dem wahren Italien des Untergrunds entgegengebracht hat, und dass er von Anfang an jegliche Illusion oder Nachsicht für das faschistische Italien abgelehnt hat. Deshalb sind wir überzeugt, dass dem großen Europäer die Rückkehr zu seinen treuesten italienischen Lesern eine Freude sein wird.[1]

Noch im selben Jahr erscheinen eine neue Übersetzung der *Buddenbrooks* (von Ervino Pocar) sowie erstmals eine Übersetzung jener Erzählung, deren Publikation im faschistischen Italien – noch lange vor der Achse Berlin–Rom – undenkbar war: *Mario und der Zauberer* wird nun sogar gleich zweimal übersetzt, einmal von Anna Bovero unter dem Titel *Mario e l'incantatore*, zum andern von Giorgio Zampa als *Mario e il mago*. Wieder ist es Lavinia Mazzucchetti, die in der gerade gegründeten Zeitschrift La Lettura die den italienischen Lesern bisher unbekannte Erzählung vorstellt und gleichzeitig dem immer wieder erhobenen Vorwurf einer angeblichen Italienfeindlichkeit des Textes den Wind aus den Segeln nimmt. Dabei argumentiert sie nicht nur inhaltlich, sondern zitiert auch die Widmung des Autors, die dieser 1930 bei einem Treffen in München in das ihr geschenkte *Mario*-Exemplar (illustriert von Hans Meid) geschrieben hatte: »Lavinia Mazzucchetti – diese mißliche Geschichte – deren stillste Ablehnung sie teilt. – Es lebe Italien!«[2]

Nach dem Krieg wird nicht nur das Erzählwerk verstärkt übersetzt bzw. neu übertragen, sondern auch Manns Essayistik. 1946 publiziert der Verlag Mondadori unter dem Titel *Saggi* die von Lavinia Mazzucchetti übersetzten

---

[1] Lavinia Mazzucchetti: Premessa, in: Thomas Mann: Disordine e dolore precoce, Mailand: Mondadori 1945, S. 3: »Noi sappiamo [...] quanto Thomas Mann abbia sempre rispettata e seguita la vera Italia sotterranea degli ultimi decenni, respingendo invece sin dal principio ogni illusione o indulgenza per l'Italia fascista e siamo quindi ben certi che al grande europeo sarà grato il ritorno ai suoi più fidi lettori italiani.« Wo nicht anders angegeben stammt die Übersetzung aus dem Italienischen von der Autorin. Vgl. auch Ilsedore B. Jonas: Thomas Mann und Italien, Heidelberg: Winter 1969, S. 111.

[2] Lavinia Mazzucchetti: Mario e il mago. Una novella di Thomas Mann che avrebbe irritato e offeso gli italiani del 1930, in: La Lettura. Rivista settimanale di cultura e attualità del Corriere d'informazione, 1945, Nr. 3, Mailand: Corriere d'informazione, S. 9. Die Widmung Thomas Manns wurde in ihrer originalen handschriftlichen Form reproduziert.

großen Aufsätze *Leiden und Größe Richard Wagners*, *August von Platen* und *Chamisso*. Die Übersetzung lag bereits 1935 vor, konnte jedoch zum damaligen Zeitpunkt aufgrund der italienischen politischen Zensur nicht erscheinen.[3] Vielleicht noch wichtiger für Thomas Manns unmittelbare Rezeption im Italien der Nachkriegszeit sind jedoch die politischen Aufsätze, die Mondadori Anfang 1947 unter dem Titel *Moniti all'Europa* (»Warnrufe an Europa«) veröffentlicht. Die Aufsätze prägen viele aus dem Antifaschismus kommende junge italienische Intellektuelle nachdrücklich. Zu ihnen gehörte auch Giorgio Napolitano, heute Italiens Staatspräsident. In seiner 2005 erschienenen »politischen Autobiographie« *Dal PCI al socialismo europeo* (»Von der Italienischen Kommunistischen Partei zum europäischen Sozialismus«) erinnert sich Napolitano im Abschnitt »Die Lektion Thomas Manns« (»La lezione di Thomas Mann«) an diese für seine Generation entscheidende Lektüre:

[...] zu meinen ersten politischen – nicht parteipolitischen – Lektüren gehörte eine Aufsatzsammlung von Thomas Mann, die [...] 1947 unter dem Titel ›Moniti all'Europa‹ erschienen war. In der Folgezeit wurde Thomas Mann zu meinem bevorzugten Autor, und er ist es bis heute geblieben. Der Grund dafür liegt nicht nur in der Faszination, die seine literarischen Schöpfungen ausüben, sondern auch in der Tiefe seiner Gedanken über das Verhältnis von Politik, Kultur und Demokratie. Seine 1947 publizierten Aufsätze [...] waren eine wichtige Lektion über Deutschland und über Europa. Das Feuer seiner Polemik war gegen jene Lüge gerichtet, die ihm unter allen Lügen Hitlers ›die widerlichste‹ erschien: die ›europäische‹ Lüge [...] des ›von Hitler geeinten Europa‹.[4]

Hier zeigt sich einmal mehr die ganz spezifische Rezeption Thomas Manns im Italien der Nachkriegszeit, wo er als unumstrittener Vertreter eines supranationalen, universalen, demokratischen und europäischen Geistes wahrgenommen wird. In dieser Rezeptions- und Interpretationslinie steht die italienische Thomas Mann-Forschung bis heute.

Mondadoris *Moniti all'Europa* enthält u. a. *Von deutscher Republik* (»Della Repubblica tedesca«), die Sammlung *Achtung, Europa!* (»Attenzione, Eu-

---

[3] Vgl. Lavinia Mazzucchetti: Premessa, in: Thomas Mann: Moniti all'Europa, aus dem Deutschen von Cristina Baseggio, Mailand: Mondadori 1947, S. 11.

[4] Giorgio Napolitano: Dal PCI al socialismo europeo. Un'autobiografia politica, Bari: Laterza 2005, S. 316f.: »[...] tra le mie prime letture politiche fuori degli schemi di partito vi fu una raccolta di scritti di Thomas Mann, che venne pubblicata in Italia nel [...] 1947 col titolo ›Moniti all'Europa‹. Mann divenne poi, ed è sempre rimasto, l'autore a me più caro, non solo per il fascino delle sue creazioni letterarie, ma per la profondità della riflessione [...] sul rapporto tra politica, cultura e democrazia. I suoi scritti pubblicati nel '47, compresi gli interventi militanti della guerra, erano una grande lezione sulla Germania e sull'Europa. Il fuoco della polemica era rivolto contro quella che tra tutte le menzogne di Hitler appariva a Mann ›la più rivoltante‹: la menzogna ›europea‹, [...], dell' ›Europa unificata da Hitler‹.«

ropa!«) mit dem Vorwort André Gides für die französische Ausgabe, die 55 Radioansprachen *Deutsche Hörer!* (»Attenzione, tedeschi!«), den offenen Brief *Warum ich nicht nach Deutschland zurückgehe* (»Perché non torno in Germania«) und *Deutschland und die Deutschen* (»La Germania e i tedeschi«). Wie stark das italienische Interesse gerade an der politischen und ethischen Figur Thomas Mann unmittelbar nach Kriegsende ist, mit welcher Aufmerksamkeit man in Italien seine Stellungnahmen zu Deutschland verfolgt, zeigt übrigens auch die Tatsache, dass seine Ende September 1945 in Deutschland veröffentlichte Antwort an Walter von Molo bereits im November in der italienischen Zeitschrift Oggi publiziert wird.[5]

Über die Aufsatzsammlung *Moniti all'Europa* zeigt sich Thomas Mann am 21. März 1947 in einem Schreiben an seinen italienischen Verleger Arnoldo Mondadori sehr erfreut. Noch positiver nimmt er die Nachricht auf, dass der Verlag eine zehnbändige, von Lavinia Mazzucchetti betreute Ausgabe seiner Werke plane:

Ich kann diesen Brief nicht schließen, ohne noch einmal meine tiefe Befriedigung über Ihr schönes Projekt einer zehnbändigen Ausgabe meiner ›opera omnia‹ auszudrücken. Seitdem der Berliner Verleger S. Fischer eine Gesamtausgabe meiner Werke, ebenfalls in zehn Bänden, veröffentlicht hat, ist in keinem Lande etwas Ähnliches unternommen worden.[6]

Schon im folgenden Jahr erscheint die von Lavinia Mazzucchetti besorgte und von Thomas Mann gelobte *Lotte*-Übersetzung[7] (*Carlotta a Weimar*). Weitere wichtige Stationen sind 1949 die Übersetzungen des letzten Bandes der *Joseph*-Tetralogie *Giuseppe il nutritore* von Gustavo Sacerdote und des *Doktor Faustus* von Ervino Pocar. Die ersten drei Bände der Tetralogie (*Le storie di*

---

[5] Perché non ritorno in Germania. Una lettera di Thomas Mann, in: Oggi, 1945, Nr. 17, Mailand: Rizzoli Editore, S. 10.

[6] Zit. nach Jonas, a.a.O., S. 112. Vgl. auch Thomas Mann: Lettere a italiani, Milano: Il Saggiatore 1962, S. 54 (dort italienische Version). Arnoldo Mondadori antwortet unmittelbar darauf am 4. April 1947: »Ihrem werten Schreiben entnehme ich [...], dass Sie meinen Mitteilungen bezueglich Ihrer Opera Omnia Ihre Aufmerksamkeit schenkten. Seien Sie bitte ueberzeugt, dass ich diese[m] Werke, das ich zu den bedeutendsten Unternehmen meines Verlages zaehle, die groesste Sorgfalt angedeihen lassen werde. [...] Zum Schl[u]sse moechte ich wiederholt meiner herzlichen, aufrichtigen Genugtuung darueber Ausdruck verleihen, dass nur in Italien, ausser in Ihrer Heimat, eine Opera Omnia Ihrer Werke veroeffentlicht werden wird.« Der Brief ist auf Deutsch verfasst (http://www.fondazionemondadori.it/qb/download.php?attachment_id=1490).

[7] »Ora è arrivata anche ›Carlotta a Weimar‹, e resto stupefatto dell'esatezza della traduzione che, a quel che vedo, non perde una sola sfumatura dell'originale.« (»Nun ist auch ›Lotte in Weimar‹ angekommen und ich bin erstaunt über die Genauigkeit der Übersetzung, bei der, soweit ich sehe, keine einzige Nuance des Originals verloren ging.«) Lettere a italiani, a.a.O., S. 67. Vgl. auch Jonas, a.a.O., S. 114.

Giacobbe 1933; *Il giovane Giuseppe* 1935; *Giuseppe in Egitto* 1937) hatten übrigens in den Jahren 1933–1937 im Italien Mussolinis erscheinen können. Trotz des enormen Aufwands unternimmt es der Verlag Mondadori in den 1950er Jahren, die Tetralogie erneut zu übersetzen. In der ausgezeichneten Übertragung von Bruno Arzeni liest das italienische Publikum den biblischen Roman bis heute.[8]

Zu seinem 80. Geburtstag werden Thomas Mann u. a. von verschiedenen italienischen Zeitschriften monographische Sondernummern gewidmet und Lavinia Mazzucchetti gibt den von ihr eingeleiteten Band *Dialogo con Goethe* (»Dialog mit Goethe«) heraus. Dieser enthält Manns Aufsätze zu Goethe und das VII. Kapitel von *Lotte in Weimar*. Die Nachricht vom Tod des Autors ruft wenig später in der italienischen Presse ein noch breiteres Echo hervor als der Geburtstag.

Die Gesamtausgabe findet 1958 ihren Abschluss. In dieser langjährigen, wichtigen Tradition steht zurzeit ein erneut Thomas Mann gewidmetes Unternehmen von Mondadori – dessen verlegerisches Engagement für den Autor im außerdeutschen Kulturraum wohl einzigartig ist: seit 2005 wird unter der Leitung von Luca Crescenzi das Erzählwerk neu übersetzt und kommentiert herausgegeben.

II. Zwischen Auszeichnung und versuchter Vereinnahmung: Thomas Mann in der italienischen Öffentlichkeit und Politik 1945–1958

1947, im Jahr des Erscheinens der politischen Aufsatzsammlung *Moniti all'Europa*, wird Thomas Mann zum ausländischen Mitglied der traditionsreichen, 1603 gegründeten *Accademia dei Lincei* ernannt, der zweitältesten italienischen wissenschaftlichen Akademie nach der *Accademia della Crusca* in Florenz. Nach einer Phase der politischen Vereinnahmung unter dem Faschismus strebte die *Accademia dei Lincei* in der unmittelbaren Nachkriegszeit eine Erneuerung an, in deren Zug besonders neue ausländische Mitglieder ernannt wurden, die den die Akademie seit ihrer Gründung inspirierenden humanistischen Geist beispielhaft verkörperten.[9] Dass Thomas Mann in Italien nicht nur als Romanautor wahrgenommen wird, sondern aufgrund seiner Essayistik vor allem auch als politischer, moralischer und europäischer Schriftsteller, zeigt die Tatsache, dass er zum Mitglied der *Classe di Scienze morali, storiche*

---

[8] Im Jahr 1996 brachte Mondadori eine von Fabrizio Cambi kommentierte Neuausgabe dieser Übersetzung heraus.

[9] Vgl. Elisabetta Mazzetti: Thomas Mann und die Italiener, Frankfurt/Main: Lang 2009, S. 70.

e filosofiche (Klasse der moralischen, historischen und philosophischen Wissenschaften) ernannt wird, und zwar mit folgender Begründung:

Allein der Name THOMAS MANN könnte für die Ernennung genügen. Es ist in der Tat unnütz, daran zu erinnern, dass Th. Mann heute der größte Schriftsteller und Romanautor deutscher Sprache ist und einer der höchsten europäischen Geister. Man könnte sich auch vorstellen, dass das alte Deutschland, das Deutschland Goethes, mit Thomas Mann dem Hitler-Deutschland noch einmal einen universalen Geist entgegenstellen wollte. Und Mann war stets auf der Höhe seines Auftrags und seiner symbolischen Tragweite. Doch ist Thomas Mann nicht nur der Schöpfer fiktiver Erzählwerke, sondern auch Autor scharfsinniger literarischer, moralischer und ethischer Aufsätze, die ihn zu einem der höchsten Richter und Kritiker unserer Zeit machen. Gerade aufgrund dieses Verdienstes schlägt unsere Klasse Th. Mann als Mitglied der Accademia dei Lincei vor.[10]

Dieser hohen italienischen Auszeichnung folgt fünf Jahre später eine noch höhere: 1952 verleiht ihm dieselbe Akademie den hochdotierten (damals 5 Mio. Lire) internationalen Literaturpreis *Premio Feltrinelli*. Die Praxis der Preisverleihung sieht vor, dass die Kandidaten sowohl von ausländischen Akademien als auch intern von Mitgliedern der *Accademia dei Lincei* vorgeschlagen werden können. Die *Deutsche Akademie für Sprache und Dichtung* nennt in diesem Zusammenhang als Kandidaten Werner Bergengruen und Wilhelm Lehmann. Unter den von verschiedenen Akademien ernannten Kandidaten finden sich zwei Autoren, die nicht von einer Institution, sondern von einem internen *Lincei*-Mitglied, dem Kunsthistoriker und Archäologen Ranuccio Bianchi Bandinelli vorgeschlagen werden: Thomas Mann und Pablo Neruda. Die Jury entscheidet sich schließlich für ersteren. In einem Brief vom 13. Juni 1952 teilt Bianchi Bandinelli dem Preisträger Thomas Mann Näheres zur Preisverleihung mit:

Es ist dies das erste Mal, dass unsere Akademie die neuerdings gestifteten internationalen Preise erteilt. [...] Wollen Sie es mir noch erlauben, [...] dass ich Ihnen mit besonderer Genugtuung mitteile, dass der Antrag, den ersten internationalen Lincei-Preis mit Ihrem Namen zu ehren, von mir und von Prof. Luigi Russo (Pisa) ausging. In meinem Antrag bestand ich darauf, neben Ihrem gewaltigen literarischem Werk, in Ihnen ganz

---

[10] Ebd., S. 79 ist der italienische Originalwortlaut wiedergegeben: »Il solo nome di THOMAS MANN potrebbe bastare alla designazione. È infatti inutile ricordare che Th. Mann è oggi il maggiore scrittore e romanziere di lingua tedesca ed uno dei più alti spiriti europei. Si potrebbe anche immaginare che la vecchia Germania, la Germania goethiana, contro la Germania di Hitler abbia voluto, con Th. Mann, dare ancora una volta al mondo uno spirito universale. E Mann fu sempre pari alla sua missione e al suo simbolo. Ma, oltre ad opere di creazione fantastica, Th. Mann è autore di saggi letterari, morali e di costume perspicui, che fanno di lui uno dei più alti giudici e critici contemporanei. È soprattutto a questo titolo che la nostra Categoria propone Th. Mann a Socio della Accademia dei Lincei.«

besonders das seltene Beispiel hervorzuheben, eines erreichten, lebendigen Humanismus, der geistig die Spaltungen unserer Zeit überragt und somit eine Weisung allen geistig schaffenden gibt. Die offizielle Begründung der Preiserteilung [...] trägt dieser Erwägung Rechenschaft, und wurde von Prof. Francesco Flores (Mailand) verfasst.[11]

Der bekannte italienische Literarhistoriker Francesco Flores erläutert die Gründe für die Verleihung des Preises folgendermaßen:

Im Werke dieses großen Schriftstellers lassen sich zwei Phasen aufzeigen [...]. Der ersten, die ungefähr von 1901 bis 1928 reicht [...], folgt eine zweite, die sich von jenem Datum bis heute erstreckt und einer wesentlichen Entwicklung Manns entspricht (die von manchen eine Bekehrung genannt wird). Es ist der Übergang von einem romantischen und vielleicht dekadenten Individualismus, der sich emblematisch in einem stolzen und sich isolierenden Deutschland ausdrückt, [...] zu einem europäischen Humanismus, wo es nicht die Aufgabe seines tragischen und großen Vaterlandes sein soll, die Welt zu unterjochen, sondern europäisch zu werden.[12]

Im Vorfeld der Entscheidung wird Thomas Mann durch Lavinia Mazzucchetti auf dem Laufenden gehalten. Das Tagebuch zeigt, dass sich in die Vorfreude die Befürchtung politischer Schwierigkeiten mischt: »Brief der Mazzucchetti, die das Ergehen des römischen Preises an mich fast als gewiss hinstellt. Kann noch politisch verhindert werden«, heißt es am 14. Mai 1952. Und am Tag darauf: »Wünsche sehr die römische Auszeichnung, befürchte aber, dass sie durch amerik. Einfluss verhindert werden wird.«[13] Wie sehr ihm an diesem Preis liegt, geht auch aus einem Schreiben an Lavinia Mazzucchetti hervor: »Ich muß sagen, ich freue mich ganz außerordentlich. Stockholm in Ehren, aber ›Roma eterna‹ und die Petrarca-Krönung macht mir doch tieferen Eindruck.«[14]

Den Preis kann er offiziell erst im folgenden Frühjahr entgegennehmen, während des Rom-Besuchs im April 1953. Thomas Manns zehntägiger Aufenthalt (20.–30. April) in der ewigen Stadt fällt just in einen für Italien und seine politische Zukunft entscheidenden Augenblick, nämlich mitten in den Wahlkampf, der in diesen Wochen im Vorfeld der für Anfang Juni festgesetz-

---

[11] Der Brief befindet sich im TMA. Die hier zitierte Passage ist, vermutlich von Thomas Mann, mit Bleistift unterstrichen. An dieser Stelle sei Herrn Rolf Bolt ausdrücklich für seine freundliche Hilfsbereitschaft gedankt. Vgl. auch Mazzetti, a.a.O., S. 73.

[12] Francesco Flores: Il premio dell'Accademia dei Lincei a Thomas Mann nel 1952, in: Letterature Moderne 1956, Nr. 6, S. 343: »Nell'opera di questo grande scrittore si possono segnare due periodi [...]. Al primo, che va su per giù dal 1901 al 1928 [...], segue l'altro che da quella data va fino ad oggi, e risponde a una sostanziale evoluzione del Mann (e fu infatti chiamata da alcuni una conversione), che da un individualismo romantico e magari decadente, il cui emblema fu una Germania orgogliosa e solitaria [...] passò a un umanesimo europeo, ove la tragica e grande sua patria non debba attendere a soggiogare il mondo ma a farsi europea.« Vgl. auch Jonas, a.a.O., S. 115.

[13] Tb, 15.5.1952.

[14] Zit. nach Jonas, a.a.O., S. 116. Vgl. Lettere a italiani, a.a.O., S. 90.

ten Wahlen geführt wird. Erwartungsgemäß spart dieser auch den Besuch des hochberühmten Schriftstellers nicht aus, der gleich doppelt, im politischen wie im religiösen Rampenlicht steht: Einmal als Gast der beiden größten italienischen Verleger – des liberalen Arnoldo Mondadori und des aus dem antifaschistischen Widerstand kommenden und der Kommunistischen Partei Italiens nahestehenden Giulio Einaudi –, zum andern als vom Papst in einer Privataudienz empfangener Protestant.

Thomas Manns römischer Besuch findet nahezu in der gesamten italienischen Presse Erwähnung. Während er fast einstimmig als größter zeitgenössischer Schriftsteller gefeiert wird, unterstreichen die linksorientierten Presseorgane zudem sein humanistisches, demokratisches und antifaschistisches Engagement.[15] In diesem Zusammenhang muss erwähnt werden, dass das intellektuelle Italien der Nachkriegszeit hauptsächlich linksorientiert war und dass zahlreiche Intellektuelle aus dem antifaschistischen Widerstand kamen. Das gesamte – sehr lebhafte – kulturelle Leben war maßgeblich durch Gelehrte und Künstler aus dem linken Lager bestimmt. Dazu kommt, dass bereits Antonio Gramsci den Begriff der ›kulturellen Hegemonie‹ (egemonia culturale) der Linken geprägt hatte – eine Vorstellung, die bis zu einem gewissen Grad auch noch im heutigen Italien lebendig ist. Alle diese spezifischen Umstände spielen auch für die italienische Thomas Mann-Rezeption der Nachkriegszeit eine wichtige Rolle. Wie gespannt die Lage zwischen linkem und rechtem Flügel gerade auf kulturellem Gebiet war, und wie sehr auch Thomas Manns Rom-Aufenthalt zum Anlass wurde, diesen Konflikt weiter zu schüren, zeigt u. a. ein am 30. April 1953 im Parteiorgan der christlich-demokratischen Mehrheitspartei (Democrazia cristiana) *Il Popolo* erschienener Artikel, gemäß dem die kommunistische Partei mit allen Mitteln versuche, den Autor, der sich doch selbst als Antikommunist bezeichne, politisch zu vereinnahmen.[16] Ranuccio Bianchi Bandinelli, der Thomas Mann für den Feltrinelli-Preis der *Accademia die Lincei* vorgeschlagen hatte, erinnert sich rückblickend:

Um die Person Thomas Manns waren die gesamten Rivalitäten innerhalb der sogenannten römischen intellektuellen Welt ins Rollen geraten: Spannungen zwischen Verlegern, politische Tendenzen auf Kollisionskurs, Ambitionen literarischer Salons. Die freundliche Aufnahme, die der große Schriftsteller in der linken Presse gefunden hatte, störte den Schlaf in bestimmten Lagern. [...] Glücklicherweise stand Thomas Mann aufgrund der für einen nordischen Menschen typischen Freude, in Rom zu sein, und dank seiner intellektuellen Reinheit so weit über diesen Spielen, dass er davon unberührt blieb.[17]

---

[15] Vgl. Mazzetti, a.a.O., S. 105.
[16] Vgl. ebd., S. 108.
[17] Ranuccio Bianchi Bandinelli: Un incontro a Roma, in: Il Contemporaneo, 4.6.1955, S. 4: »Attorno a Thomas Mann si eran messe in moto tutte le rivalità del cosiddetto mondo intellettuale romano: attriti fra editori, urti di tendenze politiche e ambizioni di salottini letterari. Le accogli-

Doch nicht nur zwischen rechtem und linkem Flügel streitet man sich um den Schriftsteller, sondern auch innerhalb des linken Lagers selbst. Hier stehen sich die Sozialistische und die Kommunistische Partei gegenüber; letztere hatte sich 1921 u. a. auf Initiative von Antonio Gramsci und Palmiro Togliatti von der Sozialistischen Partei abgespaltet und wurde in der Nachkriegszeit zur größten kommunistischen Partei Westeuropas. Trotz ihrer Nähe zur UdSSR erkannte sie das pluralistisch-demokratische System sowie die Verfassung Italiens (inklusive der Religionsfreiheit) an. War es Ende der 1940er Jahre zu einem Wahlbündnis zwischen der Sozialistischen und der Kommunistischen Partei gekommen, schicken sich die beiden Parteien im Frühjahr 1953 an, bei den Juni-Wahlen getrennt anzutreten. Und im aufgeheizten Wahlklima wirft auch diese politische Rivalität ihre Schatten auf Thomas Manns Rom-Besuch. Dass ausgerechnet das sozialistische Parteiorgan *L'Avanti* zu den ganz wenigen Zeitungen in der italienischen Presselandschaft gehört, die diesen mit keinem Wort erwähnen, darf als Symptom dieser politischen Spannungen interpretiert werden.

Zeitgleich mit dem Rom-Besuch erscheint eine italienische Übersetzung von Thomas Manns 1952 entstandenem Vortrag *Der Künstler und die Gesellschaft*. Die Polemik, die diese Übersetzung provoziert, zeigt einmal mehr, wie politisch der ›Kulturkampf‹ gerade im linken Lager war. Ein junger italienischer Germanist, der spätere Lehrstuhlinhaber an der römischen »Sapienza«-Universität Paolo Chiarini, stellte aufgrund eines Textvergleichs einige Inkongruenzen fest, die der italienischen Version im Vergleich zum deutschen Original einen »weit entschiedeneren Antikommunismus«[18] verleihen würde. Aus Platzgründen muss ich mich hier auf ein einziges Beispiel beschränken. Im Zusammenhang mit einem Ezra Pound zuerkannten wichtigen amerikanischen Literaturpreis heißt es bei Thomas Mann: »Gewiß bin ich nicht der einzige, der [...] wissen möchte, ob die distinguierte Jury Ezra Pound auch dann den [...] Preis zugesprochen hätte, wenn er zufällig nicht Faschist, sondern Kommunist gewesen wäre.« (X, 396f.)

In der italienischen Übersetzung ist das Wort »Kommunist« ausgespart: »[...] wenn er nicht Faschist, sondern … etwas anderes gewesen wäre.«[19]

---

enze liete che erano state fatte al grande scrittore dalla stampa di sinistra turbarono il sonno a certi ambienti. [...] Per fortuna, Thomas Mann restava, con la sua felicità di nordico di trovarsi a Roma, e con la sua purezza intellettuale, tanto al di sopra di questi giuochi, da non restarne turbato.«

[18] Paolo Chiarini: Le varianti di uno scritto di Thomas Mann su ›L'artista e la società‹, in: Società. Rivista trimestrale, 1953, Nr.1–2, Florenz: Einaudi, S. 269–272, hier S. 271.

[19] Thomas Mann: L'artista e la società. Aus dem Deutschen von Vittorio Libera, Rom: Associazione per la libertà della cultura 1953, S. 25: »Certo non sono io il solo a desiderare di sapere se la distinta giuria avrebbe attribuito il Premio Bollinger ad Ezra Pound anche nel caso che egli non fosse stato fascista ma … altro.«

Interessant ist nun die Erwiderung des Übersetzers, gemäß der Thomas Mann selbst den Text revidiert und in dieser Form zur Übersetzung in Italien freigegeben habe.[20] Es erscheint heute schwierig festzustellen, ob dem wirklich so war. Näheres weiß man aber mittlerweile über den Verlag, bei dem der Text erschienen ist: die *Associazione italiana per la libertà della cultura* war der italienische Ableger des 1950 in West-Berlin gegründeten und vom CIA finanzierten *Congress for Cultural Freedom*. Der Kongress für kulturelle Freiheit hatte in seiner Hochphase Außenstellen in bis zu 35 Ländern und spielte im Kalten Krieg auf dem Gebiet der Kultur eine entscheidende Rolle. Zur »Praxis der kulturellen Kriegsführung«[21] gehörte es u. a., nicht-kommunistische linke Intellektuelle gegen die kommunistische Kulturpropaganda zu gewinnen. In diesem Zusammenhang spielte ein sehr bekannter italienischer Intellektueller und Schriftsteller eine wichtige Rolle, der Thomas Mann aus der Zeit des gemeinsamen Schweizer Exils kannte, der in den Jahren 1937–38 im Hause Mann verkehrte, mit ihm auch in Rom zusammengetroffen ist und wenige Jahre nach Manns Tod 1958 eine öffentliche Kontroverse entfachte, in der die politische Integrität des deutschen Kollegen in Frage gestellt wird: Gemeint ist Ignazio Silone, einer der auch im Ausland bekanntesten italienischen Erzähler der Nachkriegszeit. Sein im Schweizer Exil entstandener Roman *Fontamara* wurde 1933 vom Zürcher Buchhändler und Verleger Emil Oprecht zuerst auf deutsch publiziert; erst 1947 konnte das Werk in Italien erscheinen. Thomas Mann findet *Fontamara* »ein schönes Buch, sympathisch wie Weniges.«[22] Auch seinen Autor empfindet er als sympathischen und angenehmen Kollegen und schenkt ihm nach einem gemeinsam im Hause Mann verbrachten Abend die ersten beiden Bände des *Joseph* auf italienisch.[23]

Wenn 1951 in Rom unter dem Namen *Associazione italiana per la libertà della cultura* ein italienischer Ableger des Kongresses für kulturelle Freiheit gegründet werden konnte, so war dies maßgeblich Ignazio Silone zu verdanken. Wie zahlreiche der für den Kongress rekrutierten Intellektuellen hatte sich auch Silone nach anfänglicher Militanz vom Kommunismus distanziert. 1921 war er der soeben gegründeten italienischen Kommunistischen Partei beigetreten, wurde dann aber 1931 aufgrund mangelnder Linientreue aus der Partei ausgeschlossen; in der Folge wendet Silone sich dem Sozialismus zu, ist in den Nachkriegsjahren in der italienischen Sozialistischen Partei aktiv und wird in die Direktion des Parteiorgans *L'Avanti* berufen. 1951 wird er erster

---

[20] Vittorio Libera: A proposito delle »varianti« di Thomas Mann, in: Società. Rivista trimestrale, a.a.O., S. 686–687, hier S. 686.

[21] Frances Stonor Saunders: Wer die Zeche zahlt ... Der CIA und die Kultur im Kalten Krieg, Berlin: Siedler 2001, S. 17.

[22] Tb, 17. 7. 1937.

[23] Tb, 6. 9. 1937.

Vorsitzender der *Associazione italiana per la libertà della cultura,* 1956 verantwortlicher Herausgeber der Zeitschrift Tempo presente, die zu den zahlreichen angesehenen Presseorganen gehörte, welche der CIA im Rahmen seines geheimen kulturellen Propagandaprogramms in Westeuropa mitfinanzierte. Ob Silone von diesem Hintergrund Kenntnis hatte, muss allerdings offen bleiben. Tempo presente wird übrigens zwei Jahre später zur Plattform der Kontroverse gegen Thomas Mann, in die schließlich auch Elisabeth Mann Borgese eingreift, um ihren Vater zu verteidigen.

Die Tatsache, dass Thomas Manns Essay *Der Künstler und die Gesellschaft* in Italien erstmals von einer entschieden pro-amerikanischen und antikommunistischen Vereinigung publiziert wird, sowie die auf dem Grat zwischen Übersetzungs-Philologie und Ideologie entfachte Polemik zeigen, wie komplex die Rezeption Thomas Manns im italienischen Nachkrieg war und wie sehr man in allen Lagern bemüht war, ihn politisch zu vereinnahmen.

Dass Thomas Mann während des Kalten Krieges auch in Italien politisch im Kreuzfeuer stand, zeigt aber noch eine weitere Episode. Im Zuge seines Rom-Aufenthaltes kam es offenbar zum Vorschlag, ihm den Verdienstorden der italienischen Republik zu verleihen (*Ordine al merito della Repubblica italiana*), den Staatspräsident Luigi Einaudi, der Vater des Verlegers Giulio Einaudi, 1951 gestiftet hatte. Dieser Plan scheiterte jedoch – trotz Befürwortung seitens des Staatspräsidenten und des Verlegers Arnoldo Mondadori – am Widerstand des italienischen Außenministeriums, das 1954 die Auszeichnung aus folgenden Gründen ablehnte:
– Thomas Mann stehe nicht in der Gunst der katholischen Kirche;
– er habe sich trotz der freundlichen Aufnahme in Deutschland geweigert, dort seinen festen Wohnsitz zu nehmen;
– sein Werk sei, wenn auch ohne seine Zustimmung, in einem kommunistischen Verlag Ostdeutschlands erschienen, nachdem er den Wunsch geäußert habe, es auch dort bekannt zu machen;
– er habe die Pariser Tagung gegen die EVG (Europäische Verteidigungsgemeinschaft) befürwortet.[24]
Was für eine der wichtigsten kulturellen Institutionen Italiens möglich war – die Auszeichnung Thomas Manns durch die *Accademia dei Lincei* – verhinderten McCarthyismus und Kalter Krieg auf politisch-institutioneller Ebene. Eine Würdigung Manns seitens der jungen Republik war selbst für den Staatspräsidenten unmöglich.

Wie nun hat Thomas Mann selbst seinen Rom-Aufenthalt und das politische Klima wahrgenommen? Am 28. April hält er während eines Empfangs im Hotel Excelsior eine kurze Radioansprache, in der er sich über die Aufnahme

---

[24] Vgl. in diesem Zusammenhang die genaue Rekonstruktion bei Mazzetti, a.a.O., S. 97–101.

seines Werks in den italienischen intellektuellen Kreisen freudig überrascht
zeigt:

Ich kann [...] sagen, dass ich in Rom mit einer Herzlichkeit aufgenommen bin, und
so viele Freunde hier gefunden habe, wie ich es mir niemals habe träumen lassen. Ich
habe nicht gewusst, dass unter den römischen, unter den italienischen Intellektuellen
so viel Interesse und so viel Sympathie für meine Arbeit vorhanden ist, und ich bin tief
gerührt von dieser Erfahrung.[25]

Ähnlich positiv äußert er sich rückblickend in einem Schreiben an Alberto
Mondadori über die in Rom erfahrene Aufnahme: »Der Empfang von Seiten
der intellektuellen Kreise Roms – so überwältigend herzlich – machte auf mich
den Eindruck eines schönen Traumes [...].«[26] Die Tatsache, dass es in Italien
trotz McCarthy-Ära für die italienischen Intellektuellen durchaus möglich ist,
sich unbekümmert zu ihrer politischen Couleur zu bekennen, erstaunt ihn:

Italien ist heute entschieden ein liberales Land. Ich habe es geradezu genossen, daß jeder
dritte hervorragende Gelehrte oder Schriftsteller sich dort offen zum Kommunismus
bekennt, und daß die Reaktion auf solches Bekenntnis kein entsetztes ›Apage, Satanas!‹
ist, sondern ein gelassenes ›à la bonne heure‹.[27]

Noch Monate später zeigt sich Thomas Mann in einem Brief an Kuno Fiedler
vom politischen Klima Italiens beeindruckt:

Wie ich persönlich zum aktuellen Kommunismus stehe, wie schlecht ich mich für ihn
ausgestattet fühle, habe ich in einem Vortrag ›Der Künstler und die Gesellschaft‹ ausge-
sprochen. Aber ich kann Ihnen sagen: Aus Amerika kommend, einem heute so gut wie

---

[25] Thomas Manns Radioansprache findet sich auf der CD: Thomas Mann / Heinrich Mann
et al.: Die Brüder Mann in Italien. Ein fiktiver Dialog umrahmt mit Musik von Verdi, Puccini,
Rossini, Donizetti und Leoncavallo, Lübeck: Buddenbrookhaus 1999. Die zitierte Passage ist
daraus transkribiert. Die Fortsetzung der Ansprache lautet: »Ich bin sehr froh und dankbar,
dass man mir Gelegenheit gibt, das römische Publikum auf diesem Wege mit einigen herzlichen
und einfachen Worten zu begrüßen. Ich kann sagen, dass ich Rom kenne, wenn auch nicht das
heutige Rom. Ich habe in Rom gelebt als ganz junger Mensch von zwanzig oder einundzwan-
zig Jahren, beinahe ein Jahr lang, zusammen mit meinem verstorbenen Bruder Heinrich. Wir
haben den Winter in der Stadt verbracht und den Sommer in Palestrina, einem sehr schönen
Ort, den ich immer in wunderbarer Erinnerung behalten habe. Rom selbst hat etwas ungeheuer
Eindrucksvolles für mich, als ob man durch die Jahrhunderte wanderte, neben dem Alten sieht
man das Neue. Selbstverständlich hat sich die Stadt in den achtundfünfzig Jahren, die ich nicht
hier war, außerordentlich verändert. Es ist ein eigentümliches Gefühl, zugleich mit einer Stadt
vertraut zu sein, und sie als etwas ganz Neues und Fremdes wiederzufinden. [...] Ich kann nur
meine tiefe und herzliche Dankbarkeit aussprechen für das Glück und die Ehre, die mir diese
leider nur wenig zahlreichen römischen Tage bereitet haben. Auf Wiedersehen!« Vgl. in diesem
Zusammenhang auch Mazzetti, a.a.O., S. 67.
[26] Zit. nach Jonas, a.a.O., S. 118. Vgl. auch Lettere a italiani, a.a.O., S. 98.
[27] Brief an Giulio Einaudi vom 28.6.1953 (Br III, 298).

totalitären Lande mit eisernem Zwange zum Conformismus [...], habe ich es neulich in Italien geradezu genossen, daß dort jeder dritte oder vierte hervorragende Gelehrte oder Schriftsteller sich offen zum Kommunismus bekennt und für ihn politisch aktiv sein darf, ohne daß ihm das im geringsten schadete.[28]

Dass Thomas Manns Verhältnis zum kommunistischen Verleger Giulio Einaudi von keinerlei politischen Berührungsängsten beeinträchtigt wurde, zeigt sich auch wenige Monate nach dem Rom-Besuch, als er Einaudis Bitte nachkommt, ein Vorwort für das geplante Buch *Lettere di condannati a morte nella Resistenza europea* (*Letzte Briefe zum Tode Verurteilter aus dem europäischen Widerstand*) zu verfassen. Das 1954 erschienene, von Piero Malvezzi und Giovanni Pirelli herausgegebene Buch erzielte einen enormen Erfolg und erfuhr zahlreiche Neuauflagen und Übersetzungen;[29] Auszüge daraus finden sich noch heute in italienischen Schulbüchern. Thomas Manns Vorwort erscheint 1955 erstmals auf Deutsch in der Neuen Rundschau.

Unterschiede zwischen italienischem und deutschem politischen Klima spielen offenbar auch im Zusammenhang mit der Veröffentlichung von Manns *Scritti storici e politici* eine Rolle. Sie erscheinen 1957 als XI. Band der *Opera omnia* bei Mondadori und haben eine interessante Vorgeschichte, die sieben Jahre vorher in Deutschland beginnt.

Am 24. Januar 1950 überträgt der Hessische Rundfunk Alfred Anderschs Sendung *Thomas Mann als Politiker – Versuch einer leidenschaftslosen Darstellung*. Diese Radiosendung bewegte offenbar Gottfried Bermann Fischer dazu, Andersch mit der Herausgabe einer Aufsatzsammlung von Thomas Mann zu beauftragen, die den Titel *Politische Dokumente* tragen soll. Der Radiotext sollte als Vorwort dienen.[30] Fischer wollte die Sammlung offenbar zu Thomas Manns 75. Geburtstag herausbringen.[31] Thomas Mann findet

---

[28] Brief an Kuno Fiedler vom 13.11.1953 (zit. nach Ess VI, 527f.).

[29] Die deutsche Erstausgabe erschien 1955 unter dem Titel *Und die Flamme soll euch nicht versengen* bei Steinberg in Zürich. Zu Thomas Manns Mitarbeit an diesem Buch vgl. Jonas, a.a.O., S. 120f. und Mazzetti, a.a.O., S. 240–249.

[30] Vgl. den Brief Bermann Fischers an Thomas Mann vom 20.4.1950: »Erst kürzlich hat er eine sehr wirksame Radio-Sendung veranstaltet [...], die mich veranlaßte, ihm diese Arbeit zu übertragen. Schon immer hat er sich gegen die gegen Sie gerichteten Angriffe gewendet und sich sehr entschieden im Kampf gegen die einseitige Propaganda geäußert.« (BrBF, 536) Zum Verhältnis Thomas Mann-Alfred Andersch vgl. in diesem Zusammenhang Jim Jordan und Donald McLaughlin: ›Inmitten des quälenden Geschreies der Dummheit‹: A New Assessment of the Relationship between Alfred Andersch and Thomas Mann, in: New German Studies, 1986/87, Nr. 1+2, Hull University, S. 55–72, 101–114.

[31] In einem Brief Alfred Anderschs an seine Mutter vom 8.3.1950 heißt es: »Und habe nun noch eine tolle Arbeit übernehmen müssen. Dr. Bermann-Fischer bat mich, die Herausgabe einer Sammlung politischer Dokumente von Thomas Mann zu übernehmen, die der Verlag T.M. zu seinem 75. Geburtstag [...] überreichen will. Eine ebenso ehrenvolle wie prekäre Aufgabe. Ich habe sie übernommen, weil mich die darstellerische Aufgabe reizt, weil ich im Grunde für T.M.

Anderschs Einleitung »ausgezeichnet«, doch als das Buch bereits gesetzt und in zwei Exemplaren gedruckt ist, zieht er seine anfängliche Zustimmung zum Projekt im allerletzten Augenblick zurück, da ihm Bedenken hinsichtlich der Textauswahl gekommen sind.[32] Den Thomas Mann-Essay publiziert Andersch erst fünf Jahre später unter dem Titel *Mit den Augen des Westens (Thomas Mann als Politiker)* in der ersten Nummer der soeben von ihm gegründeten Zeitschrift Texte und Zeichen. Am 23. März 1955 bedankt sich Thomas Mann in einem Brief an Andersch sehr ausführlich für den Aufsatz:

Ihre Analyse meines für so viele Leute enigmatischen und erbitternd widerspruchs-vollen politischen Verhaltens ist von einer Klugheit und Feinheit, [...] wie ich sie in meinem Leben noch nicht erfahren habe und nicht mehr zu erfahren hoffte. [...] Ach ja, welche Wohltat ist die Stimme des Wissens und loyaler Intelligenz inmitten des quälenden Geschreis der Dummheit![33]

Seine Begeisterung teilt er auch nach Italien mit. Lavinia Mazzucchetti erinnert sich an das gemeinsame Mittagessen in Kilchberg am 1. Mai 1955 – es sollte das letzte sein –, bei dem ihr Thomas Mann von Anderschs Aufsatz berichtet.[34] Am selben Tag schreibt er an den italienischen Germanisten Guido Devescovi, Anderschs Essay sei »das psychologisch Richtigste, was speziell über mein Verhältnis zum ›Osten‹ gesagt worden ist«.[35] Demnach ist es nur folgerichtig, dass sich Lavinia Mazzucchetti dann 1957 dafür einsetzt, diesen Essay der oben erwähnten Aufsatzsammlung *Scritti storici e politici* voranzustellen[36]: womit Fischers Projekt von 1950 gewissermaßen doch noch zu einer späten – und italienischen – Realisierung gelangt.

Genau diese Aufsatzsammlung wird unmittelbar nach ihrem Erscheinen zum Anlass einer öffentlichen Kontroverse zwischen dem bereits erwähnten Ignazio Silone und Elisabeth Mann Borgese. Thomas Mann hatte im Italien der Nachkriegszeit eben nicht nur Freunde. Die politisch tendenziöseste Kri-

---

bin und weil man mir kritische Freiheit läßt.« (zit. nach Alfred Andersch: Essayistische Schrif-ten 2, Zürich: Diogenes 2004, S. 620).

[32] Am 10. Juni 1950 schreibt Mann an Bermann Fischer: »Manches darin ist veraltet, liest sich nicht mehr richtig, und als Ganzes würde es nur Stoff zu neuen gehässigen Diskussionen und Kommentaren in Deutschland geben, die ich mir wirklich besser erspare.« (Vgl. BrBF, 537).

[33] Brief an Alfred Andersch vom 25. 3. 1953 (Br III, 388).

[34] Vgl. Lettere a italiani, a.a.O., S. 125.

[35] Brief an Guido Devescovi vom 1. 5. 1955 (Br III, 396).

[36] Vgl. den Hinweis bei Mazzetti, a.a.O., S. 235. Der Band *Scritti storici e politici* enthält: *Pensieri di guerra; Federico e la Grande Coalizione; Della Repubblica tedesca; Rendiconto parigino; Appello alla ragione; Attenzione, Europa!; Un carteggio; Spagna; La certa vittoria della democrazia; L'altezza dell'ora; Il problema della libertà; Franklin Roosevelt; Attenzione, tedeschi!; La Germania e i tedeschi; Perché non ritorno in Germania; Goethe e la democrazia; Il mio tempo.*

tik kommt ausgerechnet aus dem linken Lager, genauer: dem sozialistischen, wo man offenbar Manns Distanzierung vom Kommunismus als ungenügend empfindet. In der von ihm herausgegebenen (und wie oben erwähnt vom CIA mitfinanzierten) Zeitschrift Tempo presente nimmt Ignazio Silone eine Besprechung der *Scritti storici e politici* zum Anlass, um Thomas Manns politisches Verhalten zu kritisieren:

– ins Exil sei er nur »mit Zögern« und »etwas verspätet« gegangen;[37]
– dem italienischen Faschismus gegenüber sei er »konstant zurückhaltend« gewesen;
– sein »Wohlwollen oder seine Toleranz gegenüber dem russischen Totalitarismus« habe ihren Grund darin, dass »die Zwangsarbeitslager durch die astronomischen Auflagenzahlen der Werke Goethes in den Schatten gestellt wurden«. Dies sei übrigens keine demokratische, liberale oder marxistische Einstellung, sondern vielmehr typisch für ein Mitglied einer »höheren Kaste«.[38]

Auch an Anderschs Einleitung wird kaum ein gutes Haar gelassen.[39]

Auf Silones Anschuldigungen reagiert Elisabeth Mann Borgese mit einer in derselben Zeitschrift publizierten Erwiderung, der man heute noch unschwer die Irritierung anmerkt. Dem Vorwurf des ›verspäteten Exils‹ 1933 begegnet sie mit einer Rekonstruktion der Umstände im Januar und Februar 1933 und stellt fest: »Mit anderen Worten, [mein Vater] war unter den Allerersten, wenn nicht

---

[37] Ignazio Silone: Thomas Mann e il dovere civile, in: Tempo presente, 1958, Jg. 3, Heft 1, Rom, S. 2: »[...] sebbene con riluttanza e un po' di ritardo, finì anche lui in esilio.«

[38] Ebd., S. 5: »La sua benevolenza o tolleranza verso il totalitarismo russo aveva un'altra ragione; ai suoi occhi i campi di lavoro forzato erano messi in ombra dalle cifre astronomiche della tiratura delle opere di Goethe. Non era un ragionamento democratico, né liberale, né marxista, ma da membro di una casta superiore. [...] Alla stessa ispirazione di superiore mandarinato sono da ricondurre, secondo noi, alcuni episodi salienti della sua vita che meriterebbero di esser meglio chiariti nel loro reale svolgimento [...]. Ma l'esempio più rilevante della prevalenza in lui del giudizio di casta su ogni altra considerazione politica o morale resta pur sempre la sua costante reticenza nei riguardi del fascismo italiano, sebbene non gli mancassero informazioni sul suo carattere oppressivo e malgrado l'amicizia con molti antifascisti, tra i quali in primo luogo Benedetto Croce.« (»Sein Wohlwollen oder seine Toleranz gegenüber dem russischen Totalitarismus hatte einen anderen Grund; in seinen Augen wurden die Zwangsarbeitslager durch die astronomischen Auflagenzahlen der Werke Goethes in den Schatten gestellt. Dies war weder ein demokratischer, noch ein liberaler, noch ein marxistischer Gedanke, sondern der eines Mitglieds einer höheren Kaste. [...] Auch andere entscheidende Episoden in seinem Leben sind unserer Meinung nach auf dieselbe Mentalität eines höheren Mandarinentums zurückzuführen. [...] Doch das bedeutendste Beispiel dafür, dass in ihm das Urteil eines Kastenmitglieds stets die Oberhand über jede andere politische oder moralische Überlegung behielt, bleibt seine konstante verschwiegene Zurückhaltung gegenüber dem italienischen Faschismus, obwohl es ihm an Informationen über seinen Unterdrückungs-Charakter nicht fehlte und er mit vielen Antifaschisten befreundet war, vor allem mit Benedetto Croce.«)

[39] Vgl. ebd., S. 3f.

überhaupt der Erste, die das Exil wählten. [...] Wann hätte er denn abreisen müssen, um mit deinem Zeitplan überein zu stimmen?«[40]

Hinsichtlich der Haltung zum italienischen Faschismus erinnert sie an *Mario und der Zauberer* und zitiert einschlägige Textpassagen aus Reden und Aufsätzen. »Ihm vorzuwerfen, er habe kein ganzes Buch gegen Mussolini geschrieben, wäre dasselbe, wie dir, Salvemini oder Borgese vorzuwerfen, nicht dasselbe gegen Hitler getan zu haben. Aber keinem ehrlichen Mann würde es einfallen, daraus zu schließen, die italienischen Emigranten seien nazifreundlich gewesen.«[41]

Und auf den Vorwurf der Nähe zum sowjetischen Totalitarismus antwortet sie u. a. mit einem Argument, das zeigt, wie gut Elisabeth Borgese offenbar die politischen und persönlichen Hintergründe von Silones Polemik kannte: »Mein Vater war nie Kommunist oder Kommunistenfreund und konnte es nicht sein. Deshalb brauchte er sich auch nicht mit jener fanatischen Unerbittlichkeit vom Kommunismus loszusagen, die oft Zeichen des persönlichen Ressentiments ist. [...] Natürlich entsprach seine Vorstellung vom Sozialismus nicht derjenigen eines kleinen Parteifunktionärs. Es handelte sich um eine viel weiter gehende Idee: es war die Umsetzung der Demokratie ins Soziale und Ökonomische für die er kämpfte und an deren letztendlichem Sieg er nicht zweifelte.«[42]

III. Interkultureller Dialog

In einem letzten Abschnitt möchte ich nun noch ganz kurz auf einen Aspekt eingehen, den ich als ›interkulturellen Dialog‹ bezeichne und in dem es um die italienische Rezeption des literarischen Werks geht. Unter den Romanen wird in Italien bis heute *Doktor Faustus* am stärksten rezipiert, der seit jeher nicht nur das Interesse der Philologen, sondern insbesondere auch jenes der Philosophen, Historiker, Theologen und Musikwissenschaftler weckt. Dieses Werk steht auch häufig im Zentrum von Manns italienischem Briefwechsel.

---

[40] Elisabeth Mann Borgese, in: Tempo presente, 1958, Jg. 3, Heft 3, Rom, S. 219: »In altri termini, egli fu tra i primissimi, se non il primo, a scegliere l'esilio. [...] Quando doveva partire per conformarsi al tuo orario?«

[41] Ebd., S. 220: »Rimproverarlo perché non ha scritto un libro intero contro Mussolini sarebbe come rimproverare Salvemini, Borgese o te per non aver fatto altrettanto contra Hitler. Ma non salterebbe in mente a nessun galantuomo di dedurre da ciò che i fuorusciti italiani siano stati filonazisti.«

[42] Ebd., S. 220f.: »Mio padre non fu mai, non poteva mai essere comunista né filocomunista. Perciò non ebbe bisogno di rinnegare, con quella fanatica intransigenza che spesso è il contrassegno del *resentment* personale. [...] Certo che la sua idea di socialismo non era da piccolo funzionario di partito. Era un'idea più larga: era la traduzione, in termini sociali ed economici, della democrazia per la quale lottava e della cui vittoria finale non dubitava.«

Als besonders aufschlussreiches Beispiel dafür, wie intensiv die italienische Diskussion über den *Faustus* war, darf Thomas Manns Austausch mit dem Philosophen und Begründer der heute noch erscheinenden renommierten Zeitschrift aut aut Enzo Paci gelten. Ihm gewährt Mann im August 1950 einen überraschend tiefen Einblick in die Hintergründe seines Romans und die Problematik der Figur des Erzählers:

[...] wobei nun wieder die stark übertragene Biographik auf mystifizierende Weise kompliziert wird durch die Zweiteilung des Autors in den Helden und den Erzähler, die sehr verschiedene Leute und doch derselbe sind. Sie haben sehr recht, zu sagen, daß Zeitbloms Humanismus nicht so ganz der meine ist. Manches davon ist schlechthin *Komik* – wie denn der Humorist in mir es war, der auf den Trick verfiel, das Dämonische durch ein völlig undämonisches Medium gehen zu lassen, es durch einen rührend erschütterten Gymnasiallehrer vortragen zu lassen. [43]

Für Thomas Manns Werk interessieren sich im Nachkriegs-Italien aber nicht nur die Gelehrten, sondern auch die Künstler. Einer der prominentesten unter ihnen ist der Film-, Theater- und Opernregisseur Luchino Visconti. Seine Auseinandersetzung mit Thomas Mann beginnt nicht erst 1971 mit der berühmten *Tod in Venedig*-Verfilmung, sondern sie reicht bis in die späten 40er Jahre zurück. So findet sich etwa in Viscontis Nachlass eine Skizze zur Verfilmung von Thomas Manns Erzählung *Unordnung und frühes Leid*. Dieser Filmplan wird zwar nicht in der vorgesehenen Form ausgeführt, fließt jedoch Jahrzehnte später in Viscontis vorletzten Film *Gruppo di famiglia in un interno* (*Gewalt und Leidenschaft*) (1974) ein. Eine Verfilmung des *Zauberberg* – auch dazu findet sich im Nachlass ein 22 Seiten langer Drehbuch-Entwurf – zerschlug sich aus gesundheitlichen Gründen. Ein weiterer Roman Thomas Manns, die *Joseph*-Tetralogie, wird bereits durch den Filmtitel *Rocco e i suoi fratelli* (*Rocco und seine Brüder*) (1960) evoziert.

Ein für Visconti ungewöhnliches Experiment unternimmt er in den Jahren 1953–56 mit der Inszenierung des Balletts *Mario e il mago*, für das er Manns Erzählung von 1929 in eine zweiaktige szenische Handlung überträgt. Die Uraufführung findet im Februar 1956 an der Mailänder Scala statt und wird zu einem großen Erfolg. Die Inszenierung entsteht in enger Zusammenarbeit mit dem Komponisten Franco Mannino und dem Choreographen Leonida Massine und wird mit dem *Diaghilev*-Preis ausgezeichnet. 1953 waren sich Thomas Mann, Mannino und Visconti in Rom begegnet und hatten sich über das Ballett und die Musik ausgetauscht. Bei diesem Treffen konnte Thomas Mann die Partitur von Mannino lesen.

---

[43] Brief an Enzo Paci vom 12.8.1950 (DüD III, 254). Die italienische Version findet sich in Lettere a italiani, a.a.O., S. 83f.

Viscontis Libretto zum Ballett beträgt 13 Seiten, Manns Erzählung rund 50. Visconti verfährt also stark selektiv, wobei er einerseits bis in kleinste Details der literarischen Vorlage treu bleibt, andererseits den Handlungsschwerpunkt teilweise entschieden verlagert. So wird z. B. der in der Erzählung entscheidende, politische Aspekt der ›Befreiung‹ von Cipolla und seiner Herrschaft, der bei Thomas Mann das Geschehen beschließt, bezeichnenderweise bei Visconti nicht übernommen: »Zwei Carabinieri nähern sich Mario, und er folgt ihnen wie ein Automat, wie wenn er noch unter dem diabolischen Einfluß stünde, den der Pistolenschuß nicht hatte außer Kraft setzen können.«[44]

Mario wird durch seine Tat eben *nicht* aus seinem willenlosen, entmündigten Zustand befreit – ebenso wenig, wie sich die italienische Nachkriegsgesellschaft für den zeitlebens dem PCI nahestehenden Grafen Visconti aus ihren politischen Illusionen befreit hat. Doch dies wäre das Thema für einen anderen Vortrag.

[44] Luchino Visconti: Mario e il mago. Azione Coreografica in due atti, Milano: Suvini Zerboni 1954, S. 18.

Stephan Stachorski

Thomas Mann, die deutsche Schuld und *Der Erwählte*

Eines mag diese Geschichte [d. i. »die Geschichte der deutschen ›Innerlich-keit‹«] uns zu Gemüte führen: daß es nicht zwei Deutschland gibt, ein böses und ein gutes, sondern nur eines, dem sein Bestes durch Teufelslist zum Bösen ausschlug. (XI, 1146)

Dies ist eines der bekanntesten Zitate Thomas Manns zur Frage der deutschen Schuld. Es stammt aus der Schlusspassage des zuerst in englischer Sprache im Mai 1945 gehaltenen Vortrags *Deutschland und die Deutschen*. Die Rede war, nachdem eine Teil-Rückübersetzung aus dem Englischen schon 1945 in Auszü-gen erschienen war, dann ab 1947 im Originalwortlaut durch die Einzelausgabe im Suhrkamp-Verlag greifbar – und trug mit dazu bei, Thomas Manns Ruf als Vertreter einer recht groben Kollektivschuldthese zu festigen: Der Exilant, der nun gar Amerikaner geworden war, urteilte hochmütig und unwissend – das sind die Attribute, die seinen Worten im Folgenden immer wieder gegeben werden – über das Land und das Volk in der Ferne. Und ganz unschuldig war Thomas Mann an diesem Eindruck nicht, denn sehr differenziert klang seine Formulierung ja nun wirklich nicht. Die personalisierende Rede von »Deutschland« begegnet im Mann'schen Œuvre seit den *Betrachtungen eines Unpolitischen*, und gerade in der Zeit des Ersten Weltkriegs stand der Autor mit dieser Tendenz zur Mythisierung und Personifikation, mit dem Denken in Nationalcharakteren keineswegs alleine. Dabei zeigt sein »Deutschland« mit seiner Einsamkeit in der Welt und seinem Hamlet-Charakter gewisse und kei-neswegs zufällige Ähnlichkeiten mit den Künstler-Außenseitern im Frühwerk.

Die Formulierung von dem »ein[en] Deutschland« stand in Thomas Manns Nachdenken über das Land seiner Herkunft am Ende einer durchaus nicht ge-radlinigen Entwicklung, in deren Verlauf es immer schwieriger geworden war, zwischen den Nazis und dem deutschen Volk eine klare Trennlinie zu ziehen. Der Anteil nehmende Beobachter musste sich, auch wenn er es gerne anders erlebt hätte, eingestehen, dass die alliierten Truppen nicht nur gegen Hitler und Himmler kämpften, sondern gegen die »gesamte[] deutsche[] Volkskraft« (so Thomas Manns Formulierung in dem Essay *Das Ende*; XII, 946). Ebenso wenig gab es eine klare Trennlinie zwischen den zwölf Jahren der Nazi-Herr-schaft und der vorangehenden deutschen Geschichte. Der Vortrag *Deutsch-land und die Deutschen* sucht nach den Wurzeln des Nationalsozialismus und findet sie, recht zugespitzt, in der Geschichte der deutschen Innerlichkeit.

Nimmt man aber andere Schriften wie etwa *Schicksal und Aufgabe* (1943; XII, 918–939) dazu, dann differenziert sich das Bild vom Mann'schen Nachdenken über die Ursachen des Nationalsozialismus: Neben den mentalitätsgeschichtlichen Entwicklungslinien kommen noch andere Faktoren in den Blick, wie etwa bestimmte ökonomische Interessen innerhalb und außerhalb Deutschlands, die den Aufstieg Hitlers und der Seinen begünstigt hatten. Thomas Mann war *kein* Vertreter einer undifferenzierten Kollektivschuldthese. Die im Juni 1943 direkt an die deutschen Hörer weitergegebenen Nachrichten vom Schicksal der »Weißen Rose« (vgl. *Ein neuer Glaube*; Ess V, 214–216 mit Kommentar, 400–402) zeigen, dass er sehr wohl – und zu seiner Erleichterung – darum wusste, dass nicht die ganze Bevölkerung hinter dem Regime stand, aber das Denken in Nationalcharakteren brachte ihn mindestens formulierungsweise immer wieder in die Nähe solcher Vereinfachungen. Verzichtete er auf die Personifikation, formulierte er jenseits der mythischen Persönlichkeit »Deutschland«, dann klangen die gleichen Überlegungen schon sehr viel nüchterner, etwa wenn er in einem Brief vom Juli 1945 fragt, ob sich »das rechte Verständnis für das, was Deutschland, als Nation genommen, in der Welt angerichtet hat«, entwickeln wird.[1] In seiner letzten Sendung an die deutschen Hörer spricht er von der »*furchtbare[n] nationale[n] Gesamtschuld*« (*Deutsche Hörer [Rundfunkansprache über BBC, Ende 1945]*; 19.1, 116; vgl. FR, 41).

Eine Dimension der Rede von dem »ein[en] Deutschland« in *Deutschland und die Deutschen* wurde noch nicht in den Blick genommen, und es ist die Dimension, um die es in den folgenden Ausführungen gehen soll. Die Rede von dem »ein[en] Deutschland« implizierte für Thomas Mann auch, dass es »für einen deutsch geborenen Geist« so ganz unmöglich war, »das böse schuldbeladene Deutschland ganz zu verleugnen und zu erklären: ›Ich bin das gute, das edle, das gerechte Deutschland im weißen Kleid, das böse überlasse ich euch zur Ausrottung‹« (XI, 1146); die Formulierung vom »eine[n] Deutschland« implizierte, dass er sich in die Frage nach der Schuld *miteinbezog*, und das nicht nur als rhetorische Floskel und nicht erst, seitdem er an diesem Vortrag arbeitete. Zwei Dokumente aus dem Frühjahr 1938 zeigen, dass schon sieben Jahre zuvor – und vielleicht noch früher – ein intensives Nachdenken über den eigenen Anteil an der Schuld, das heißt an der geistigen Vorgeschichte des Nationalsozialismus, eingesetzt hatte. Zum einen ist dies der bei einem Aufenthalt in Beverly Hills im April entstandene Essay *Bruder Hitler* (XIII, 845–852), zum anderen ein Brief an Agnes Meyer vom 30. Mai 1938 (vgl. BrAM,

---

[1] An Victor Reissner, 12.7.1945, zitiert nach: Thomas Mann: Fragile Republik. Thomas Mann und Nachkriegsdeutschland, hrsg. von Stephan Stachorski, überarbeitete Ausgabe, Frankfurt/Main: Fischer Taschenbuch Verlag 2005, S. 11; nachfolgend zitiert mit der Sigle FR. Das Zitat auch in Br II, 435.

122–125). Thomas Mann schaut hier kritisch auf die eigenen Renaivisierungstendenzen im Frühwerk zurück, die er dann – sich jeweils davon lösend und distanzierend – vor allem in der »wiedergeborenen Unbefangenheit« (3.1, 124) Savonarolas in *Fiorenza* und in Aschenbachs Abkehr vom »unanständigen Psychologismus der Zeit« (2.1, 513) in *Der Tod in Venedig* dargestellt hatte, und er setzt sie in Beziehung zur geistigen Mode der Reprimitivisierung oder Rebarbarisierung, in der er eine ganz wesentliche Wurzel von Faschismus und Nationalsozialismus sieht. Eckhard Heftrich hat in seinen Beiträgen zur Interpretation des *Doktor Faustus* die entscheidenden Grundlagen dafür gelegt, den Roman als radikale Autobiographie, allerdings als in hohem Grade verschlüsselte Autobiographie zu verstehen.[2] Es bräuchte nicht nur einen eigenen Aufsatz, sondern ein eigenes Buch, um aufzuzeigen, wie und in welchem Maße Thomas Mann im *Faustus* die Frage nach der eigenen Schuld in der Darstellung seines Künstlerbruders Adrian Leverkühn eindringlich, ja beinahe selbstzerstörerisch ausgelotet hat. Allerdings muss man der Gerechtigkeit halber betonen, dass diese Selbstkritik auch nach dem Erscheinen des Romans 1947 für die Zeitgenossen innerhalb und außerhalb Deutschlands eben wegen des hohen Verrätselungsgrades – Thomas Mann spricht wiederholt von einem »Geheimwerk[]« (etwa in *Die Entstehung des Doktor Faustus;* 19.1, 579) – keineswegs leicht, wenn denn überhaupt, zu erkennen war.

Wäre Thomas Mann wirklich der überzeugte Vertreter einer Kollektivschuldthese im Sinne einer alle Deutschen als Individuen betreffenden Schuld gewesen, dann hätte er vielleicht nach dem Ende des Krieges das getan, was Bertolt Brecht ihm gedichtweise unterstellte: Er hätte Amerikanern und Engländern das Recht zugesprochen, das deutsche Volk für die Verbrechen des Hitlerregimes zehn Jahre lang zu züchtigen.[3] In Wirklichkeit konnte davon jedoch in keiner Weise die Rede sein. Zwei Gedanken sind es, die nach Kriegsende sein Nachdenken über Deutschland prägten. Erstens: Die Gefahr, dass Deutschland bei nächster Gelegenheit – wann auch immer die sich nach den immensen Zerstörungen bieten würde – seine Aggressionspolitik gegen den Rest der Welt wieder aufnehmen könnte, musste gebannt werden, indem beispielsweise die zentralistische durch eine föderale Ordnung ersetzt wurde: »Es ist nur zu klar,

[2] Vgl. Eckard Heftrich: »Doktor Faustus«. Die radikale Autobiographie, in: Thomas Mann. Neue Wege der Forschung, hrsg. von Heinrich Detering und Stephan Stachorski, Darmstadt: Wissenschaftliche Buchgesellschaft 2008, S. 13–31; zuerst 1977.

[3] Vgl. Brechts 1943 entstandenes, berühmt-berüchtigtes Gedicht *Als der Nobelpreisträger Thomas Mann den Amerikanern und Engländern das Recht zusprach, das deutsche Volk für die Verbrechen des Hitlerregimes zehn Jahre lang zu züchtigen*, in: Bertolt Brecht: Werke. Große kommentierte Berliner und Frankfurter Ausgabe, hrsg. von Werner Hecht et al., Berlin: Aufbau 1988–2000, Bd. 15, S. 90–91.

dass mit dem Unheiligen deutschen Reich preußischer Nation, diesem zen-
tralisierten Macht- und Kriegsreich ein Ende gemacht werden muss.« (Brief
an Karl Retzlaw vom 29.4.1945; FR, 51) Auch aus heutiger Sicht eher seltsame Vorschläge zur Lösung dieses Problems finden vorübergehend Thomas
Manns Sympathie, so etwa die vom französischen Außenminister vorgebrachte
Idee einer »gelenkten Auswanderung großen Stils aus Deutschland.« Darüber
schreibt Thomas Mann in einem Brief vom 19.3.1947 an seinen Sohn Klaus:
»Frankreich sei bereit, wenn auch andere es seien, Millionen von Deutschen
zu resorbieren« – und kommentiert: »Sehr mutig und ingeniös. Die Calamität
der ›20 millions de trop‹ wäre damit gelöst« (FR, 51). Entwaffnung und Ent-
mächtigung werden also befürwortet; andererseits macht sich der Autor des
Ernährers, als die Beschlüsse der Konferenz von Potsdam bekannt werden,
Gedanken darüber, was die Abtrennung großer Agrargebiete im Osten für die
Versorgung der Bevölkerung bedeuten wird, sodass von Teilnahmslosigkeit
und Kälte kaum gesprochen werden kann. Dem Amerikaner Frank Kingdon
gegenüber hat Thomas Mann erklärt – und hier zeigen sich noch einmal die
beiden Seiten seiner Haltung zu Deutschland in dieser Zeit –, er werde alle
Bemühungen unterstützen, die darauf zielen, »zu verhindern, daß Deutschland
jemals wieder eine aggressive Militärmacht werde«, nicht aber solche, deren
Absicht es ist, »Deutschland dauernd in seinem gegenwärtigen Zustand von
Elend und Hoffnungslosigkeit zu halten« (*[An Frank Kingdon]*; XIII, 787;
vgl. FR, 54).

Der zweite Wunsch, der Schriften, Briefe und Tagebucheinträge durchzieht,
ist derjenige, dass es eine wirkliche und aufrichtige Abkehr vom Nationalsozialismus geben möge, und dass bei den Deutschen als Nation genommen
wie auch bei den einzelnen Mitläufern und Mittätern ganz eindeutige Zeichen
von Einsicht und aufrichtiger Reue erkennbar werden. In vielen Briefen, die
Thomas Mann in den Monaten nach Kriegsende aus Deutschland erreichten,
war es um diese Aufrichtigkeit und um das Bemühen, ehrlich mit der jeweils
eigenen Rolle in Nazi-Deutschland umzugehen, nicht besonders gut bestellt.
Es ist oft gesagt und geschrieben worden, dass Thomas Mann in der Zeit nach
1945 kein realistisches Deutschlandbild gehabt habe. Man kann dem entgegnen,
dass er von einem bestimmten Ausschnitt deutschen Lebens nach 1945, von der
Gattung der Rechtfertigungsbriefe nämlich, durchaus ein sehr eindringliches
und realistisches Bild hatte. Hier seien stellvertretend für viele weitere nur zwei
Beispiele aus den im Zürcher Archiv erhaltenen Korrespondenzen herausgegriffen. Hans Friedrich Blunck, 1933–1935 Präsident der Reichsschrifttums-
kammer, legte seinem Brief an Thomas Mann vom 28. Mai 1946 einen Auszug
aus der Denkschrift mit dem schon sehr verräterischen Titel *Berührung [!] mit
der Politik 1933/45* bei, aus der ich nur wenige symptomatische Sätze zitieren
möchte:

Als Hitler 1933 vom Reichspräsidenten von Hindenburg zum Reichskanzler berufen worden war und er den Eid auf die Weimarer Verfassung geleistet hatte, habe ich den feierlichen Erklärungen vertraut, dass alle Staatsbürger unter gleichen Rechten stehen würden. Ich nahm an [...], dass es sich um eine kurze Zeit des Übergangs zu einer neuen Verfassung handle, und glaubte, dass man auf friedlichem Wege eine Verbesserung der europäischen Verträge versuche. (TMA)

Thomas Mann hat sich diese Passage am Rand rot angestrichen, mit einem Ausrufezeichen versehen und kann in seinem Antwortbrief offensichtlich kaum an sich halten:

[I]st denn soviel Blindheit möglich, ein solcher Mangel an Blick und Gefühl für die Scheußlichkeit, die im Gange war, einem geistigen Menschen erlaubt? Bestand Hitlers Zauber darin, daß die Leute glaubten, er werde der Schützer der Weimarer Verfassung sein? (Br II, 496; FR, 11)

Ein weiteres, sicherlich weniger drastisches Beispiel für die Tendenz zur Verdrängung ist der offene Brief Walter von Molos an Thomas Mann vom 4. August 1945, aus dem ich hier nicht die allzu bekannte Passage zitiere, in der Molo darum bittet, Thomas Mann möge als »guter Arzt« zurück nach Deutschland kommen, sondern diejenige, in der er die Schuldfrage berührt:

Ihr Volk, das nunmehr seit einem Dritteljahrhundert hungert und leidet, hat im innersten Kern nichts gemein mit den Missetaten und Verbrechen, den schmachvollen Greueln und Lügen, den furchtbaren Verirrungen Kranker, die daher wohl so viel von ihrer Gesundheit und Vollkommenheit posaunten. (FR, 24)

Es ist offensichtlich, dass zwischen diesem Bemühen, die Nazis als eine eher kleine Gruppe »Kranker« sorgsam von dem ›gesunden‹ Rest Deutschlands zu scheiden, und Thomas Manns Suche nach den Wurzeln des Nationalsozialismus in der deutschen Geschichte, nach dem eigenen Anteil an der Schuld sowie seiner Einsicht, dass die alliierten Truppen nicht gegen Hitler und Himmler alleine gekämpft hatten, eine tiefe Kluft bestand. Eine Kluft, die sicherlich dazu beitrug, dass die Antwort an Molo nun ihrerseits nicht in allen Teilen angemessen differenziert ausfiel, etwa mit der berühmt-berüchtigten Aussage, dass allen zwischen 1933 und 1945 in Deutschland gedruckten Büchern ein »Geruch von Blut und Schande« anhafte (*Brief nach Deutschland [Warum ich nicht nach Deutschland zurückgehe]*; 19.1, 76; FR, 29).

Dass Thomas Mann aber bereit war, auch auf diejenigen Deutschen zuzugehen, die ihm nach diesen Worten – selber nennt er sie in einem Brief an Emil Preetorius eine »wenig nuancierte Bemerkung« (FR, 45) – ablehnend gegenüberstanden, und dass er bereit war, solche unsinnig pauschalisierenden Formulierungen zu korrigieren, zeigt seine im Juli 1949 in Frankfurt und Weimar gehaltene *Ansprache im Goethe-Jahr*. Auch in dieser weithin beachteten Rede berührte Thomas Mann die Frage der deutschen Schuld, wobei die relevante Passage, im Gegensatz zu der einen oder anderen Formulierung in *Brief nach Deutschland* ein diplomatisches Kabinettstück ist, das die Balance zwischen den Erfordernissen der Aufrichtigkeit und denen der Höflichkeit findet:

Lassen wir es wahr sein, daß die Herrschaft des Ungeistes, die zwölf Jahre lang über Deutschland lag, und aus der dies alles [gemeint sind alle Folgen des Krieges, vor allem auch die Aufteilung] hervorging, schlimmere Fremdherrschaft war« [als die gegenwärtige Besatzung durch die Siegermächte]. (19.1, 677–678)

Es würde wohl eine eigene Untersuchung lohnen, diese Formulierung in all ihren Nuancen auszuleuchten. Thomas Mann ging hier einerseits einen großen Schritt auf die von Molos zu (das Naziregime als »Fremdherrschaft«), gab aber andererseits durch das relativierende »lassen wir es wahr sein« der eigenen Skepsis und Reserviertheit gegenüber dieser Auffassung genügend Raum.

Diese Verständigungsbereitschaft fand nicht in allen Teilen der deutschen Presse ein adäquates Echo. Aus den zahlreichen ablehnenden und feindseligen Artikeln, die auch nach der Goethe-Reise erschienen, ragt besonders der Beitrag von Gerhard Nebel – und das war im Feuilleton dieser Zeit wahrlich kein unbekannter Name – heraus, der an Thomas Manns 75. Geburtstag in der Frankfurter Allgemeinen Zeitung erschien. Zu den Topoi der Thomas Mann-Kritik gehörte seit der Mitte der 1920er Jahre der Vorwurf, dass ihm die Naturbegabung, die Natürlichkeit, die Naivität und Einfalt des Dichter-Genies fehle und dass er eigentlich nur ein oberflächlicher »Schriftsteller« sei; Sprachartistik würde sich bei ihm mit zersetzender Rationalität und vor allem auch mit ›destruktiven‹ Elementen der Freud'schen Psychoanalyse verbinden (Stichwort Ponten-Debatte)[4]. Erschreckend ist nun, dass viele Schmähartikel, so auch der von Gerhard Nebel, bei leicht geändertem Vokabular an diese unrühmliche Tradition anknüpfen. Nun ist allermeist nicht mehr von der Natürlichkeit die Rede, die Thomas Mann nicht gegeben sei, sondern von den »Tiefen des Seins« oder dem »Geheimnis des Seins«, zu dem er keinen Zutritt habe. Die rechts-bürgerliche Kritik der Nachkriegszeit ist Heidegger-imprägniert, der »Jargon der Eigentlichkeit«[5] prägt das gehobene Feuilleton. Gerhard Nebel bemüht sich von Anfang an darum, keine Geburtstagssentimentalität aufkommen zu lassen, indem er feststellt: Thomas Mann »tritt uns als Exponent einer bis zur Dummheit gehenden Abneigung gegen Deutschland entgegen«. – Hatte Nebel die von der Bereitschaft zur Versöhnung geprägte Ansprache in der

---

[4] Vgl. Dichter oder Schriftsteller? Der Briefwechsel zwischen Thomas Mann und Josef Ponten 1919–1930, hrsg. von Hans Wysling, Bern: Francke 1988 (= TMS VIII). Vgl. auch die Rezeptionsgeschichte des *Zauberberg*, in: 12.2, v.a. S. 103–113.

[5] Theodor W. Adorno: Jargon der Eigentlichkeit. Zur deutschen Ideologie, Frankfurt/Main: Suhrkamp 1964.

Paulskirche gehört oder gelesen? Jedenfalls bekämpfte er nicht nur Thomas Mann alleine – »Der Clan Mann ist eine Giftzisterne geworden« –, aber doch, zum Geburtstag, an erster Stelle:

Thomas Mann kann schreiben, aber er kann nicht denken. [...] Der Eintritt ins Ungeheure, sowohl in Grauen, Majestät und Gnade des Seins wie in die trächtige Dunkelheit der Sprache [!] ist dem Talent Thomas Mann verwehrt.

Gegen dieses »Talent« werden Heidegger, Ernst Jünger und Hans Blüher ins Feld geführt:

Diese Autoren [...] erkennen, daß der Mensch nicht über das Sein, sondern daß das Sein über den Menschen verfügt. Sie treten aus der faustischen Subjektivität heraus, sie sind vom Wagen des Rationalismus, der von den Pferden Verstand und Wille gezogen wurde, abgesprungen.[6]

Mehreres wäre hier anzumerken: Erstens, dass wir ja heute doch sehr froh darüber sind, dass Thomas Mann, wie etwa in der Selbstkritik des Briefes an Agnes Meyer vom 30.5.1938 zu lesen ist, sehr kritisch auf seine eigenen Vereinfachungs-Experimente blickte, befürchtete, dass sie zur »moralischen Vorbereitung« des Faschismus gedient haben könnten (BrAM, 124) und also längst nicht mehr – falls denn jemals – dazu bereit war, vom »Wagen des Rationalismus« abzuspringen. Man könnte hier zweitens anmerken, wenn man etwa den Beitrag von Elisabeth Galvan über die italienische Nachkriegs-Rezeption in diesem Band zum Vergleich heranzieht, dass es dieser Grad an Schärfe war, der den Umgang mit Thomas Mann in (West-)Deutschland von demjenigen in anderen Ländern unterschied. Man könnte drittens anmerken, dass ein für heutige Leser vielleicht zunächst gesucht anmutendes Bild Thomas Manns für die Mentalität seines Herkunftslandes in *Deutschland und die Deutschen* offenkundig auch noch für eine gewisse Zeit nach dem Zweiten Weltkrieg durchaus etwas Treffendes hatte: Das Verhältnis des Deutschen zur Welt – oder zu einem in der Welt gefeierten Dichter, der in den USA längst als Autor von Welt immer wieder mit Joyce und Proust in einem Atemzug genannt wurde[7] – sei dasjenige »eines dämonisch angehauchten Professors, ungeschickt und dabei von dem hochmütigen Bewußtsein bestimmt, der Welt an ›Tiefe‹ überlegen zu sein« (XI, 1132). Letztens könnte man anmerken, und diese Anmerkung ist wohl die wichtigste, dass es in dieser Konfrontation um weit mehr ging, als

---

[6] Gerhard Nebel: Thomas Mann. Zu seinem 75. Geburtstag, in: Frankfurter Allgemeine Zeitung, 6.6.1950.
[7] Dies wird in der Rezeptionsgeschichte der Josephsromane in der 2015 erscheinenden kommentierten Edition (GKFA 7 u. 8) eindrücklich dargestellt werden.

um die Frage, ob Thomas Manns Deutschlandkritik nun adäquat war oder nicht. Es ging um eine gegensätzliche Haltung zu Rationalität und Irrationalität, es ging um eine gegensätzliche Haltung zur literarischen und philosophischen Moderne und um eine geradezu entgegengesetzte Auffassung davon, was Literatur im 20. Jahrhundert ist oder sein sollte. Während Thomas Manns Texte, und dafür ist der *Erwählte,* von dem gleich die Rede sein wird, neben *Joseph* und *Faustus* das signifikanteste Beispiel, immer sprachbewusster und selbstreflektierter werden, hatte Gerhard Nebel offensichtlich das vormoderne, wenn nicht atavistische Ideal eines naiven Dichters mit unmittelbarem Zugang zu den Tiefen des Seins – man kann sich an Nietzsches Spottwort vom Künstler als »eine Art Mundstück des ›An-sich‹ der Dinge, ein Telephon des Jenseits«[8] erinnert fühlen.

Nebels Artikel ist mit das Schlimmste, was über Thomas Mann jenseits der Nazi-Hetzpresse zu lesen war, und wiederum im Vorgriff auf den *Erwählten* könnte man auf den Gedanken kommen, dass ihm und denjenigen, die seinen Artikel zur Veröffentlichung freigaben, eine längere Buße auf einem einsamen Stein nicht geschadet hätte.

Stand dieser Artikel denn allein? – In keinster Weise. Dieter Borchmeyer und ich haben für die Rezeptionsgeschichte der Josephsromane in der entstehenden Neuausgabe mit Hilfe des Zürcher Archivs doppelt so viele Besprechungen der vier Romane ausfindig machen können wie in den beiden großen Bibliographien von Matter und Jonas verzeichnet sind. Dabei hat sich das Bild einer geradezu verstörenden Kontinuität von 1933 bis in die Nachkriegszeit abgezeichnet. Rezensenten, die *Die Geschichten Jaakobs* im Zeichen der ›neuen Zeit‹ zerrissen hatten, sahen nach 1945 allermeist keinen Anlass, etwas zurückzunehmen, sondern legten mit leicht gewandeltem Vokabular noch einmal nach. Hier sei nur ein markantes Beispiel stellvertretend für viele andere herausgegriffen: Der Jesuit Hubert Becher hatte sich nach der Machtübernahme Hitlers dem neuen Zeitgeist angepasst und in den Chor der Kritiker eingereiht:

[Thomas Mann schreibt] nicht als reiner Dichter, der ganz hinter dem naturhaften Werden zurücktritt, sondern als wissender, kritisierender ›Zivilisationsliterat‹, d. h. als Kind des geheimnislosen, allwissenden, naturwissenschaftlichen Zeitalters.

Darüber hinaus hatte sich Becher sehr zufrieden damit gezeigt, dass die überwiegende Mehrzahl der bürgerlichen Kritiker von Thomas Mann abgerückt war:

---

[8] Friedrich Nietzsche: Zur Genealogie der Moral, in: Sämtliche Werke. Kritische Ausgabe, hrsg. von Giorgio Coll und Mazzino Montinari, München: dtv 1988, Bd. 5, S. 346.

Wir wollen nicht behaupten, daß die kühlgewordenen Kritiker des gestürzten Abgotts charakterlos seien. Wir haben Grund anzunehmen, daß sie nicht aus äußerer Anpassung und Gleichschaltung schreiben, sondern weil ihnen die Gegenwart wieder neue Kräfte und Werte gezeigt hat, die vergessen und verschüttet waren.[9]

Für einen Mann der Kirche sind diese Worte doch sehr erstaunlich. Im September 1949 gibt es dann ein nahtloses und von schlechtem Gewissen nicht angekränkeltes Anknüpfen an diesen Duktus. Thomas Mann erscheint dabei nicht nur als »Schreibakrobat«, sondern als »Techniker des Geistes«, als »Techniker[] im üblen Sinn des Wortes«, als »Techniker[] der Macht, der Herrschaft«, als »echtes Kind einer Zeit gottentfremdeter Technik«, als »Vertreter einer entgöttlichten Welt.«[10] Die Ursache dafür, dass Hubert Becher SJ hier dauernd die Worte »Technik« und »Techniker« als äußerste Schmähworte gebraucht, lässt sich sehr einfach darin vermuten, dass er Martin Heideggers Schriften der 1930er Jahre, etwa *Der Ursprung des Kunstwerks* (1935/36), rezipiert hat, in denen, etwas vereinfacht gesagt, Kunst und Technik eines der wesentlichen Gegensatzpaare bilden.

Von der Rezeption der Josephsromane führt ein direkter, wenn auch bisher noch unentdeckter Weg hin zum *Erwählten*. Ein weiterer Mann der Kirche, Pastor Heinrich Schneider, sucht in seiner Besprechung der Josephsromane, die 1950 im Oberrheinischen Pastoralblatt erschien, einen praktisch-religiösen Nutzen der Texte – und kann ihn nicht finden:

Der Seelsorger und Erzieher schaut heute wieder emsig aus nach guten biblischen Erzählungen; denn der Roman ist nun einmal die literarische Form unserer Zeit [...]. So greifen wir mit großen Erwartungen zu der Roman-Tetralogie ›Joseph und seine Brüder‹ von *Th. Mann* [...]. Haben wir nun gefunden, was wir suchten? Nein!

Schneider lehnt den Roman entschieden ab, mit der Begründung:

Der religiös-praktische Kern der Josephsgeschichte, Vorsehung, Auserwählung und Gnade, liegt bei Th. Mann völlig verdeckt unter dem profanen Filigran einer virtuosen Feder. Die göttliche Vorsehung ist zu göttlichem ›Schabernack‹ zu einem ›Gottesscherz‹ herabgewürdigt.[11]

[9] Hubert Becher: Thomas Mann unter den Patriarchen, in: Stimmen der Zeit, Jg. 64, Bd. 126, H. 6, März 1934, Freiburg in Breisgau: Herder, S. 372–382, die Zitate S. 375 u. 381.
[10] Hubert Becher: Der ägyptische Joseph und Thomas Mann, in: Stimmen der Zeit, Jg. 74, Bd. 144, September 1949, Freiburg in Breisgau: Herder, S. 545–547.
[11] Heinrich Schneider: [o.T.], in: Oberrheinisches Pastoralblatt, Karlsruhe: Badenia 1950.

Thomas Mann hat von früh an die Rezeption seiner Werke mit der größten Aufmerksamkeit verfolgt (und bisweilen auch gesteuert).[12] So ließ er sich selbst in den amerikanischen Jahren nicht nur vom Verlag, sondern auch von Freunden und Bekannten, allen voran von Ida Herz, mit allen möglichen (auch abgelegenen) Besprechungen versorgen, was erklärt, wie er in Kalifornien zum Oberrheinischen Pastoralblatt gekommen sein konnte. In einzelnen Fällen, dort wo ihn ein Vorwurf besonders beschäftigte oder verärgerte, hat er nicht direkt, sondern auf verdeckte Weise, in einem seiner Essays nämlich, geantwortet. In den *Bemerkungen zu dem Roman ›Der Erwählte‹*, 1951 zunächst als Informationstext für seinen amerikanischen Verleger geschrieben, heißt es am Ende:

Aber wenn es [das »Werkchen«] das Alte und Fromme, die Legende parodistisch belächelt, so ist dies Lächeln eher melancholisch als frivol, und der verspielte Stil-Roman, die Endform der Legende, bewahrt mit reinem Ernste ihren religiösen Kern, ihr Christentum, die Idee von Sünde und Gnade. (XI, 691)

Der religiöse *Kern* also nicht »verdeckt«, wie Heinrich Schneider meinte, sondern mit »reinem Ernst« »bewahrt«. Leider ist es unwahrscheinlich, dass diese Botschaft jemals bei Pastor Schneider angekommen ist, und wenn doch, dann ist sehr daran zu zweifeln, dass er ihr Glauben geschenkt hat.

Für die Neu-Edition des *Erwählten* innerhalb der GKFA haben sich die beiden Herausgeber mit der Frage beschäftigt, warum Thomas Mann den *Erwählten* in den Jahren 1948 bis 1950 eigentlich schreibt. Ist der Legendenroman mehr als das Ergebnis einer selbstauferlegten Arbeitstherapie für einen nach dem *Doktor Faustus* eigentlich ausgeschriebenen Autor? Die Herausgeber sind zu der Auffassung gelangt und möchten sie in der Edition plausibel machen, dass Thomas Mann den vom Umfang her kleinen Roman schrieb, um sich – nein, nicht von Pastor Schneider, der war ihm nun doch nicht wichtig genug, sondern von seinem Geschöpf und Künstlerbruder Adrian Leverkühn abzugrenzen, der den Stoff in der Opernsuite »Gesta Romanorum« ebenfalls behandelt. Sie möchten zeigen, dass *Der Erwählte* von Thomas Mann als notwendige Ergänzung zum *Faustus* konzipiert und geschrieben wurde, notwendig deshalb, weil es zu zeigen galt, dass Leverkühn und Thomas Mann bei aller offenen oder verdeckten Ähnlichkeit ab einem bestimmten Punkt ihrer künstlerischen Entwicklung nicht mehr den gleichen Weg gingen. Notwendig auch, um experimentelle Erzählverfahren, die Thomas Mann im *Joseph* und im *Faustus* angewandt hatte, konsequent weiterzuführen.

---

[12] Vgl. hierzu etwa die Rezeptionsgeschichte von *Buddenbrooks*, in: GKFA 1.2, 118–124 mit den Instruktionen an den Rezensenten Otto Grautoff und deren Umsetzung.

Den »künstlerischen Anreiz«, der von den *Gesta Romanorum,* mithin also auch vom Gregorius-Stoff auf seinen Freund Leverkühn ausgegangen sei, so der Erzähler Zeitblom, den könne er sich wohl erklären:

Es war ein geistiger Reiz, nicht ohne einen Einschlag von Bosheit und auflösender Travestie, da er dem kritischen Rückschlage entsprang auf die geschwollene Pathetik einer zu Ende gehenden Kunstepoche. (10.1, 465)

Und den Umgang mit der literarischen Vorlage charakterisiert er folgendermaßen: »[A]uf eine recht destruktive Weise« (ebd.) schien der Forderung des musikalischen Dramas nach Stoffen aus dem Bereich der romantischen Sage, der Mythenwelt des Mittelalters Folge geleistet. – »Einschlag von Bosheit und auflösender Travestie«, »auf destruktive Weise« – das scheint nun gar nicht mit dem übereinzustimmen, das scheint sich sehr deutlich von dem zu unterscheiden, was Thomas Mann in den *Bemerkungen* retrospektiv für die eigene Fassung der Geschichte vom Sünder-Papst Gregor geltend macht, dass das Werk die Legende »parodistisch«, aber eben nicht destruktiv »belächel[e]«. Da im Rahmen dieses Aufsatzes nicht alle Abweichungen durchgegangen und bewertet werden können, die Thomas Mann gegenüber seiner Hauptquelle, Hartmanns *Gregorius,* vorgenommen hat, werden die beiden Passagen herausgegriffen, in denen sich die markantesten Änderungen finden.[13] Hier war Thomas Manns Schreiben ganz offenkundig mehr als »ein Amplifizieren, Realisieren und Genaumachen des mythisch Entfernten« (so beschreibt er sein Schreib-Verfahren in den *Bemerkungen*; XI, 690); hier ging es um Programmatisches. Ich konzentriere mich deshalb auf eine Stelle ganz am Anfang und auf eine Stelle gegen Ende des Romans.

Für Hartmann von Aue ist das von ihm Erzählte *wahr,* sein Werk also Tatsachenbericht, und *muss* wegen seines religiösen, Gnade und Vergebung nach Reue und Buße verheißenden Exempelcharakters auch wahr sein. Ich zitiere aus dem Prolog in der für Thomas Mann angefertigten Übersetzung von Samuel Singer und Marga Bauer-Noeggerath:

Daher wäre ich gerne bereit, gemäss dem Willen Gottes die Wahrheit zu erzählen [...]. Denn daran zweifle ich nicht – wie es uns auch Gott an einem Mann gezeigt und bewährt hat [im Original: »erzeiget und bewaeret hât«] –: nie war eines Mannes Missetat in dieser Welt so gross, dass er ihrer nicht ledig und frei geworden wäre, wenn sie ihn von Herzen reute und sich nicht wiederholte.[14]

---

[13] Die folgenden Ausführungen verdanken meinem Lehrer Günter Eifler (†) wesentliche Anregungen.

[14] Hartmann von Aue: Gregorius, nach der Ausgabe von Hermann Paul, altd. Textbibliothek Nr. 21, 6. Auflage, Halle 1929, S. 1. Die Übersetzung in Maschinenschrift wurde Thomas Mann von Samuel Singer zugestellt und befindet sich im TMA.

Am Beginn von Thomas Manns Roman liest man jedoch keine Wahrheits-
beteuerung, sondern das glatte Gegenteil. Der Roman setzt gerade an einer
derjenigen Stellen der Gregorius-Geschichte ein, bei denen man sich, noch
bevor der Autor sich an die Arbeit machte, hätte fragen können, ob und wie
sie denn in der Mitte des 20. Jahrhunderts und 50 Jahre nach dem Ableben
Friedrich Nietzsches noch erzählbar wären: Beim Einzug des zum Papst bestimmten Büßers Gregorius läuten alle Glocken Roms von selbst. Der Erzähler
beantwortet die selbstgestellte Frage, wer denn nun verantwortlich für dieses
Wunder sei, mit dem berühmten »*Der Geist der Erzählung*« (VII, 10). Man
hat einiges Aufhebens um das richtige Verständnis dieser Wendung gemacht,
das doch eigentlich ganz nahe liegt, vor allem wenn man Thomas Manns Prin-
ceton-Lecture *Die Kunst des Romans* nicht unbeachtet lässt. Dort wird der
»Geist der Erzählung« ganz eindeutig mit dem »epischen Geist« gleichgesetzt
(X, 349). »Der Geist der Erzählung«, das ist also ›das Erzählen als solches‹, ›die
Essenz des Erzählens‹. Die noch zu Thomas Manns Lebzeiten und also von
ihm autorisierten Übersetzungen ins Englische und Französische bestätigen
diese Auffassung, denn »der Geist der Erzählung« wird dort mit »*the spirit of
story-telling*«[15] und »[l]e *Génie de la Narration*«[16] wiedergegeben. Das Wunder der in Abwesenheit der Glöckner läutenden Glocken wird durch niemand
anderen als die Erzählung ermöglicht. Damit gibt sich das fiktionale Werk
gleich auf seiner zweiten Seite als solches zu erkennen. Ein deutliches Signal
an die Leser, dass mit erzählerischer Naivität nicht zu rechnen ist, und weder
Gerhard Nebel noch der Pastor Heinrich Schneider werden sich auf ihrer Suche
nach Unmittelbarkeit bzw. Einfachheit bei der Lektüre (falls es denn zu einer
solchen gekommen ist) wohl gefühlt haben. Das Spiel gibt sich als Spiel zu erkennen und macht es auf diese Weise möglich, Mitte des 20. Jahrhunderts noch
einmal einen Mönch die Geschichte des zum Papst erhobenen Sünders erzählen
zu lassen, und zwar mit allen Wundern, die zu dieser Geschichte gehören. Der
Stand des Geistes, »das, was die Weltglocke geschlagen hat« (*Briefwechsel mit
Bonn*; XII, 789)[17], wird nicht geleugnet, und es gibt, etwa aus dem Wunsch nach
einer Renaivisierung heraus, keine Reise in ein Nazarener-Mittelalter. – Und
der »religiöse Kern« der Geschichte, »ihr Christentum, die Idee von Sünde und
Gnade« (XI, 691), bleibt dieser »Kern« denn bei solchen narrativen »Volten«
(IX, 444; Ess IV, 107 mit Kommentar) nicht auf der Strecke?

---

[15] Thomas Mann: The holy sinner, translated from the German by H. T. Lowe-Porter, New
York: Knopf 1951, S. 4.

[16] Thomas Mann: L'Élu, traduit de l'allemand par Louise Servicen, Paris: Albin Michel 1952,
S. 8.

[17] Siehe dazu auch Ess IV, 187. Der dazugehörige Stellenkommentar enthält Hinweise auf
ähnliche Wendungen, die Thomas Mann in den Jahren der Arbeit an den Josephsromanen immer
wieder gebraucht. Vgl. auch Ess V, 198 mit Kommentar.

Kommen wir nun zur zweiten ganz signifikanten Abweichung des *Erwähl-ten* vom *Gregorius:* In seiner 2004 erschienenen Edition von Hartmanns Text stellt Volker Mertens – dem hier wohl besten Gewissens zu vertrauen ist – zu-sammenfassend fest: »Die Versuche, eine Schuld des Helden zu finden, ha-ben nicht zu überzeugenden Ergebnissen geführt.«[18] Gregorius büßt für keine individuelle Schuld, er büßt – aber hier kommen wir in die Diskussion um Hartmanns Werk – für die Schuld seiner Eltern oder für seinen Anteil an der Erbsünde. Eben in diesem Punkt weicht Thomas Mann wiederum ganz entschieden von seiner Vorlage ab. Nachdem der Text schon bei den ersten Begegnungen zwischen Sibylla und Herrn Gregorius, »Ritter von Ukersee« (VII, 131), Hinweise auf die Ahnungen der Mutter gibt, dass der Fremde, der ihr so gut gefällt und den sie bald heiraten wird, ihr Sohn sein könnte, ist bei der viele Jahre später stattfindenden Audienz die Stunde der völligen Aufrich-tigkeit gekommen. So bekennt Sibylla nun:

… obenauf stelle die Seele sich an und mache ein Wesen von teuflischer Täuschung, die ihr angetan, tief unten aber, wo still die Wahrheit wohne, da habe es gar keine Täu-schung gegeben, […] und unwissentlich-wissend habe sie das eigene Kind zum Manne genommen, […]. (VII, 254)

»Unwürdig«, so Sibylla weiter, »wäre sie des päpstlichen Ohres, wenn sie nicht ohne Hinterhalt die Fickfackerei ihrer Seele gestände«, »daß sie heimlich alles gewußt und ihre Seele sich bei der Entdeckung nur angestellt habe.« (Ebd.) Der radikalen Offenheit antwortet der Papst wenig später mit ebenso radikaler Offenheit, wenn er nämlich nun seinerseits bekennt, dass Sibyllas Sohn, also er selbst, »dort, wo die Seele keine Faxen macht, ebenfalls recht gut wußte, daß es seine Mutter war, die er liebte« (VII, 255). Aus der Erbsünde, aus der von den Eltern auf Gregorius gekommenen Schuld ist bei Thomas Mann eine individuelle Schuld geworden. Schuld nicht mehr als Verhängnis, sondern als Ergebnis der vom Individuum letztendlich doch immer bewusst begangenen und zu verantwortenden Handlungen. In Anlehnung an Selbstkommentare Thomas Manns zum Josephsroman[19] möchte ich hier von einer Humanisierung der Schuld, einer Humanisierung des Gregorius-Mythos sprechen.

---

[18] Hartmann von Aue: Gregorius. Der arme Heinrich. Iwein, hrsg. und übersetzt von Vol-ker Mertens, Frankfurt/Main: Deutscher Klassiker Verlag 2004 (= Bibliothek des Mittelalters, Bd. 6), S. 793.
[19] Vgl. Meerfahrt mit Don Quijote: »Als Erzähler bin ich zum Mythus gelangt – indem ich ihn freilich, zur grenzenlosen Geringschätzung der nichts als Seelenvollen und Möchtegern-Bar-baren, humanisiere, mich an einer Vereinigung von Mythus und Humanität versuche […].« (IX, 464–465)

Was ist aber die angemessene Reaktion auf solche Schuld? Der Papst wird nun keineswegs zornrot, wie Sibylla befürchtet:

> Ihr seid gewärtig, daß ich die Arme hebe und Euch verfluche. Hat Euch nie jemand gesagt, der Gott studiert hatte, daß Er wahre Reue als Buße annimmt für alle Sünden, und daß ein Mensch, sei seine Seele auch noch so krank, – [ein bedeutsamer Gedankenstrich!] wenn sein Auge nur eine Stunde naß wird von Herzensreue, so ist er gerettet? (VII, 255)

Ich möchte hier vergleichend noch einmal den entsprechenden Satz aus Hartmanns Prolog anführen: »Nie war eines Mannes Missetat in dieser Welt so groß, dass er ihrer nicht ledig und frei geworden wäre, wenn sie ihn von Herzen reute und sich nicht wiederholte.«[20] – Im Kern rein bewahrt? Ich würde sagen: Im Kern rein bewahrt.

Und was ist mit der Strafe, der über Menschenmaß hinausgehenden, Gregorius unter normales Menschenmaß herabdrückenden 17-jährigen Buße auf dem einsamen Felsen? – Diese Buße musste Thomas Mann ja aus der Vorlage übernehmen, entscheidend ist aber, dass der »sehr große Papst« (VII, 234) Gregorius keineswegs dazu neigt, auch anderen Sündern solche Strafen aufzuerlegen. Der Umgang mit Sünden ist zuerst und zunächst der Umgang mit den *eigenen* Sünden. »Seine Duldsamkeit und Erbarmen«, so lesen wir über Papst Gregor,

> kamen der Unerschütterlichkeit gleich, die er, wo sie not tat, bewährte; ja seine verwegene Art, die Gottheit zur Gnade anzuhalten in Fällen, wo sie schwerlich von sich aus darauf verfallen wäre, erregte Aufsehen in aller Kristenheit. (VII, 239)

In großer Ausführlichkeit wird des neuen Papstes Gnadenlehre erläutert und auch ihre kirchenpolitische Klugheit dargelegt, denn Sünder würden durch allzu harte Strafen nur verprellt und gingen der guten Sache endgültig verloren. »Wen hätten«, kommentiert der Erzähler Clemens, »solche Lehren wohl nicht erfreuen sollen?« (VII, 242) – Und der Leser, der Ohren hat zu hören, ergänzt die Anspielung auf Sarastros zweite Arie in der *Zauberflöte*: »Wen solche Lehren nicht erfreu'n, / verdienet nicht ein Mensch zu sein.«

»Im Kern rein bewahrt«. Auch wenn sich *Der Erwählte* als Kunstspiel auf den ersten Seiten zu erkennen gibt, dann scheint es mir doch kein Textindiz dafür zu geben, dass in diesen »sehr ernsten Scherze[n]«[21] der Kern von Hartmanns *Gregorius* – bei einer gewissen Verschiebung der Gewichte hin ins Anthropologische – nicht rein bewahrt ist, und es fällt mir schwer, den *Erwählten*

---

[20] wie Anm. 14.

[21] Johann Wolfgang Goethe: Briefe der Jahre 1814–1832, hrsg. von Ernst Beutler, Zürich: Artemis 1965 (= Gedenkausgabe der Werke, Briefe und Gespräche, Bd. 21), S. 1043. Die zum geflügelten Wort gewordene Wendung gebraucht Goethe in seinem letzterhaltenen Brief (17.3.1832 an Wilhelm von Humboldt) für den zweiten Teil seines *Faust*.

nicht als einen Reflex auf den Umgang mit der Schuld, die viele Deutsche in den dunkelsten Tagen auf sich geladen hatten, zu lesen, als eine Antwort auf die geringe Bereitschaft zur Aufrichtigkeit, die Thomas Mann nach 1945 vielfach begegnete. Ein Hans Friedrich Blunck hätte, wenn er ganz ehrlich gewesen wäre und alle »Fickfackerei« beiseitegeschoben hätte, zugeben können, dass ihm »dort, wo die Seele keine Faxen macht«, auch 1933 schon klar war, dass Adolf Hitler weder der »Hüter der Weimarer Verfassung« noch der Garant für eine friedliche Verständigung mit den europäischen Nachbarn war.

Und die Deutschen? Was haben Thomas Manns deutsche Zeitgenossen zu dem Legendenroman gesagt und geschrieben? Heinrich Detering und ich sind gerade dabei, die nun im Vergleich mit dem *Joseph* wesentlich kleinere Welt der Rezeption des *Erwählten* zu vermessen und das, was das Thomas-Mann-Archiv uns über das Bekannte abermals weit hinausgehend zur Verfügung stellt, auszuwerten. Westdeutschland las den *Erwählten* anders und sah wiederum nicht die entgegengestreckte Hand: Zu frivol, zu leichtfertig und respektlos im Umgang mit der Vorlage, mit der Tradition, mit der Religion – und nicht selten auch: zu lüstern[22], das waren die sehr verbreiteten Vorwürfe.

Wenn Friedrich Sieburg in Die Gegenwart Thomas Mann in der künstlerischen »Sackgasse« sah,[23] dann war dies noch freundlich und wohlwollend im Vergleich mit einer brillant geschriebenen, aber abgründigen Besprechung, die in einer Erlanger Universitätszeitschrift erschien. Deren Verfasser kennt sich in Thomas Manns Werk offenkundig bestens aus, kennt den *Faustus* und sieht ausdrücklich *keinen* Unterschied zwischen Adrian Leverkühns und Thomas Manns Umgangsweise mit dem Stoff. Man liest zunächst Vorwürfe, die ähnlich auch bei Sieburg und vielen anderen Rezensenten stehen:

Aehnlich wie bei den Joseph-Romanen ist ihm der überlieferte Stoff nur Material eines artistischen Genusses und eines kaum mehr überbietbaren, in seiner Art sicherlich bewundernswerten Sprachjonglierens.

Doch dann nimmt der Ton an Schärfe zu: Alles echt Theologische werde eingeebnet, »Sünde, Reue, Buße, Gnade werden«, nein, nicht im »Kern« ihrer Bedeutung »rein bewahrt«, sie werden »zu kunstgewerblichen Spielworten wie andere mehr.«. Und in seinen Schlussabsätzen deutet der Verfasser dieser Besprechung den Roman als »eindeutiges Anzeichen für die allgemeine Glaubens- und Wertzerstörung der ›Neuzeit‹, an der sich Literaten wie ›Politiker‹ mit

---

[22] Hans Schneider / Schwerte schreibt in seiner Besprechung (s. die übernächste Anmerkung) von dem »etwas alterslüsternen Auskosten gewagter geschlechtlicher Situationen«.
[23] Friedrich Sieburg: In der Sackgasse, in: Die Gegenwart, Jg. 6, Nr. 127, Frankfurt/Main 15.3.1951, S. 19–20.

gleicher Freude und Lust beteiligt haben oder noch beteiligen«, und möchte in Thomas Mann einen Mithelfer bei eben dieser »Wertezerstörung« sehen, einen – der Rezensent missbraucht hier eine Formulierung Franz Werfels – »Vorheizer der Hölle«; es gäbe da zwischen Adolf Hitler und Thomas Mann eine »›Bruderschaft‹ des Hasses, die dennoch dasselbe Werk zu leisten verdammt ist.«[24]

Der dies schrieb und in aller Öffentlichkeit schreiben konnte, war – und der Fall ist ja nun seit einigen Jahren bekannt – im Weltkrieg SS-Mann gewesen, Abteilungsleiter im persönlichen Stab Heinrich Himmlers, hatte nach dem Krieg eine neue Identität angenommen, wurde Germanist und war, als er diesen Artikel schrieb, Assistent an der Universität Erlangen.

Dieses Beispiel zeigt, dass Thomas Manns Reserviertheit und Skepsis gegenüber Westdeutschland, seine Angst davor, dass der Schoß irrationalistischen und faschistischen Denkens durchaus noch fruchtbar war – es zeigt, dass Reserviertheit und Angst sicherlich in vielem übertrieben waren, durchaus aber ihre Gründe hatten. Denn die junge Bundesrepublik war ein Land, zu dessen geistigem Klima es gehörte, dass derartige Artikel einer akademischen Karriere nicht unbedingt schadeten, sondern dass man sich habilitieren, außerordentlicher Professor an einer Universität und Rektor an einer anderen werden konnte. Es sollte noch eine ganze Weile dauern, bis dergleichen Angriffe in Westdeutschland und in Deutschland insgesamt undenkbar wurden.

---

[24] Hans Schwerte [= Hans Schneider]: Die Vorheizer der Hölle. Zu Thomas Manns »archaischem Roman«, in: Die Erlanger Universität, Jg. 5, Nr. 3, Erlangen 13.6.1951, S. 1–2.

Luca Crescenzi

Abschied vom Ästhetizismus

Deutschlands ethische Wende und die musikalische Symbolik des *Doktor Faustus*

Wo immer in der Geschichte die Menschen etwas vom Dämonischen der Macht verspüren, brauchen sie diese nicht gleich als böse schlechthin […] zu empfinden. Das Dämonische ist nicht reine Negation des Guten; es ist nicht die Sphäre des völligen Dunkels im Gegensatz zum Licht, sondern des Zwielichts, der Mehrdeutigkeit, des Ungewissen, des zutiefst Unheimlichen. Dämonie ist Besessenheit. Und die Dämonie der Macht ist nichts anderes als jene Besessenheit des Willens, ohne die kein großes Machtgebilde zustande kommt, die aber gleichzeitig gefährlich zerstörerische Kräfte in sich schließt.[1]

Diese vom Historiker Gerhard Ritter schon gleich nach ihrem Erscheinen im Jahr 1940 berühmt gewordene Bestimmung des Dämonischen trägt eindeutig Faustische Züge und dient hier zur Einleitung einer Reflexion, in der es um die musikalische Darstellung des Dämonischen in Thomas Manns *Doktor Faustus* gehen soll. Die Beziehung zwischen Dämonie und Musik ist, im Lichte der Worte Ritters, leicht zu erkennen, denn Musik – das sagt Adrian Leverkühn schon im VII. Kapitel des Romans einem erschrockenen Serenus Zeitblom – »Musik« ist »die Zweideutigkeit […] als System«.[2]

Das Thema dieser Reflexion kann als viel zu anspruchsvoll für einen kurzen Vortrag erscheinen – und zwar zu recht. Denn mit den Stichworten »Dämonie« und »Musik« ist sozusagen der Kern des Romans getroffen und dieser (das beweist die Fülle der *Faustus*-Literatur) ist natürlich unerschöpflich. Im Folgenden möchte ich mich aber in Grenzen halten und lediglich auf einige konstruktive Prinzipien des Romans aufmerksam machen, die m. E. für seine Interpretation von einiger Bedeutung sind. Dabei möchte ich mich zu einer Tradition der Thomas Mann-Forschung bekennen, die in den Vereinigten Staaten ihren Ursprung hatte und nur relativ selten in Europa ein Echo fand – es ist die Tradition, die in wenigen kurzen Studien von Oskar Seidlin und Victor Oswald ihre wichtigsten Resultate erreicht hat und erst heute, nicht zuletzt aufgrund des neuen Thomas Mann-Bildes, das die Forschung und die *Große Kommentierte Frankfurter Ausgabe* zu skizzieren beginnen, ihr Potential zeigt. Als ein Beitrag in ihren Spuren möchte ich meinen heutigen Vortrag

---

[1] Gerhard Ritter: Die Dämonie der Macht, München: Leibniz Verlag 1948, 6 Aufl., S. 15.
[2] 10.1, 74.

verstehen und als eine Einladung zur Weiterentwicklung einer bedeutenden Forschungsrichtung, die auf die Symbolik der Mikro-Strukturen in Thomas Manns Kunst immer wieder aufmerksam gemacht hat.

Die logische Kohärenz, welche im *Doktor Faustus* dämonisches Thema, fiktiv biographischen Stoff und musikalische Form zusammenhält, ist heute noch einer ernsten Reflexion wert.

Musik ist im Roman – so Thomas Mann in der *Entstehung des Doktor Faustus* – »nur Vordergrund und Repräsentation, nur Paradigma für Allgemeineres, nur Mittel, die Situation der Kunst überhaupt, der Kultur, ja des Menschen, des Geistes selbst [...] auszudrücken«.[3] Sie ist aber auch gleichzeitig und erklärterweise das Form-Ideal des *Doktor Faustus*: »Ich fühlte wohl« – so erinnert sich Mann weiter in der fiktiv selbstbiographischen Prosa der *Entstehung* –, »daß mein Buch selbst das werde *sein* müssen, wovon es handelte, nämlich konstruktive Musik«.[4] Eine solche Identifikation mit seinem Gegenstand kann aber nur ein Ziel haben: dem Roman dieselbe repräsentative Kraft zu verleihen, welche der von ihm beschriebenen Musik zukommt. Will aber der Roman mit seinem Gegenstand, mindestens tendenziell, ein und dasselbe sein, so kann man sich fragen, wo das kritische Potential der epischen Darstellung bleibt. Wird die Distanz zwischen Musik und Roman aufgehoben, so erhält der *Doktor Faustus* dieselbe Fähigkeit, für Anderes und Allgemeineres zu stehen, die Adrian Leverkühns Musik haben soll. Er stünde dann für jene »kulturell[e] Gesamtkrise«, für jene »Nähe der Sterilität«, für jene »eingeborene und zum Teufelspakt prädisponierende Verzweiflung«,[5] für die die Kunst des »deutschen Tonsetzers Adrian Leverkühn« steht. Damit würde er aber auch zum Bekenntnis des eigenen moralischen Versagens – zum dämonischen Roman, der keineswegs ein Roman über das Dämonische sein kann. Ist es aber so? Kann man behaupten, dass dem Dämonischen in Leverkühns Musik eine dämonische Perspektive des Romans entspricht? Und welche Beweise dafür könnte man eventuell anführen? Welche musikalische Strukturen garantieren für diese Identifikation?

Das lässt sich schwer sagen. So schwer, dass man die Möglichkeit, im *Doktor Faustus* eine Textorganisation im Sinne der Adrian Leverkühn zugeschriebenen Kompositionstechnik nachweisen zu können, prinzipiell bestritten hat.[6] Hätte man mit Sicherheit beweisen können, dass diese eine erkennbare, strukturierende Anwendung in Thomas Manns Werk findet, so hätte man auch die

---

[3] 19.1, 437–438.

[4] 19.1, 455.

[5] 19.1, 454–455.

[6] Hans Rudolf Vaget: Thomas Mann und James Joyce, in: TM Jb 2, 1989, 134. Zustimmend auch Liisa Saariluoma: Nietzsche als Roman. Über die Sinnkonstituierung in Thomas Manns »Doktor Faustus«, Tübingen: Niemeyer 1996, S. 192.

Antwort auf die Frage nach dem musikalischen Wesen des Romans gefunden. Ist das aber nicht der Fall, so bleibt die Frage offen: Wie weit identifiziert sich der *Doktor Faustus* tatsächlich mit seinem Gegenstand? Und umgekehrt: Wie kritisch steht er ihm gegenüber? Vielleicht hat man zu beharrlich auf der Suche nach Entsprechungen zwischen der kompositorischen Reihentechnik Leverkühns und der musikalischen Organisation des Romans bestanden. Wo hätte man aber sonst suchen können? Und zu welchen Zielen hätte diese Suche am Ende geführt?

Die Antwort auf diese Fragen bedarf einiger Erklärungen.

Im XXII. Kapitel des Romans beschreibt Adrian Leverkühn seine Kompositionstechnik und stellt jenes Prinzip des »strengen Satzes« dar, das die von ihm erfundene Dodekafonie theoretisch legitimiert. Die Stelle ist sehr bekannt. Ich erinnere hier nur an die zentrale Passage, weil sie auf einige Besonderheiten von Leverkühns Erklärung Licht wirft.

»Einmal im Brentano-Zyklus«, sagte er, »im ›O lieb Mädel‹. Das ist ganz aus einer Grundgestalt, einer vielfach variablen Intervallreihe, den fünf Tönen h–e–a–e–es abgeleitet, Horizontale und Vertikale sind davon bestimmt und beherrscht, soweit das eben bei einem Grundmotiv von so beschränkter Notenzahl möglich ist. Es ist wie ein Wort, ein Schlüsselwort, dessen Zeichen überall in dem Lied zu finden sind und es gänzlich determinieren möchten. Es ist aber ein zu kurzes Wort und in sich zu wenig beweglich. Der Tonraum, den es bietet, ist zu beschränkt. Man müßte von hier aus weitergehen und aus den zwölf Stufen des temperierten Halbton-Alphabets größere Wörter bilden, Wörter von zwölf Buchstaben, bestimmte Kombinationen und Interrelationen der zwölf Halbtöne, Reihenbildungen, aus denen das Stück, der einzelne Satz oder ein ganzes mehrsätziges Werk strikt abgeleitet werden müßte«.[7]

Leverkühns dodekafonische Kompositionstheorie perfektioniert also ein schöpferisches Prinzip, das schon in den »Brentano-Gesängen« durch die Zentralisierung des evokativen Motivs H E A E ES seine praktische Anwendung gefunden hatte. Interessanterweise spricht aber Leverkühn hier nicht von »Motiv« sondern von »Wort«, und thematisiert damit ausdrücklich eine Konstante des Romans: die Zusammengehörigkeit von Wort und Musik, von Sprache und Tonkunst.

Diesem Thema hat Thomas Mann ein besonderes Studium bei der Arbeit am *Doktor Faustus* gewidmet. Zum ersten Mal taucht es im Roman im Zusammenhang mit einer Anekdote aus dem Leben Beethovens auf, das mit dem Kompositionsprojekt von *Love's Labour Lost* in Verbindung gesetzt wird. Die Anekdote ist Ernest Newmans Buch *The Unconscious Beethoven* entnommen

---

[7] 10.1, 279–280.

und wird von Adrian dem im ersten Moment verblüfften Serenus Zeitblom erzählt:

> Wie Musik zunächst Wort sein, wortmäßig vorgedacht und geplant werden könne, wollte er mir durch die Tatsache demonstrieren, daß man Beethoven beim Komponieren in Worten beobachtet habe. »Was schreibt er da in sein Taschenbuch?« habe es geheißen. – »Er komponiert.« – »Aber er schreibt Worte, nicht Noten.« – Ja, das war so seine Art. Er zeichnete gewöhnlich in Worten den Ideengang einer Komposition auf, indem er höchstens ein paar Noten zwischenhinein streute.[8]

Die Möglichkeit, Musik in Worten zu komponieren, setzt die Auffassung der strikten Verwandtschaft von Wort und Musik voraus: eine Auffassung, die Thomas Mann durch die Lektüre der ersten Seiten von Søren Kierkegaards *Don Juan* in *Entweder/Oder* hatte vertiefen können[9] und die nicht zufällig im Roman mit der Kunst Clemens Brentanos in Verbindung gebracht wird.

Schon die Brentano-Forschung der siebziger und achtziger Jahre des 20. Jahrhunderts hat auf die große Bedeutung hingewiesen, die die Brentano-Gesänge für die Entwicklung von Leverkühns musikalischem Schaffen besitzen:[10] Sie sind das erste nachimpressionistische Werk Leverkühns und das erste, in dem das entscheidende Erlebnis mit Hetaera Esmeralda symbolisch nachklingt: ein grundlegendes Werk, dessen konstitutive Elemente bis zur späteren »Dr. Fausti Weheklag« eine fundamentale Rolle spielen werden. Grundlegend ist aber das Verhältnis Leverkühns zur Dichtung Clemens Brentanos auch und besonders für seine Auffassung des strengen Satzes als kompositorisches Prinzip. Denn so wie Leverkühn das Prinzip an der vorhin zitierten Stelle des Romans beschreibt (man erinnere sich: »einer vielfach variablen Intervallreihe, den fünf Tönen h–e–a–e–es abgeleitet, Horizontale und Vertikale sind davon bestimmt und beherrscht«), findet es eine perfekte Entsprechung in manchen Gedichten Brentanos, vor allem in einigen aus den

---

[8] 10.1, 238. Quellennachweis zum ersten Mal bei Gunilla Bergsten: Thomas Manns »Doktor Faustus«. Untersuchungen zu den Quellen und zur Struktur des Romans, Lund: Svenska Bokförlaget 1963, S. 80–81. Ruprecht Wimmer im Kommentar zu GKFA 10 weist dieselbe Anekdote bei Julius Bahle: Eingebung und Tat im musikalischen Schaffen. Ein Beitrag zur Psychologie der Entwicklungs- und Schaffensgesetze schöpferischer Menschen, Leipzig: S. Hirzel 1939, S. 182, nach.

[9] Die wenigen Anstreichungen im Exemplar von *Entweder/Oder*, das sich im Züricher Thomas-Mann-Archiv befindet, zeigen eindeutig, dass Thomas Mann seine ganze Aufmerksamkeit dieser einführenden Überlegung zum *Don Juan*-Text widmete.

[10] Nach ersten Hinweisen bei Wolfgang Frühwald: Brentano und Frankfurt: Zu zeittypischen und zeitkritischen Aspekten im Werke des romantischen Dichters, in: Jahrbuch des Freien Deutschen Hochstifts, Jg. IX, 1970, Berlin–New York: de Gruyter, S. 235, haben zuerst John F. Fetzer: Nachklänge Brentanoscher Musik in Thomas Manns »Doktor Faustus«, in: Clemens Brentano. Beiträge des Kolloquium im Freien Deutschen Hochstift 1978, Tübingen: Niemeyer 1980, S. 33–46 und Heinrich Henel: Clemens Brentano erstarrte Musik, in: Ebenda, S. 91–93 zu dieser Frage Stellung genommen.

Rhein-Märchen, die Thomas Mann aus der Benz-Ausgabe von 1914 kennen
konnte. Als besonders prägnantes Beispiel sei hier auf das Trostlied im Märchen *Vom Tanz der Frau Mondenschein* verwiesen (das aber nicht in der von
Thomas Mann mit Sicherheit für den *Faustus* gebrauchten Todsens-Ausgabe
von 1907 enthalten ist):

Wie wird mir? Wer wollte weinen,
Wenn winkend aus wiegendem See
Süß sinnend die Sternelein scheinen,
werd' heiter, weich' weiter du wildwundes Herz.

Komm Kühle, komm küsse den Kummer,
Süß säuselnd von sinnenden Stirn,
Schlaf schleiche, umschleire mit Schlummer
Die Schmerzen, die schwühl mir die Seele umschwirrn.

Floß' flehend du Flötengeflüster
Mir Himmel und Heimat ans Herz,
Leucht' lieblich und lispele düster
Und fächle, daß lächle im Schlummer der Schmerz.

Sieh! Sind schon die Sonnen gesunken,
Glück glimmet in Abendlichts Glut
Und Finsternis feiert mit Funken,
Licht locket ins Leben das liebende Blut.

Wir wanken in wohnsamer Wiege,
Wind weht wohl ein Federlein los,
Wie's wehe, wie's fliege, wie's liege,
Fein fiel es und spielt es dem Vater im Schoß.[11]

Eine Analyse dieser Lyrik wäre hier fehl am Platz. Man sieht aber an ihr ganz
gut, wie die Buchstaben von Brentano als Töne gebraucht werden und wie
das Gedicht sowohl »horizontal« als auch »vertikal« von wenigen Haupt-
klängen »bestimmt und beherrscht« wird. Man nehme als Beispiel die erste
Strophe. Hier herrschen als tongebende Anfangsbuchstaben fast ausschließlich
W-, S- und Sch-Laute, die erst im letzten Vers durch das Erscheinen zweier
semantisch schwerwiegender, durch H-Laute gekennzeichneter Wörter (»heiter« und »Herz«) etwas von ihrer Dominanz verlieren. Man kann die Sequenz
der tongebenden Laute der ersten Strophe formalisieren. Die Horizontale ist
durch die Wiederholung der charakterisierenden Töne gekennzeichnet. In ihr

---

[11] Clemens Brentano: Sämtliche Werke, hrsg. von Carl Schüddelkopf, Bd. XI: Märchen I, hrsg.
von. Richard Benz, München und Leipzig: Georg Müller 1914, S. 150–151.

behaupten sich als Anfangsbuchstaben der semantisch schwerwiegenderen Wörter die Grundlaute: W W W W im ersten Vers, W W W S im zweiten, S S SCH SCH im dritten und W H W W und W W H im vierten. Die Vertikale ist aber interessanter. Denn Brentano komponiert sein Gedicht sowohl melodisch als auch harmonisch nach gleich lautenden Reihen. Die Anfangsbuchstaben der einzelnen Verse ergeben die Reihe W W S W; die Anfangsbuchstaben der darauffolgenden Wörter ergeben in der Vertikale jeweils die Reihen W W S H, W W SCH W und W S SCH W. Ein »magisches Quadrat« wie kaum ein anderes.

Das wäre an sich schon interessant; denn man könnte aufgrund dieses Beispiels fast behaupten, Thomas Mann übernehme dem Adrian Leverkühn zugeschriebenen Prinzip des »strengen Satzes« von Brentanos Dichtung nicht weniger als von Schönbergs dodekaphonischen Kompositionen. Noch interessanter wird aber das Ganze, wenn man die so formalisierten Tonreihen von Brentanos Trostlied mit den Tonreihen vergleicht, die sich durch dasselbe Verfahren aus den ersten Zeilen eines Texts Adrian Leverkühns – oder, besser gesagt, des einzig uns bekannten Texts Adrian Leverkühns – ergeben: aus seinem auf Notenpapier akkurat redigierten Protokoll des Dialogs mit dem Teufel. Auch in diesem Fall ist eine zu strenge Analyse kaum notwendig. Man sieht auf den ersten Blick, dass die Tonreihen Brentanos (**W**-, S̲- und *SCH*-Laute) auch diese Zeilen beherrschen.

Weistu was s̲o *sch*weig. **W**erde *sch*on *sch*weigen, **w**enn auch *sch*amhalben bloß̲ und um die Men*sch*en zu *sch*onen, ei, au̲s̲ s̲ozialer Rücksicht.[12]

Man kann diese Zeilen auch unterteilen und in Form von Versen abschreiben. Das Resultat ist auch in der Vertikale eine deutliche Kohärenz der Tonreihen:

Weistu **w**as s̲o *sch*weig.
Werde *sch*on *sch*weigen,
wenn auch *sch*amhalben bloß̲ und um die
Men*sch*en zu *sch*onen, ei, au̲s̲ s̲ozialer Rücksicht.

Man wäre geneigt zu behaupten, dass die entscheidende Szene des Romans – Adrian Leverkühns Begegnung mit dem Teufel – gar nicht das ist, was Zeitblom glaubt. Es ist kein Bericht einer fatalen Erscheinung, sondern eine Komposition von Adrian Leverkühn – eine Komposition à la Beethoven, in der der Ideengang in Worten entwickelt wird. Man könnte einwenden, dass eine Beethoven'sche Komposition in Worten auch »ein paar zwischenhinein ge-

---

[12] 10.1, 324.

streute Noten« braucht. Auch diese sind aber im Teufelsdialog zu finden: und zwar dort, wo explizit auf den »verminderte[n] Septimakkord« von Beethovens op. 111[13] oder auf die Modulation C-moll – Fis-moll in Webers *Freischütz* hingewiesen wird[14] oder auch noch da, wo der Teufel unerklärlicherweise »Do, re, mi!« ruft[15] (ein Ruf, der übrigens auf eine Stelle in Schindlers Beethoven-Biographie zurückweist).[16] Aber auch an anderen, versteckten Stellen, z. B. dort, wo der Teufel (ganz wie in Goethes *Faust*) den eigenen Namen nicht nennen will. Hier werden ihm die Wörter zugesprochen: »Nur eine will und mag ich nicht hören […]. Wer mich den Herrn Dicis et non facis nennt, der wohnt in der Fehlhalde«, wobei das Ich des Dialogs seine Replik mit den Wörtern anfängt: »Dicis et non es«.[17] Offensichtlich sind diese letzten Worte als Antwort schwer verständlich. Werden sie aber als Noten gelesen, so erweisen sie sich als durchaus sinnvoll. Denn hier sind mindestens drei Noten erkennbar: D, Cis und Es. Bedenkt man, dass man in Palestrina ist und dass Leverkühn gelegentlich schon von der italienischen Sprache Gebrauch gemacht hat, so kann man auch eine vierte Note erkennen, nämlich das italienische Fa, das dem deutschen F entspricht. Dem Teufel wird also, musikalisch gesehen, eine klare Stellungnahme zugeschrieben. Er will lieber F-Cis als D-Cis benannt werden, wobei das *Ich* des Dialogs antwortet, D-Cis und nicht D-Es. Das läßt sich durchaus klären; denn im Mittelalter wurde der harmonisch dissonierende Intervall einer verminderten Oktave (D-Cis, also) von den Theoretikern als »Diabolus in Musica« bezeichnet und noch im Jahr 1728 konnte Johann David Heinichen behaupten: »Octava deficiens (D-Cis) und superflua (D-Es), / sunt duo Diaboli in Musica«.[18] Der Teufel will nun eine musikalische Definition ablehnen, an die das Ich des Dialogs festhält – und Leverkühn verzeichnet in seinem Entwurf, durch welche Noten seine zukünftige Komposition diese Auseinandersetzung zwischen *Ich* und *Er* ausdrücken soll.

»Octava deficiens und superflua«, verminderte und übermäßige Oktave, sind aber nicht die einzig möglichen Erscheinungsformen des Teufels in der Musik. Das wird uns im Folgenden noch beschäftigen. Kommen wir aber vorerst kurz zum Hauptargument zurück.

[13] 10.1, 349

[14] 10.1, 332.

[15] 10.1, 363.

[16] Anton Schindler's Beethoven-Biographie, Neudruck, hrsg. von Alfred Christlieb Kalischer, Berlin und Leipzig: Schuster & Loeffler 1909, S. 39.

[17] 10.1, 330.

[18] Zum Komplex »Diabolus in Musica« im *Doktor Faustus* vgl. Tobias Plebuch: Vom Musikalisch Bösen. Eine musikgeschichtliche Annäherung an das Diabolische in Thomas Manns »Doktor Faustus«, in: Thomas Mann: »Doktor Faustus« 1947–1997, hrsg. von Werner Röcke, Frankfurt/Main: Peter Lang 2004, (2. Aufl.), S. 207–262.

Wie man sieht, lassen sich im *Doktor Faustus* Wort und Ton, Literatur und Musik, nicht anders als in Brentanos Dichtung kaum unterscheiden. So liegt die Vermutung nahe, dass das musikalische Wesen des Romans nicht so sehr auf der Ebene der Gesamtorganisation zu suchen ist, sondern eher auf einer zeichensymbolischen – in einem Detail oder in einer Chiffre vielleicht, die wie im vorigen Beispiel die Distanz zwischen Wort und Ton überwunden hat und den Roman als eine musikalische Komposition (vielleicht auch als eine musikalische Komposition à la Beethoven) erscheinen lässt.

Eine solche Chiffre ist im Roman beispielhaft durch die Notenreihe H E A E ES gegeben. Diese ist, wie man weiß, die musikalische Bezeichnung für Hetaera Esmeralda und somit für die dämonische Macht, die Adrian Leverkühn zu seinen Jahren erhöhter Schöpfungskraft verdammt. Man erinnere sich: In Leverkühns Brentano-Gesang »O lieb Mädel, wie schlecht bist du!« wird die Notenreihe zu einem allseits anwesenden, alles bestimmenden »Schlüsselwort« – die Urform des späteren dodekaphonischen »strengen Satzes«.

Nun lässt sich also fragen, ob der Roman nicht etwa von derselben strukturierenden Ton- und Buchstabenreihe bestimmt sei. Das könnte gut sein, denn die Sequenz H E A E ES (eventuell auch in umgekehrter oder veränderter Form) taucht unzählige Male in beliebig vielen deutschen Ausdrücken auf.

Auch in den Namen der zwei Hauptfiguren des Romans ist sie irgendwie zu finden. Schreibt man die zwei Namen hintereinander, so ergibt sich folgende Reihe:

SERENUS ZEITBLOM ADRIAN LEVERKÜHN

Dass die Note ES eigentlich nur als Umkehrung eines SE zu erkennen ist, kann für unbedeutend gehalten werden. Ist nicht auch Leverkühn ein genialer Komponist, der bei Kretzschmar die Kunst von »Umkehrungsfugen, Krebsen und Umkehrungen des Krebses« gelernt hat?[19] Nur die Strenge fehlt.

Was passiert aber, wenn die zwei Namen anders geschrieben werden?

SERENUS ZEITBLOM ADRIAN LEVERKUEHN

Die Hetaera Esmeralda-Reihe erscheint in den Namen der zwei Protagonisten des Romans nach einem strengen Prinzip geordnet. Die fünf Noten tauchen nach regulären Intervallen auf (eine Note je sieben Buchstaben, natürlich) und verwandeln die zwei Hauptfiguren des Romans in Elemente einer Partitur, die der Roman selbst ist.

Dass es sich hier keineswegs um einen Zufall handelt, lässt sich auch anders beweisen. Bekanntlich hat Thomas Mann als mögliche Namen für seinen Ton-

---

[19] 10.I, 281.

setzer auch Anselm und Andreas in Betracht gezogen.[20] Hätte er den ersten gewählt, so wären die Distanzverhältnisse zwischen den Noten in den zwei Namen der Protagonisten dieselben geblieben; wäre er aber der zweiten Lösung gefolgt, so hätte er die Verwandlung des Namens Leverkühn in Leverkuehn überflüssig werden lassen. Und noch ein weiteres nicht unbedeutendes Detail soll hervorgehoben werden. Die Anfangsbuchstaben der Vornamen von Zeitblom und Leverkühn lesen sich im Krebsgang wie A und ES. Die Distanz A-ES ist aber, musikalisch betrachtet, eine verminderte Quinte, ein Tritonus, d. h. ein anderer, schon im Mittelalter als solcher betrachteter und von der barocken Musiktheorie kodierter Ausdruck des »Diabolus in Musica«.

Ein solcher Teufel wären also Serenus Zeitblom und Adrian Leverkühn. Musikalisch kodiert ist in ihren Namen »das Geheimnis ihrer Identität«[21] oder, wenn man so will, die Dämonie ihrer Identität. Denn das Dämonische ist im *Doktor Faustus* nichts anderes als jenes Zwielicht, jene Doppel- und Mehrdeutigkeit, jenes Ungewisse, von denen auch Gerhard Ritter in seiner Bestimmung des Dämonischen spricht, und das in Zeitbloms und Leverkühns Identität symbolisch repräsentiert wird. Das Dämonische selbst bestimmt jede Seite des Romans, weil er ohne Adrian Leverkühn und Serenus Zeitblom nicht existieren würde. Und man sollte nicht vergessen: H E A E ES ist die Chiffre für Hetaera Esmeralda. Sie hat auch eine zweite Identität im Roman. Heute steht niemand mehr Victor Oswalds These der Identität von Hetaera Esmeralda und Frau von Tolna skeptisch gegenüber, der Identität also der Prostituierten, die Adrian infiziert, und der Frau, die ihm mit »uneigennütziger Hingebung« hilft. Die sie bezeichnende Chiffre H E A E ES ist also die musikalische Chiffre für das Dämonisch-Zweideutige im Roman, das die scheinbar entgegengesetzten Figuren von Hetaera Esmeralda und Frau von Tolna, Adrian Leverkühn und Serenus Zeitblom verbindet.[22] Das aber führt zu einigen letzten Fragen. Denn in welchen Kontext ordnet sich die oben skizzierte Reihe von Fakten ein?

Ist der Roman basierend auf derselben Ton- und Buchstabenreihe gebaut, die fast jede Komposition Leverkühns charakterisiert, so verschwindet dadurch die Distanz zwischen Musik und Literatur. Was für die eine gilt, gilt auch für die andere und im Allgemeinen für jede Form künstlerischen Ausdrucks. Der

---

[20] Tb, 17. 5. 1943.

[21] 19.1, S. 474.

[22] Nur am Rande sei hier bemerkt, dass die von einigen Forschern ausgedrückte Skepsis über die musikalische Struktur des *Doktor Faustus* gegen solche Befunde zu kämpfen hat, vgl. zuletzt Jens Schmitz: Konstruktive Musik. Thomas Manns »Doktor Faustus« im Kontext der Moderne, Würzburg: Königshausen & Neumann 2009, S. 210, der gegen die verschiedenen Versuche, musikalische Strukturen in der Organisation von Themen und Motiven zu finden, viel zu selbstsicher bemerkt: »Welches Thema, welche Textstelle es sein könnte, die den *Roman* dominiert, hat freilich noch niemand enthüllt«.

Roman ist nicht weniger Symptom der Krise einer Kultur als die Musik von der er spricht – jede kritische Distanz ist abgeschafft, der Roman ist sein Gegenstand geworden. Jens Schmitz hat aber kürzlich – vielleicht etwas unvorsichtig, doch nicht ohne gute Gründe – vor einer solchen Identifikation des Romans und seines Objekts gewarnt: »Wer den Nachweis einer echten Entsprechung führen könnte, degradierte damit Thomas Mann zum Erfüllungsgehilfen eines faschistisch schillernden Teufelsbünders«.[23] Das Problem ist nur, dass diese Entsprechung tatsächlich da ist. Denn offensichtlich hat Thomas Mann in den Namen der Protagonisten seines Romans dieselbe Tonreihe verstecken wollen, die Adrian Leverkühn in seinen Kompositionen benutzt. Nicht nur die Musik, nicht nur die deutsche Musik ist also Objekt der kritischen Reflexion Thomas Manns, sondern die Kunst selbst oder, besser gesagt, der künstlerische Ästhetizismus, d. h. die von Thomas Mann selbst schon zur Zeit der *Betrachtungen eines Unpolitischen* beschriebene Neigung der großen Kunst zu wertneutraler Darstellung der Realität bei Vertretung entgegengesetzter, widersprüchlicher Auffassungen, denen gegenüber der Künstler sich neutral (man könnte auch sagen: unverantwortlich) verhält. Ein solcher Ästhetizismus, dessen Nähe zur Zwei- und Mehrdeutigkeit der dämonischen Kunst ganz offensichtlich ist, bestimmt Leverkühns Schaffen nicht weniger als Form und Inhalt von Thomas Manns Roman.

Das widerspricht aber allen Stellungnahmen Thomas Manns der dreißiger und vierziger Jahre über Unhaltbarkeit und Unannehmbarkeit der rein betrachtend-beschreibenden Haltung des Künstlers der Realität gegenüber. Und das wirkt irritierend. Denn die Anwesenheit einer Kritik des Ästhetizismus im Roman zu postulieren, scheint nur aufgrund und im Lichte dieser Stellungnahmen möglich. Der Roman selbst liefert kaum Argumente für eine solche Kritik oder, besser, er scheint die ästhetizistische Haltung Leverkühns zu teilen.

Zwar findet sich im *Doktor Faustus* – auch das ist bekannt – eine berühmte Tirade gegen die Barbarei als Risiko des Ästhetizismus. Sie wird Zeitblom zugeschrieben und wird im Namen eines höheren Humanismus gehalten. Doch wird die Bedeutung dieser Tirade durch eine Präzisierung seines Gegenstandes vermindert; denn Zeitblom will die Barbarei des Ästhetizismus nur da sehen, wo dieser – wie bei Leverkühn – zum Instrument suspekter Vorstellungen wird. Und im Grunde wird sie schon dadurch relativiert, dass sie keineswegs Leverkühns Thesen übergeordnet wird.

Wie kann man also den offensichtlichen Widerspruch zwischen dem *Doktor Faustus* und den kritischen Stellungnahmen gegen den Ästhetizismus in Thomas Manns essayistischem Werk übersehen? Anders gefragt: Wie reimen

---

[23] Ebenda, S. 203.

sich der *Doktor Faustus* und die zeitgenössischen Polemiken Manns gegen die
ästhetische Unparteilichkeit, die leicht zum Ornament oder zur Begleiterschei-
nung einer Diktatur werden kann?

Tatsächlich sind viele Stellungnahmen in Thomas Manns Werken der Nachkriegszeit vor diesem Hintergrund zu verstehen: so die strenge Polemik gegen
die im Dritten Reich erschienenen Bücher im *Brief nach Deutschland*; so die
scharfe Kritik an Furtwänglers Verteidigungsschrift mit ihrem Angriff auf die
unpolitische Haltung des Künstlers; so die Auseinandersetzung mit Nietzsches
»barbarischem« Ästhetizismus in *Nietzsches Philosophie im Lichte unserer
Erfahrung*, wo es u. a. heißt:

> Zuletzt gehört der Ästhetizismus, in dessen Zeichen die freien Geister sich gegen die
> Bürger-Moral wandten, selbst dem bürgerlichen Zeitalter an, und dieses überschreiten
> heißt, heraustreten aus einer ästhetischen Epoche in eine moralische und soziale. Eine
> ästhetische Weltanschauung ist schlechterdings unfähig, den Problemen gerecht zu
> werden, deren Lösung uns obliegt.[24]

Die Leugnung des Ästhetizismus und der ästhetischen Weltanschauung bedeutet für Mann die Absage an eine Kunst, die auf die prinzipielle Distanz
von der moralischen Sphäre nicht verzichten will. Wenn Thomas Mann etwas
Fundamentales mit seinem Berater Theodor Adorno teilt, so ist dies die Überzeugung, dass nach Auschwitz und den Taten des Nationalsozialismus die alte,
um ihre ästhetische Perfektion besorgte Kunst unmöglich geworden ist.

Das führt uns aber wieder zum Problem der künstlerischen Komposition des
Doktor Faustus zurück.

Indem der Roman sich die strukturierende Logik der musikalischen Schöpfung Leverkühns aneignet, indem er sich somit zu ihrem Ästhetizismus bekennt und in der Identität von Zeitblom und Leverkühn seine zweideutige,
zwielichtige Natur verrät, zeigt sich der Roman als ein Produkt jener dämonischen Kunst, die Entgegengesetztes vermengt und es unparteiisch darstellt:
Der Roman kann nicht unterscheiden, er kann keine ethische Entscheidung
für oder gegen etwas treffen, ohne auf die eigene ästhetische Natur verzichten zu müssen. Der *Doktor Faustus* denunziert also nicht die tiefe Krise des
ästhetizistischen Zeitalters; er stellt sie nur dar und zwar mit den künstlerischen Mittel des ästhetizistischen Zeitalters selbst. Dabei kann aber Thomas
Manns Roman nicht bleiben. Denn die reine mimetische Nachahmung der in
ihm erzählerisch dargestellten Kunst des Ästhetizismus würde das Postulat
der notwendigen Überwindung des Ästhetizismus selbst dementieren. Anders
gesagt: muss der Ästhetizismus definitiv verabschiedet werden als eine gefähr-

---

[24] 19.1, 225.

liche Grundtendenz der nunmehr tragisch untergegangenen Welt von Gestern, so muss eine neue, ethisch bewusste Kunst möglich werden.

Die Stellung des *Doktor Faustus* in dieser Übergangszeit ist also eine Grenzstellung: Er steht am Ende des ästhetizistischen Zeitalters als dessen Chronik und letzte Frucht und deutet auf etwas Neues hin, das aber in seiner formalen und thematischen Struktur noch nicht da sein kann, denn ein Roman, in dem ästhetische Freiheit von jeder Entscheidung und ethische Notwendigkeit der Entscheidung gleich konstitutiv sind, ist noch nicht erfunden worden. Es stellt sich also die Frage nach der kritischen Relativierung der ästhetischen Perspektive des Romans und das bedeutet: das gespaltene Bewusstsein des ethisch denkenden Künstlers zur Geltung zu bringen.

Das kann nur gelingen, wenn der Roman zum Dementi seiner selbst wird, wenn der Autor die Verantwortung für seine Schöpfung auf sich nimmt und sich von ihr distanziert, als von einem Kunstwerk, dessen Realisierung die momentane und nur scheinbare Aufhebung des kritischen Bewusstseins notwendig machte. Anders gesagt: Der Roman soll explizit behaupten können, dass er keineswegs nur das ist, was er zu sein scheint, d. h. eine ästhetische Leistung, sondern dass seine Realisierung ein ethisches Bewusstsein voraussetzte, das nur indirekt, und zwar in der scheinbaren Perfektion der ästhetischen Leistung, aus ihm herausleuchtet.

Was Thomas Mann mit der *Entstehung des Doktor Faustus* beansprucht, ist, dieses ethische Bewusstsein in der Form eines Selbstkommentars zur Geltung zu bringen, indem er doch den Rahmen des Romans nicht überschreitet. Nicht zufällig trägt *Die Entstehung des Doktor Faustus* den Untertitel *Roman eines Romans*. Sie setzt den Roman mit anderen Mitteln fort. Sie erzählt von ihm, indem sie ihn nochmals verdoppelt und der ästhetizistischen Logik der Erzählung ihre ethische Perspektive entgegensetzt. Somit wird die Dämonie der Zweideutigkeit, der Ästhetizismus des simultanen Vorführens zweier entgegengesetzter Betrachtungsweisen eines einzigen Phänomens zugunsten der Ethik, zugunsten also der moralischen Betrachtung des im Roman beschriebenen ästhetizistischen Zeitalters entschieden. Es handelt sich um eine erzählerische Umkehrung des Erzählten (oder, wenn man will, um eine musikalische Umkehrung in der Form eines Kanons), die der Erklärung der ethischen Gründe dient, die zur Schöpfung eines scheinbar rein künstlerischen (und d. h. ästhetisch-ästhetizistischen) Werks geführt haben. Eine Leistung, die aber ebenso gut zum *Doktor Faustus* gehört, wie – um ein von Thomas Mann bewundertes Beispiel zu nennen – der zweite Teil des *Don Quijote* zum ersten. Es sind Kommentare zum Erzählten, welche die Erzählung fortsetzen und gleichzeitig kritisch dekonstruieren. Auch für Leverkühn und Zeitblom kann das gelten, was Thomas Mann für Don Quijote und Sancho Pansa einmal behauptet hatte. Sie

treten in diesem zweiten Teil [des Romans] aus der Wirklichkeitssphäre, der sie ange-
hörten, dem Romanbuch, in dem sie lebten, heraus und wandeln, von den Lesern ihrer
Geschichte froh begrüßt, leibhaftig als potenzierte Wirklichkeiten in einer Welt, die,
gleich ihnen, im Verhältnis zur vorigen, zur gedruckten Welt, eine höhere Stufe der
Realität darstellt, obgleich auch sie wieder erzählte Welt, die illusionäre Heraufrufung
fiktiver Vergangenheit ist [...].[25]

In der *Entstehung des Doktor Faustus* klingt eine große Tradition des europäischen Romans nach. Man könnte auch sagen: Thomas Mann kommt zu dieser
Tradition des sich selbst überwindenden Romans zurück, um seiner Kunst
eine neue ethische Dimension zu geben. Deswegen wäre meiner Meinung nach
die *Entstehung des Doktor Faustus* nie vom *Doktor Faustus* zu trennen. Sie
gehört zum Roman, obwohl oder gerade weil sie – nicht ohne Mühe – als Teil
eines hochkomplexen Ganzen zu lesen ist. Dieses Ganze ist aber immer noch
ein Roman. Als solches lebt der Roman fort, indem er aber die große Epik des
ästhetizistischen Zeitalters definitiv überwindet.

Erst in der *Entstehung* kann Thomas Mann eine Position artikulieren, die
jenseits der ästhetisch-dämonischen steht, welche im Roman auf die Formel der
zweideutigen Einheit von Zeitblom und Leverkühn, von Hetaera Esmeralda
und Frau von Tolna reduziert ist; erst durch die in ihr enthaltene Erklärung
der moralisch-politischen Gründe, die zur Komposition des Werks führten,
kann der Leser Ethisches vom Ästhetischem unterscheiden. Und erst durch
sie kann sich der *Doktor Faustus* in die »Mahnungen« und Appelle zu einer
ethischen Wende der deutschen Weltanschauung und Politik einreihen, die
Thomas Manns Spätwerk durchgehend bestimmen und dessen letzte Botschaft
sie darstellen.

[25] IX, 444.

Ursula Amrein

Angeblich keine Opposition

Thomas Mann spricht in Zürich über *Richard Wagner und der*
»Ring des Nibelungen« (1937)

»In den letzten acht Tagen habe ich wie ein Pferd gearbeitet«, so schrieb Thomas Mann am 14. November 1937 an Stefan Zweig und erklärte: »ein Vortrag über Wagners ›Ring des Nibelungen‹ mußte anläßlich einer Gesamtaufführung im Stadttheater, plötzlich ausgearbeitet werden« (Br II, 32f.). Die Einladung zum Vortrag, den Thomas Mann am 16. November in der Aula der Universität Zürich hielt – der Auftritt war anfänglich am Stadttheater (heute Opernhaus) geplant –, erging sehr kurzfristig und kam gemeinsam vom Zürcher Theaterverein und vom Stadttheater. Initiant war der Verleger und Buchhändler Emil Oprecht, dessen Wohnung an der Rämistraße zu den ersten Adressen der literarischen Emigration gehörte. In einer Tagebuchnotiz vom 26. Oktober 1937 hielt Thomas Mann fest, er wäre mit der Planung seiner Vortragsreise in die Vereinigten Staaten beschäftigt gewesen,

als Oprecht anrief und mir den Antrag des Stadttheaters übermittelte, Mitte November einen einleitenden Vortrag zur Gesamt-Aufführung des ›Ring des Nibelungen‹ zu halten. Ich war bedenklich, aber um Deutschlands, um Zürichs willen, auch wegen des Gegenstandes, ist mir die Einladung, gegen die es keine Opposition gegeben haben soll, interessant und wichtig, und ich werde wohl annehmen. (Tb, 26.10.1937)

Dass er in Zürich 1937 angeblich unbehelligt über Richard Wagner sprechen konnte, das registrierte Thomas Mann mit einiger Verwunderung, doch deutet in seinen Briefen und Tagebüchern nichts darauf hin, dass er an Oprechts Darstellung je gezweifelt hätte. Es scheint tatsächlich so, dass ihm die Hektik hinter den Kulissen verborgen blieb, nachdem sein Auftritt am Stadttheater in Zusammenhang mit der Aufführung von Wagners *Ring des Nibelungen* bekannt wurde. Vielleicht hätte ihn die Tatsache stutzig machen müssen, dass sein Vortrag nicht wie angekündigt am Stadttheater, sondern in der Aula der Universität Zürich stattfand.

Doch nicht nur dem prominenten Redner entging die Aufregung rund um den Vortrag. Auch die Forschung nahm sich bislang nicht die Mühe, den Kontext des Zürcher Vortrags genauer auszuleuchten. Entsprechend wird die Rede eher beiläufig erwähnt und als ein wenig aufregendes Ereignis abgehandelt, das ganz im Schatten jener Rede zum 50. Todestag von Wagner steht, die Thomas

Mann unmittelbar nach der Machtergreifung durch die Nationalsozialisten am 10. Februar 1933 in München, im Auditorium Maximum der Universität, gehalten hatte.[1] *Leiden und Größe Richard Wagners* lautete der Titel dieser Rede, in der er von seiner »Passion für Wagners zaubervolles Werk« (IX, 373) sprach und den Komponisten in allen seinen Facetten, in seiner Grandiosität, aber auch in seiner Problematik – im »Ineinander von Deutschheit und Mondänität«, in der »Verschlungenheit« seiner »Widersprüche« zwischen Heroischem und Kleinbürgerlichem (IX, 421), in seiner »gesunde[n] Art, krank zu sein« (IX, 403) – zum Sinnbild für das Revolutionäre und Zerstörerische des 19. Jahrhunderts in einem erklärte. Die Reaktionen auf die kulturkritisch brisante, sich auf Friedrich Nietzsche und Sigmund Freud abstützende Analyse sind bekannt.[2] Thomas Mann, der sich nach der Rede in München auf eine Vortragsreise ins Ausland begab und daran Ferien in Arosa anschloss, sah sich einer eigentlichen Hetzkampagne ausgesetzt. Die Münchner Neuesten Nachrichten veröffentlichten am 16./17. April 1933, zwei Monate mithin nach der Rede und mit Bedacht in der Ausgabe vom Osterwochenende, den *Protest der Richard-Wagner-Stadt München*, so die Überschrift des entsprechenden Artikels, der sich gegen Thomas Manns angebliche Verunglimpfung Wagners richtete. Initiant war der Dirigent und Direktor der Bayerischen Staatsoper Hans Knappertsbusch; zu den 45 Unterzeichnern gehörten namhafte Persönlichkeiten aus Wissenschaft, Kunst und Politik, unter ihnen die Komponisten Hans Pfitzner und Richard Strauss, der im November 1933 das Präsidium der Reichsmusikkammer übernehmen sollte.[3] Und wie erst nachträglich bekannt wurde, erließ Reinhard Heydrich als Chef der Geheimen Staatspolizei in München den Befehl, wonach Thomas Mann bei seiner Rückkehr nach München unverzüglich nach Dachau zu bringen sei. Heydrich, ehrgeiziger und fanatischer Nationalsozialist, leitete 1942 die Wannsee-Konferenz zur ›Endlösung der Judenfrage‹ und sollte in Zusammenhang mit der Ausbürgerung Thomas Manns nochmals aktiv werden.

Zutiefst schockiert über den Protest und eindringlich gewarnt von den beiden ältesten Kindern, Erika und Klaus, blieb Thomas Mann vorerst in der Schweiz, verbrachte den Sommer im südfranzösischen Exil und nahm im Herbst Wohnsitz in Küsnacht bei Zürich. Während sich die Geschwister als Gegner des Dritten Reichs exponierten, Erika mit ihrem literarischen Cabaret

---

[1] Thomas Manns Auseinandersetzung mit Richard Wagner ist dokumentiert in: Im Schatten Wagners. Thomas Mann über Richard Wagner. Texte und Zeugnisse 1895–1955, hrsg. von Hans Rudolf Vaget, Frankfurt/Main: Fischer Taschenbuch Verlag 2010. – Die prekäre politische Situation, in die Thomas Mann mit dem Zürcher Wagner-Vortrag geriet, bildet hier indes eine Leerstelle.

[2] Vgl. die Dokumentation von Vaget (wie Anm. 1), S. 233–265.

[3] Ebd., S. 234–236.

Die Pfeffermühle, Klaus mit der Herausgabe der Exilzeitschrift Die Sammlung,[4] hüllte sich Thomas Mann in Schweigen, was Zweifel an seiner Haltung zum neuen Deutschland aufkommen ließ. Erst im Februar 1936 bekannte er sich offen zum Exil. Vorausgegangen war eine in der Neuen Zürcher Zeitung ausgetragene Kontroverse, mit der er sich in seiner persönlichen Integrität verletzt sah. Feuilletonchef Eduard Korrodi hatte versucht, den Nobelpreisträger, der, obwohl er in der Schweiz lebte, weiterhin beim S. Fischer Verlag in Deutschland publizierte, als Repräsentanten der ›wahren‹ deutschen und noch immer in Deutschland beheimateten Literatur gegen eine Exilliteratur auszuspielen, die er als jüdische »Romanindustrie« und als eine von Hassgefühlen durchsetzte politische Tendenzliteratur abqualifizierte.[5] Thomas Mann distanzierte sich von dieser Oppositionsbildung, die ihn mit der gleichgeschalteten Literatur identifizierte und ihn zugleich gegen seine Kinder und seinen Bruder Heinrich Mann aufbrachte. Er antwortete Korrodi in Form eines Offenen Briefs, der am 3. Februar 1936 in der Neuen Zürcher Zeitung erschien.[6] Deutschland reagierte erwartungsgemäß mit der Ausbürgerung.

Allein schon diese wenigen Hinweise lassen Skepsis aufkommen, ob Thomas in Zürich tatsächlich so unbehelligt über Wagner sprechen konnte, wie von ihm dargestellt. Spätestens mit der Stellungnahme in der Neuen Zürcher Zeitung hatte er auch in der Schweiz an Rückhalt verloren.[7] Und naiv wäre außerdem die Annahme, dass Goebbels Propagandaministerium tatenlos zusehen würde, wie sich einer der meistgehassten Feinde des Dritten Reichs über Hitlers Ikone Wagner ungehindert und mit erwartbarer Kritik am Nationalsozialismus äußern sollte.

---

[4] Vgl. Ursula Amrein: »Es ist etwas paradox, daß meine ›persönliche Geschichte‹ sich vor allem mit Politik befassen wird«. Erika Mann zwischen Familie und Öffentlichkeit, in: TM Jb 21, 2008, 118–125.

[5] Eduard Korrodi: Deutsche Literatur im Emigrantenspiegel, in: Neue Zürcher Zeitung, 26.1.1936, zitiert nach ders.: Ausgewählte Feuilletons, hrsg. von Helen Münch-Küng, Bern: Haupt 1995 (= Schweizer Texte, Neue Folge, Bd. 4), S. 192f. – Zu dieser Auseinandersetzung sowie zu deren Bedeutung für Thomas Manns Stellung in der Schweiz vgl. Ursula Amrein: Das »Jüdische« als Faszinosum und Tabu. Else Lasker-Schüler und Thomas Mann im Schweizer Exil, in: Dies.: Phantasma Moderne. Die literarische Schweiz 1880 bis 1950, Zürich: Chronos 2007, S. 125–147, hier S. 125–129.

[6] Ein Brief von Thomas Mann, in: Neue Zürcher Zeitung, 3.2.1936, zitiert nach Korrodi 1995 (wie Anm. 5), S. 193–196; ebenfalls [An Eduard Korrodi], in: XI, 788–793.

[7] Als Zürcher Privatdozent beispielsweise sah sich Emil Staiger, in unausgesprochener Übereinstimmung mit seinen akademischen Förderern, veranlasst, Thomas Mann in einem Brief vorzuhalten: »Nun sehen wir, schmerzlich berührt, daß Sie es für richtig hielten, eine Gruppe [Exil, U.A.] in Schutz zu nehmen […], der gewiß kein Schweizer, dessen Blick nicht politisch getrübt ist, Ihre verteidigenden Worte gönnt.« Mit diesem Bekenntnis zur Emigration bekomme Thomas Mann Beifall von der falschen Seite. (Emil Staiger an Thomas Mann, 12.2.1936 [TMA]).

Neue Dokumente zum Zürcher Exil –
Thomas Mann im Fokus der Reichstheaterkammer

Doch was heißt das konkret? Es lohnt sich, in den Archiven nach einschlägigen Dokumenten zu suchen. Die Quellen liegen dabei nicht offen zutage, auch können sie die Ereignisse nicht lückenlos dokumentieren, öffnen aber neue Perspektiven auf Thomas Manns Zürcher Exil und machen darüber hinaus mit erschreckender Deutlichkeit klar, wie weit der Einfluss von Goebbels Propagandaministerium reichte.[8]

Auszugehen ist von einem Dokument, das in den Beständen der Reichskulturkammer überliefert ist. Es handelt sich um ein an Hans Hinkel adressiertes Schreiben vom 14. Dezember 1937. Als Redaktor des Völkischen Beobachters war Hinkel 1933 in Berlin zum Staatsrat im Preußischen Wissenschaftsministerium mit der Sonderaufgabe »Entjudung« aufgestiegen und übernahm 1936 die Stelle des Geschäftsführers in der Reichskulturkammer, die Goebbels Propagandaministerium unterstellt war.[9] Das Schreiben an Hinkel trägt den Titel »Reise-Bericht / Stadttheater Zürich« und stammt von Ernst Kühnly, seinerseits Leiter der Abteilung ausländischer Bühnennachweis und innerhalb der Reichstheaterkammer zuständig für den Aufbau und die Pflege der Beziehungen zur Schweiz.[10] Kühnlys Arbeit war darauf ausgerichtet, »reichsdeutsche Kräfte an die Theater« zu vermitteln, wobei er seinem Vorgesetzten Hans Hinkel gegenüber ausdrücklich betonte, er verstehe seine Arbeit als »Kampfansage gegen die international untereinander verflochtenen jüdischen Theater- und Konzertunternehmer«.[11] In der genannten Funktion bereiste Kühnly mehrfach die Schweiz, wobei er einen besonders intensiven Kontakt zum Zürcher Stadttheater und dessen Direktor Karl Schmid-Bloss pflegte. Von einem solchen Treffen handelt der genannte Bericht vom 14. Dezember 1937, in dem es auch um Thomas Mann ging:

In der Angelegenheit Thomas Mann gab mir Direktor Schmidt-Bloss folgende Erklärung: Das Verwaltungsratsmitglied des Zürcher Stadttheaters, Herr Dr. Oprecht, ist der neue Verleger von Thomas Mann und gibt zusammen mit ihm auch die Zeitschrift ›Mass und Wert‹ heraus, an der auch Conrad Falke Mitarbeiter ist.

---

[8] Zu den Thomas Mann betreffenden Dokumenten vgl. Ursula Amrein: »Los von Berlin!« Die Literatur- und Theaterpolitik der Schweiz und das »Dritte Reich«, Zürich: Chronos 2004, S. 58 f., 489–491.

[9] Ernst Klee: Das Personenlexikon zum Dritten Reich. Wer war was vor und nach 1945?, Frankfurt/Main: S. Fischer 2003, S. 257.

[10] Vgl. Amrein 2004 (wie Anm. 8), S. 485. – Auf die Aktivitäten Kühnlys hingewiesen hat Louis Naef: Theater der deutschen Schweiz, in: Theater im Exil. Sozialgeschichte des deutschen Exiltheaters 1933–1945, hrsg. von Hans-Christof Wächter, München: Hanser 1973, S. 241–263.

[11] Ernst Kühnly an Hans Hinkel, 6. 10. 1937 (Bundesarchiv Berlin: R 56 I/48).

Dr. Oprecht verlangte, dass Thomas Mann vom Stadttheater für einen Vortrag eingeladen werden sollte, dass sich also die Einladung nicht nur vom Züricher Theaterverein aus erstrecken soll, sondern auch von der Direktion des Theaters. Schmidt-Bloss
konnte sich diesem Ersuchen nicht mehr länger widersetzen, konnte aber durchdrü-
cken, dass die Veranstaltung nicht im Theater, sondern in der Aula der Universität
stattfand. Ferner verlangte Schmidt-Bloss mit Erfolg, dass Herr Dr. Zimmerann aus
Bremen, der den einzigen Lehrstuhl für Richard-Wagner-Kunst innehat, für zwei Vorträge im Stadttheater eingeladen wurde. Es ist ihm also demnach tatsächlich geglückt,
den Vortrag im Stadttheater von Thomas Mann zu verhindern, aber dafür zwei Vorträge von Zimmermann im Stadttheater durchzusetzen.
Schmidt-Bloss betonte, dass er es als Leiter einer schweizerischen Bühne naturgemäss
sehr schwer habe, politische Misstimmungen zu vermeiden, vor allem auch im Hinblick
auf die Tatsache, dass der Stadtrat von Zürich ja sozialistisch ist.[12]

Ganz offensichtlich also sollte der Vortrag von Thomas Mann am Stadttheater
verhindert, der prominente Referent zumindest aus dem Scheinwerferlicht genommen werden. Der Opernintendant, der den Nationalsozialisten mehrfach
bereitwillig entgegen kam, konnte sich nicht offen gegen den Redner stellen,
das hätte in der Öffentlichkeit zu Diskussionen geführt, die aus Reputations-
gründen auf jeden Fall zu vermeiden waren, doch suchte er den Nobelpreisträger in den Hintergrund zu drängen, indem er einen heute gänzlich unbekannten Wagner-Spezialisten sprechen ließ. Es handelte sich um Curt Zimmermann
aus Zürich, der, wie ein Blick in seine Schriften zeigt, Wagner ganz im Sinne
der Nationalsozialisten interpretieren konnte. Thomas Mann indes war nicht
mundtot zu machen. Die Presse lobte seinen Vortrag, jener von Zimmermann
hingegen galt als belanglos, mehr noch: Die Neue Zürcher Zeitung schrieb,
Thomas Mann hätte den »peinlichen Eindruck einer andern Einführungsver-
anstaltung auslöschen« können.[13] Und auch das Deutsche Generalkonsulat
in Zürich musste in einem Schreiben an das Auswärtige Amt in Berlin vom
25. November 1937 eingestehen:

Der Vortrag von Thomas Mann war sehr gut besucht und fand stärksten Beifall. Von
politischen Ausführungen hat sich, wie mir Besucher mitteilten, Thomas Mann fern-
gehalten mit Ausnahme einer Bemerkung am Schluss, die dahinging, dass die Deutung
des Werkes Richard Wagners, die man ihm jetzt in Deutschland zu geben suche, der
wahren Idee seines Schöpfers nicht entspreche. Gegenüber dem Vortrag von Thomas
Mann war der von Dr. Zimmermann weit weniger eindrucksvoll.[14]

---

12 Ernst Kühnly: Reisebericht Stadttheater Zürich an Hans Hinkel, 14.12.1937 (Bundesarchiv
Berlin: R 56 I/48).
13 [Willy Schuh]: Thomas Manns Vortrag über den »Nibelungenring«, in: Neue Zürcher Zeitung, 18.11.1937.
14 Deutsches Generalkonsulat Zürich an das Auswärtige Amt Berlin, 25.11.1937 (Politisches
Archiv des Auswärtigen Amtes Berlin).

Dass es für das Stadttheater unbeschadet dieser negativen Kritik gewichtige Gründe gab, seine *Ring*-Inszenierung nicht in einen allzu direkten Zusammenhang mit Thomas Mann zu stellen, auch das lässt sich dem Reisebericht Kühnlys vom Dezember 1937 entnehmen. Kühnly suchte nämlich gezielt regimetreue und das Regime auch repräsentierende Sänger an das Zürcher Stadttheater zu vermitteln; er drängte auf Gagen, die die finanziellen Möglichkeiten vor Ort überschritten und offerierte dem Theater dann »kaschierte Zuschüsse«, die dieses in ein Abhängigkeitsverhältnis brachten. So heißt es im genannten Reisebericht weiter:

Für die nächstjährigen Festspiele im Züricher Stadttheater hat Direktor Schmidt-Bloss Kammersänger Max Lorenz für zwei Siegfriede verpflichtet. Er möchte ausserdem noch engagieren:
1 Alberich,
1 Sängerin für 3 Brünnhilden,
1 Fricka und Waltraute,
1 Mime,
ferner noch 1 Tenor und eine Sängerin für zwei Fidelio- oder Tristan und Isolde-Aufführungen.
[...]
Direktor Schmidt-Bloss gab mir einen genauen Ueberblick über seine Etatverhältnisse. Er kann bei Fest-Vorstellungen für gastierende Künstler pro Aufführung einen Betrag von 2200 Schw.Fr. garantieren.
Wie mir Schmidt-Bloss erzählte, sind die Schweizer Finanzkreise nicht mehr so zahlungskräftig, wie früher, da an der New Yorker Börse grosse Verluste entstanden sein sollen, was sich naturgemäss auf den Theaterbesuch auswirkt.
Schmidt-Bloss kann für die Verpflichtung von Künstlern für Saisonverträge nicht mit den guten deutschen Theatern konkurrieren, würde aber sehr gern reichsdeutsche Künstler laufend verpflichten, wenn er sie zu erträglichen Gagen bekommen kann und sie ihm nicht immer wieder, wie es seither der Fall war, von Deutschland weggagiert werden.
Nach meiner Auffassung besteht absolut die Möglichkeit, am Züricher Stadttheater grösseren Einfluss zu gewinnen. Die Gastspielhonorare mit 2200 Schw.Fr. pro Abend sind nicht ausreichend, um erste deutsche Künstler bezahlen zu können, so dass also hier kaschierte Zuschüsse notwendig sind.
Direktor Schmidt-Bloss erklärte mir, dass er ohne weiteres deutsche Künstler in grosser Anzahl laufend für Gastspiele verpflichten kann, wenn sie zu den von ihm gebotenen Gagen kommen. Hinsichtlich der Arbeitsbewilligung und Beschäftigungsgenehmigung sind keine Schwierigkeiten zu erwarten.
In Zürich ist bemerkenswert ein sehr starker Einfluss von italienischer und französischer Seite, dem man bestimmt positiv entgegentreten kann.
Ich habe mit Direktor Schmidt-Bloss genau ausgerechnet, welche Möglichkeiten für die Besetzung der Festspiele Ende Mai, Anfang Juni nächsten Jahres bestehen, d. h. genau festgestellt, was er an Mitteln verfügbar hat. Hierbei ist eine wesentliche Erschwerung, dass z. B. Kammersänger Lorenz für ein einmaliges Auftreten nach dem heutigen Kurs-

stande ein Honorar von 3480 Schw.Fr. pro Abend verlangt, während Schmidt-Bloss an sich nur etwa 2200 Schw.Fr. zahlen kann.
Im Hinblick auf die kulturpolitische Wichtigkeit dieses Theaters muss in der Frage eventueller kaschierter Vorschüsse eine generelle Regelung getroffen werden.[15]

Tatsächlich verpflichtete Schmid-Bloss für die genannten Aufführungen mehrere ihm von Kühnly vorgeschlagene Sängerinnen und Sänger. Im Zentrum der Festspiele vom Juni 1938 stand mit Kammersänger Max Lorenz der große Star aus Bayreuth, der dort seit 1933 als Protegé von Winifred Wagner und Adolf Hitler auftrat und mit der Verpflichtung in Zürich entscheidend zum Renommee der Junifestspiele beitragen konnte.[16] Dirigiert wurde die *Ring*-Aufführung im Übrigen vom Zürcher Robert Denzler, 1932 war dieser in Berlin der NSDAP beigetreten.[17]

Anlässlich der Junifestspiele 1938 kam Kühnly erneut nach Zürich und schrieb nach Berlin: »Die Aufführung ›Götterdämmerung‹ war vollkommen ausverkauft, und der Beifall steigerte sich zu ausgesprochenen Kundgebungen für Kammersänger Lorenz.«[18] In der Öffentlichkeit indes verdichteten sich Gerüchte über die guten Beziehungen von Schmid-Bloss zum Dritten Reich, und selbst Heinrich Rothmund, der sonst für seine ablehnende Haltung vor allem gegenüber der jüdischen Emigration bekannte Chef der Eidgenössischen Fremdenpolizei, suchte dem Treiben ein Ende zu setzen. In einem Schreiben an General Henri Guisan vom Herbst 1939 monierte er:

Wir haben […] versucht, die verantwortlichen Zürcher Stellen davon zu überzeugen, dass es heute nicht mehr tragbar sei, die Führung der schweizerischen Opernbühne in der Hand eines Ausländers zu lassen, von dem man zum Mindesten nicht überzeugt sein kann, dass er nur schweizerische Interessen vertritt (ein Beweis für diese Behauptung ist die Tatsache, dass die diesjährigen Zürcher Festspiele weit im Lande herum als ausgesprochene deutsche Propaganda angesehen wurden).[19]

Die Behörden jedoch suchten sich mit den Verhältnissen zu arrangieren. Erst 1947 standen die Verstrickungen zur Diskussion und führten zum Rücktritt von Karl Schmid-Bloss.[20]

---

[15] Ernst Kühnly: Reisebericht Stadttheater Zürich an Hans Hinkel, 14.12.1937 (Bundesarchiv Berlin: R 56 I/48).
[16] Zu Max Lorenz und seiner Stellung in Bayreuth vgl. Brigitte Hamann: Winifred Wagner oder Hitlers Bayreuth, München/Zürich: Piper 2002, S. 225 ff.
[17] Vgl. Amrein 2004 (wie Anm. 8), S. 428 f.
[18] Ernst Kühnly: Reisebericht Zürich und Basel, 22.6.1938 (Bundesarchiv Berlin: R 56 I/48).
[19] Heinrich Rothmund: Bericht über die Situation der schweizerischen Theater zuhanden des Generals unter Hinweis auf das anonyme Schreiben einer ehrlichen Schweizer Bürgerin an Herrn General Guisan, 26.9.1939 (Bundesarchiv Bern: E 3001 (A) 5, Bd. 10).
[20] Die erst nachträglich kritisierten Verpflichtungen von Wilhelm Furtwängler und Richard Strauss, die als Exponenten der Reichstheaterkammer an der Gleichschaltung der Künste maß-

Nationalsozialistische Kulturpolitik als Außenpolitik

Nun mag man das Vorgehen der Reichstheaterkammer gegen Thomas Mann im Effekt als eher bescheiden einstufen, es zeigt indes zweierlei: Zum einen wird deutlich, dass Thomas Mann im Schweizer Exil viel exponierter war als bislang angenommen, zum anderen verschafft es exemplarisch Einblick in die von der Forschung ebenfalls nur marginal diskutierte kulturelle Außenpolitik des Dritten Reichs und die der Schweiz dabei zugedachte Rolle.[21] Über die Schaffung von Loyalitäts- und Abhängigkeitsbeziehungen nämlich suchte Kühnly im Auftrag des Propagandaministeriums Einfluss auf die Theater und damit auch auf die Meinungsbildung in der Schweiz zu nehmen. Dies geschah sowohl über die Vermittlung regimetreuer Kräfte an renommierte Bühnen als auch über Aktionen, die sich gezielt gegen die literarische Emigration und deren angebliche Hetze und Lügenpropaganda richteten, wobei aber offene Konflikte aus Imagegründen ausdrücklich zu vermeiden waren.

Mit dem Verlag von Emil Oprecht stand auch das Zürcher Schauspielhaus im Visier der Nationalsozialisten.[22] Zürich besaß bis Mitte der 1920er Jahre kein eigenes Sprechtheater. Erst nachdem Ferdinand Rieser die Pfauenbühne erworben hatte – sie wurde bis zu diesem Zeitpunkt vom Stadttheater als Zweitbühne benutzt –, erhielt Zürich ein Sprechtheater mit dem unschätzbaren Vorteil, dass dieses die Stadt nichts kostete. Ferdinand Rieser nämlich kam mit eigenen Mitteln zunächst für den Umbau und dann für den Betrieb auf. Nach der Machtergreifung avancierte das privat geführte und entsprechend unabhängige Theater zur bedeutendsten deutschsprachigen Exilbühne. Rieser verpflichtete im Sommer 1933 Künstlerinnen und Künstler, die zur Flucht aus Deutschland gezwungen waren, unter ihnen Therese Giehse, die Münchner Freundin von Erika Mann, Wolfgang Langhoff, Kurt Hirschfeld und Leopold Lindtberg. Der neue Kurs der Bühne löste bereits kurz nach Beginn der Spielzeit einen heftigen Streit aus. Der Schweizerische Schriftstellerverein veranstaltete mit Unterstützung der Zürcher Germanisten Emil Ermatinger und Walter Muschg eine Kundgebung gegen das Schauspielhaus, forderte eine stärkere Berücksichtigung der Schweizer Autoren und verlangte von der Stadt die Übernahme des

---

geblich beteiligt waren und das Dritte Reich auch in künstlerischer Hinsicht repräsentierten, trugen zum Druck auf den Opernhausintendanten ebenso bei wie die schon zuvor kritisierten Engagements reichsdeutscher Künstler, darunter auch die Beschäftigung des Dirigenten Hans Knappertsbusch, Initiator des Protestes der Richard-Wagner-Stadt gegen Thomas Mann (vgl. Amrein 2004 [wie Anm. 8], S. 546).

[21] Vgl. ebd., S. 484; sowie dies.: Im Visier der Nationalsozialisten. Versuchte Einflussnahme des Auswärtigen Amtes auf die Schweizer Kulturpolitik während des »Dritten Reichs«, in: Neue Zürcher Zeitung, 10. 11. 2010.

[22] Zur Geschichte des Zürcher Schauspielhauses vgl. Amrein 2004 (wie Anm. 8), S. 383–543.

Theaters. Rieser sah sich nun in Anspielung auf seine jüdische Herkunft mit dem Vorwurf konfrontiert, als geschäftstüchtiger Kaufmann der Leitung einer schweizerischen Bühne nicht gewachsen zu sein. Die Konflikte eskalierten, als das Schauspielhaus mit der Uraufführung von Ferdinand Bruckners Schauspiel *Die Rassen* (1933) und Friedrich Wolfs Drama *Professor Mannheim* (1934) zwei Stücke zeigte, die die nationalsozialistische Rassenpolitik in ihrer tödlichen Konsequenz vergegenwärtigten. Nach krawallartigen Tumulten rund um die Aufführungen rief Eduard Korrodi in der Neuen Zürcher Zeitung die Emigranten ausdrücklich zu *Mehr Takt!* auf, so die Überschrift seines Artikels. Das »taktlose Hervortreten politischer Emigranten in unserm Lande« machte er dabei ausdrücklich fest an der Darstellung des »von außen herangetragenen [...] spezifisch-deutschen Konfliktstoffs der Judenfrage«.[23] Korrodis Aufruf war dabei auch gegen Erika Mann und ihr Cabaret *Die Pfeffermühle* gerichtet, das gleichzeitig im Zürcher Niederdorf spielte. Als regelmäßiger Besucher des Schauspielhauses und auch als besorgter Vater hielt Thomas Mann die Ereignisse in seinen Tagebüchern fest, wobei er eingehend insbesondere die Veranstaltungen der Pfeffermühle kommentierte.[24] Die Krawalle hatten zur Folge, dass die Bundesanwaltschaft das Theatergeschehen in Zürich observierte, rechtlich jedoch gab es kaum Möglichkeiten, die Veranstaltungen zu verbieten. Folgenlos aber blieben die Auseinandersetzungen nicht. Erika Mann beispielsweise erhielt immer seltener Bewilligungen für Gastspiele in der Schweiz. Davos etwa wies die Bewilligung für ein Gastspiel mit der Begründung zurück, man schulde »der Familie Thomas Mann keine besondere Dankespflicht [...], da dessen ›Zauberberg‹ durch die darin enthaltene tendenziöse Schilderung des Kurlebens zweifellos eine Schädigung des Kurortes zur Folge gehabt habe«.[25]

Ferdinand Rieser konnte sich vorerst halten. Doch als 1937 in Zürich die Vorbereitungen zur Schweizerischen Landesausstellung begannen, kam es erneut zu Konflikten, die schließlich zu seinem Rücktritt führten. Ausschlaggebend war, dass die Bundesrat Philipp Etter unterstellte künstlerische Leitung der Landesausstellung den Aufbau eines Theaters beschloss, das ausschließlich mit Schweizer Schauspielern und Dramatikern arbeiten sollte und mittelfristig auf die Etablierung einer schweizerischen Nationalbühne zielte. Von einer Beteiligung an diesem Theater war das Schauspielhaus explizit ausgeschlossen. Finanziell in die Ecke gedrängt und politisch als unerwünscht abgetan, entschloss sich Rieser 1938 zum Verkauf der Bühne. Als Schweizer Jude fühlte er sich in

---

[23] Eduard Korrodi: Mehr Takt!, in: Neue Zürcher Zeitung, 19.11.1934.

[24] Vgl. Amrein 2008 (wie Anm. 4), S. 121–123.

[25] Deutsche Gesandtschaft Bern an das Auswärtige Amt Berlin, 4.1.1935 (Politisches Archiv des Auswärtigen Amtes Berlin).

Zürich nach dem Anschluss Österreichs nicht mehr sicher und emigrierte zur selben Zeit wie Thomas Mann in die USA. Mit dem Rückzug Riesers stand das Emigrantentheater überhaupt zur Diskussion. In dieser Situation spekulierte das Propagandaministerium selbst auf die Übernahme der Bühne. In der Öffentlichkeit wurde davon gesprochen, Genaueres aber war nicht zu erfahren.

Interessanterweise sind es nun genau die Akten zu Thomas Mann, die hier weiter helfen und zeigen, dass Goebbels selbst Instruktionen zur Übernahme und damit zur Gleichschaltung der Pfauenbühne gab. Schon unmittelbar nach dem Bekanntwerden von Riesers Rücktritt ließ der Propagandaminister das Konsulat in Zürich wissen: »Ich sehe den Entwicklungen der Schauspielhausangelegenheit mit grösstem Interesse entgegen und bitte, mich auf dem laufenden zu halten.«[26] Wiederum war es Ernst Kühnly, der in dieser Sache agierte. Im Auftrag der Reichstheaterkammer sollte Opernintendant Schmid-Bloss die Leitung der Pfauenbühne übernehmen, was sich in der Öffentlichkeit insofern legitimieren ließ, als die Pfauenbühne vor Riesers Zeit noch vom Stadttheater bespielt worden war. Im selben Bericht, in dem Kühnly über seinen Besuch der Junifestspiele 1938 informierte, hielt er fest:

Schmidt-Bloss bemüht sich mit aller Energie, auch das Züricher Schauspielhaus unter seinen Einfluss zu bekommen. Er glaubt, Aussicht auf Erfolg zu haben, vor allem dann, wenn er im gleichen Masse wie für das Stadttheater deutsche Gäste verpflichten kann. Ich gab ihm diese Zusage selbstverständlich, wobei ich natürlich betonte, dass keinerlei Emigranten dann im Ensemble beschäftigt sein dürfen.[27]

Die Pläne scheiterten. Dem Stadttheater fehlte das Geld für eine Zweitbühne, und außerdem, so Schmid-Bloss in einem Bericht an das Deutsche Konsulat in Zürich, hätte er »den bestimmten Eindruck, dass das Hauptinteresse des überwiegend sozialistischen Stadtrates dahin gehe, zu verhindern, dass das Schauspielhaus unmittelbar oder mittelbar in die Hände eines deutschen Konsortiums komme«.[28] Gleichzeitig informierte er das Konsulat darüber, dass sich ein neuer Interessentenkreis für das Schauspielhaus formiert hätte. »Dieser Kreis«, so Schmid-Bloss, »sei wohl überwiegend sozialistisch. An der Spitze stünden der Oberrichter Dr. Hermann Balsiger, Sozialdemokrat und Präsident der städtischen Literaturkommission, und der Sozialist Dr. Oprecht. Der Inhaber des bekannten hiesigen Verlags Oprecht und Helbling, der in grossem Umfang Emigrantenliteratur verlegt, u. a. Werke von Thomas Mann.« Komme es zu einem Vertragsabschluss mit diesem Kreis, so dürfte »im Betrieb des

---

[26] Der Reichsminister für Volksaufklärung und Propaganda an das Deutsche Generalkonsulat in Zürich, 6. 4. 1938 (Politisches Archiv des Auswärtigen Amtes Berlin).

[27] Ernst Kühnly: Reisebericht Zürich und Basel, 22. 6. 1938 (Bundesarchiv Berlin: R 56 I/48).

[28] Deutsches Generalkonsulat Zürich an das Reichsministerium für Volksaufklärung und Propaganda, 16. 5. 1938 (Politisches Archiv des Auswärtigen Amtes Berlin).

Schauspielhauses ungefähr die bisherige Riesersche Richtung« beibehalten, allenfalls »die schweizerische Note etwas stärker betont werden«.[29]

Aus dem genannten Kreis ging im Juni 1938 die Gründung der Neuen Schauspiel AG hervor, die die Trägerschaft für das Schauspielhaus mit finanzieller Beteiligung der Stadt Zürich übernahm. Verwaltungsratsdirektor wurde Emil Oprecht, künstlerischer Direktor Oskar Wälterlin, mit dem die Neue Schauspiel AG der Forderung nach einer Verschweizerung des Theaters nachkam, gleichzeitig aber die Verträge mit den Emigrantinnen und Emigranten beibehielt und auch neue Kräfte engagierte, so die damals erst 18-jährige Maria Becker.[30] Das Deutsche Konsulat taxierte diese Lösung als Kompromiss, doch sei immerhin davon auszugehen, dass »gehässige Tendenzstücke«[31] auf dem Spielplan künftig nicht mehr zu finden wären. Goebbels seinerseits stellte sich wütend gegen die neue Trägerschaft der Bühne und sperrte das Schauspielhaus bis auf weiteres für deutsche Künstler. Das Konsulat in Zürich suchte ihn umzustimmen und warnte vor einer fatalen Politisierung der vorerst noch unentschieden operierenden Bühne. Denn indem an die Stelle Riesers jetzt Wälterlin getreten wäre, sei »nunmehr [...] wenigstens in dieser Beziehung der jüdische Einfluss beseitigt. [...] Stücke, die irgendwie als hetzerisch angesehen werden könnten, hat das Schauspielhaus bisher nicht aufgeführt«.[32]

Dass das Propagandaministerium nur verdeckt gegen Thomas Mann vorging und zuletzt auch einen offenen Konflikt in Sachen Schauspielhaus vermied, ist symptomatisch für die seit Mitte der 1930er Jahre aktiv betriebene kulturelle Außenpolitik, die im Rahmen einer Heim-ins-Reich-Politik den Anschluss der Schweiz an Deutschland vorbereiten sollte. Das Deutsche Konsulat in Zürich wies das Auswärtige Amt in Berlin entsprechend darauf hin,

dass die gegenwärtigen hiesigen Verhältnisse es geboten erscheinen lassen, in unserer kulturellen Werbung alles zu vermeiden, was als amtliche Propaganda gedeutet werden könnte. Wir werden versuchen müssen, durch hochwertige geistige und künstlerische Leistungen den Entfremdungsprozess zum Stillstand zu bringen.[33]

Als Veranstaltungen, denen »eine besondere Werbekraft innewohnt«, weil sie sich der privaten Initiative und »nicht so sehr der amtlich abgestempelten Kulturpropaganda verdanken«, und sich zur Intensivierung der kulturellen

---

[29] Ebd.

[30] Zur Verschweizerung des Schauspielhauses vgl. Amrein 2004 (wie Anm. 8), S. 495, 509–521.

[31] Deutsches Generalkonsulat Zürich an das Reichsministerium für Volksaufklärung und Propaganda, Entwurf, Juli 1938 (Politisches Archiv des Auswärtigen Amtes Berlin).

[32] Deutsches Generalkonsulat Zürich an das Auswärtige Amt, 16.12.1938 (Politisches Archiv des Auswärtigen Amtes Berlin).

[33] Deutsches Generalkonsulat Zürich an die deutsche Gesandtschaft in Bern, 14.12.1937 (Politisches Archiv des Auswärtigen Amtes Berlin).

Austauschbeziehungen deshalb besonders eigneten, wurden Kongresse, die Organisation von Lesungen, Konzertveranstaltungen sowie Ausstellungen im Bereich der bildenden Kunst genannt.[34]

Die Schweiz reagierte zunehmend sensibler auf solche Grenzüberschreitungen. Die Deutsche Gesandtschaft in Bern beklagte sich beim Auswärtigen Amt in Berlin denn auch über entsprechende Erfahrungen. 1937 konstatierte sie, in Reaktion auf die »Hetze gegen die angeblich politischen und kulturellen Eroberungsgelüste« Deutschlands sei »eine ›Angstpsychose‹ entstanden, für die die Schweizer selbst das Schlagwort geistige Landesverteidigung geprägt« hätten. Die kulturelle Verbundenheit mit Deutschland stehe dadurch in Gefahr, und die Schweiz müsste sich selbst ernsthaft überlegen, ob sie sich mit dieser Abkapselung eine »Provinzialisierung des Geisteslebens« einhandeln wolle. Dieser Abwendung von Deutschland sei unbedingt entgegenzuwirken, zumal sich in der Schweiz jetzt die Meinung durchsetze, die »wahre deutsche Kultur [sei] nurmehr im Kreis um Thomas Mann zu finden, dies gelte auch für die Neue Zürcher Zeitung«.[35]

Thomas Mann als Symbolfigur des ›anderen‹ Deutschland

Ganz offensichtlich steht auch dieses Schreiben in Zusammenhang mit Thomas Manns Vortrag, der am 18. November 1937 in der Neuen Zürcher Zeitung eine positive Besprechung erfahren hatte. Der zitierte Bericht verdeutlicht den kulturpolitischen brisanten Kontext des Wagner-Vortrags, der die Nationalsozialisten an einer empfindlichen Stelle ihrer Repräsentations- und Expansionspolitik treffen musste. Denn mit der Rede stand nicht allein Richard Wagner als Repräsentant der deutschen Kultur zur Diskussion, sondern in der Person von Thomas Mann auch eine Symbolfigur des exilierten ›anderen‹ Deutschlands, die in der Schweiz auf kaum kontrollierbare Weise die Haltung gegenüber dem Dritten Reich mit zu beeinflussen vermochte. Schon unmittelbar nach seiner Übersiedlung in die Schweiz hatten die Nationalsozialisten nach einem Anlass gesucht, den prominenten Autor auch im Ausland, insbesondere in der Schweiz, unmöglich zu machen. Man hatte versucht, ihn als Kommunisten zu verunglimpfen, doch erst seine Stellungnahme für die Emigration, zu der ihn Eduard Korrodi provoziert hatte, brachte eine Wende. Nachdem Thomas Mann in seinem Offenen Brief erklärt hatte, »[m]an ist nicht deutsch, indem man völkisch ist«,[36] drängte Ernst von Weizsäcker als deutscher Gesandter in

---

[34] Ebd.
[35] Ebd.
[36] Ein Brief von Thomas Mann (wie Anm. 6), S. 196; ebenfalls XI, 792.

Bern darauf, ein Ausbürgerungsverfahren gegen Thomas Mann einzuleiten.[37] Das Auswärtige Amt nahm diesen Antrag zustimmend auf und hielt in seiner Stellungnahme fest, Thomas Manns »Beschimpfung und Verächtlichmachung des Deutschtums [könne] in ihrer stilistisch formvollendeten Umkleidung nicht gemeiner gedacht werden«; gerade weil er von der ausländischen Presse zum »grössten lebenden deutschen Dichter« erklärt werde, sei es jetzt unabdingbar, ihm die deutsche Staatsbürgerschaft abzusprechen.[38] Verfasst war dieses Schreiben von Reinhard Heydrich, der Thomas Mann schon 1933 nach Dachau bringen wollte.

Für Thomas Mann selbst hatte sich seine Stellung gegenüber Deutschland mit dem Bekenntnis zum Exil geklärt. In der Folge engagierte er sich offen für eine das ›andere‹ und ›bessere‹ Deutschland repräsentierende Exilliteratur. 1937 übernahm er zusammen mit Konrad Falke die Herausgeberschaft der Exilzeitschrift Maß und Wert, die bei Emil Oprecht erschien. Die Zeitschrift verstand sich, so Thomas Mann in seiner programmatischen Einleitung, als

Plattform […], um dem deutschen Geist, dessen heute in seiner Heimat von unberufenen Wortführern verleugnete Tradition eine unveräußerlich europäische und humane ist, eine Stätte zu schaffen, wo er frei und rückhaltlos dieser seiner wahrhaften Tradition nachleben und in Gemeinschaft mit den Brüdern anderer Nationen zum Wort und zum Werk gelangen mag. (XII, 812)

Auf September 1937 datiert, erschien die erste Ausgabe schon Ende Juli und fand in der Neuen Zürcher Zeitung eine grundsätzlich zustimmende Erwähnung. Und wiederum provozierte dies den Protest der Deutschen Gesandtschaft, die nach dem Ausbürgerungsverfahren jetzt auch auf eine Ausweisung des Nobelpreisträgers aus der Schweiz drängte. Das politische Departement, heute das Eidgenössische Departement für auswärtige Angelegenheiten, unter Bundesrat Giuseppe Motta prüfte laut Gesandtschaft den Antrag, wollte vorerst aber noch weitere Nummern der neuen Exilzeitschrift abwarten, um nicht vorschnell innenpolitische Konflikte hervorzurufen.[39]

[37] Deutsche Gesandtschaft Bern an das Auswärtige Amt, 5.2.1936, gez. Dankwart (Politisches Archiv des Auswärtigen Amtes Berlin); Deutsche Gesandtschaft Bern an das Auswärtige Amt, 6.5.1936, gez. Ernst von Weizsäcker (Politisches Archiv des Auswärtigen Amtes Berlin). – In seiner Funktion als Deutscher Gesandter in Bern hatte Ernst von Weizsäcker das Auswärtige Amt in Berlin seit 1933 regelmäßig über die Aktivitäten der Familie Mann in der Schweiz sowie Ferdinand Riesers Schauspielhaus informiert (vgl. Amrein 2004 [wie Anm. 8], S. 404–455).

[38] Preußische Geheime Staatspolizei an den Herrn Reichs- und Preußischen Minister des Innern in Berlin. Betr. Aberkennung der deutschen Reichsangehörigkeit des Schriftstellers Thomas Mann, geboren am 6.6.1875 in Lübeck, 25.3.1936, gez. Heydrich (Politisches Archiv des Auswärtigen Amtes Berlin).

[39] Vgl. Deutsche Gesandtschaft Bern an das Auswärtige Amt Berlin, 24.8.1937 (Politisches Archiv des Auswärtigen Amtes Berlin).

»*Deutscher Geist war ihm alles, deutscher Staat nichts.*« –
Thomas Mann über Richard Wagner 1937

Hält man sich nun die Tatsache vor Augen, dass Thomas Mann seinen Wagner-Vortrag genau zu jenem Zeitpunkt hielt, als die Nationalsozialisten seine
Ausweisung aus der Schweiz verlangten und seine Akte vom Bundesrat geprüft
wurde, dann erst lässt sich die Brisanz seines Zürcher Auftritts im November
1937 ermessen. Ob und inwieweit Thomas Mann selbst über das Ausmaß an
diplomatischen Verstrickungen und die Intrigen informiert war, ist kaum noch
auszumachen. Hatte er effektiv nichts gewusst oder sich wohlweislich ausge-
schwiegen? Kannte er die Hintergründe, die zur Verlegung seines Vortrags
vom Stadttheater an die Universität führten?

Im Vorfeld seines Auftritts sorgte sich Thomas Mann vor allem darum, ob
er mit der neuen Zahnprothese überhaupt werde sprechen können, bereitete
sich mit »Haarschneiden und Maniküre« (Tb, 15. 11. 1937) sowie »Smoking-
Toilette« (Tb, 16. 11. 1937) standesgemäß auf den Abend vor:

Nach 7 Uhr Imbiß mit Kaviar und etwas Rotwein. Dann mit K., Golo und Medi zur
Universität (nach irrtümlichem Betreten der Technischen Hochschule). Die Aula, trotz
der gleichzeitigen Veranstaltungen ausverkauft. Im Wartezimmer mit Oprechts und
Vorstandspersonen. Große Begrüßung im Saal. Angenehmes Podium, gute Verfassung.
Große Aufmerksamkeit und Zufriedenheitskundgebung am Schluß. Gegen das Ende,
im Affekt, schlimmer Moment mit der Prothese, vorübergehend. Im Zimmer nachher
Danksagungen und Beglückwünschungen. (Ebd.)

Die offensichtlich gut gelaunte Gesellschaft traf sich danach zur »Geselligkeit
im Oberstock des ›Pfauens‹« [Schauspielhaus, U. A.], anwesend waren Schmid-
Bloss, der »Direktor des Stadttheaters und Frau«, auch »die Giehse« war da,
es herrschte »[z]ufriedene Stimmung«, man verpflegte sich mit »Omelette und
Glühwein« (ebd.). Von einer Missstimmung zwischen Thomas Mann und dem
anwesenden Theaterdirektor Schmid-Bloss, der gegen den Vortrag intrigiert
hatte, ist nichts erkennbar. Vier Tage später, am 20. November, besuchte Thomas Mann die *Rheingold*-Aufführung am Stadttheater, die er als »etwas tro-
cken und poesielos« erlebte (Tb, 20. 11. 1937). Am darauf folgenden Tag sah
er sich die *Walküre* an: »Dieselbe Loge wie gestern. [...] Bequemer Genuß
[...]. Keine große Aufführung, große Eindrücke dessen ungeachtet«, die Inszenierung empfand er als »unzeitgemäß«, und dennoch zu »Tränen bewegt
von Wotan und Brünnhild« (Tb, 21. 11. 1937). Auch hier und später keine Spur
von Argwohn. Einzig im Vorfeld seines Vortrags – die Arbeit beschrieb er als
ermüdend, quälend, deprimierend, geplagt von einer Bronchitis, Föhn und
dann Nebel – ärgerte er sich über die Ansetzung einer Wagner-Matinee am
Stadttheater. Mehr aber ist nicht zu erfahren.

Der exquisite gesellschaftliche Rahmen hob Thomas Manns Wagner-Vortrag deutlich von den kämpferischen Exilveranstaltungen ab. Der Redner zeigte sich integriert in eine kulturelle Elite, die Deutschland gegenüber unterschiedliche Positionen einnahm, sich indes nicht immer so distanziert verhielt wie nachträglich behauptet. Er selbst jedoch verortete sich mit seiner Rede unmissverständlich in der Geschichte des Exils und vertrat eine Haltung, wie er sie im Vorwort zu Maß und Wert programmatisch ausformuliert hatte, als er die Kunst als Gedächtnis des Humanen beschrieben und sie zur Trägerin des Widerstands gegen die nationalsozialistische Barbarei erklärt hatte. Auch vermochte er mit seiner Rede Akzente zu setzen, die ein Jahr später den Kurs der Pfauenbühne unter der neuen Leitung von Emil Oprecht und Oskar Wälterlin bestimmen sollten.[40] Nicht die offene Thematisierung, vielmehr die versteckte Kommentierung kennzeichnet den Duktus seines Vortrags. In der Wortwahl verzichtete er auf ein politisches Vokabular, richtet sich aber darin gegen die Nationalsozialisten, indem er die ungebrochene Kontinuität des eigenen intellektuellen und künstlerischen Schaffens behauptet. Ausdrücklich parallelisiert er seine beiden Wagner-Vorträge. In der Aula der Universität Zürich bezog er sich gleich zu Beginn auf den »Vortrag über Richard Wagner, mit dem [er], vor nun bald fünf Jahren, im Auditorium maximum der Münchner Universität, ohne es zu wissen oder zu ahnen, von Deutschland Abschied nahm [...]« (IX, 502). Diese institutionell und topographisch begründete Überblendung lässt den Zürcher Vortrag als Wiederholung des Münchner Vortrags und gleichzeitig auch als Kommentar dazu erscheinen. Damals hätte er, so Thomas Mann, von seiner »Passion für Wagners zaubervolles Werk« gesprochen und noch heute halte er an einer »Bewunderung [fest], die durch keine Skepsis, auch durch keinen feindseligen Mißbrauch, zu dem ihr großer Gegenstand etwa die Handhabe bietet, je im geringsten hat beeinträchtigt oder auch nur berührt werden können: Glücklicherweise!« (IX, 502). Das ist verhüllt und doch dezidiert gesprochen. Unverrückbar hält er an seinen Ausführungen von 1933 fest, indem er mit dem Hinweis auf seine »Passion für Wagners zaubervolles Werk« eine Schlüsselpassage aus dem Münchner Vortrag in der Zürcher Einleitung wörtlich zitierend aufnimmt (vgl. IX, 373). In der Folge arbeitete er Wagners revolutionären Charakter sowohl im Musikalischen als auch Politischen heraus, skizzierte dessen Beziehung zum urgermanischen Mythos, wobei es unschwer wäre, »im heutigen deutschen Staats- und Gesellschaftsexperiment ein solches mythisches Surrogat zu erkennen« (IX, 526). Doch, so Thomas Manns Richtigstellung und unüberhörbare Kritik:

---

[40] Vgl. Amrein 2004 (wie Anm. 8), S. 451, 526–528.

Der Schöpfer des ›Ringes‹ ist mit seiner vergangenheits- und zukunftstrunkenen Kunst aus dem Zeitalter bürgerlicher Bildung nicht herausgetreten, um eine geistmörderische Staatstotalität dafür einzutauschen. Deutscher Geist war ihm alles, deutscher Staat nichts [...]. (IX, 527)

Wie seinen Tagebuchnotizen zu entnehmen ist, bereitete ihm die Arbeit an diesem Schluss größte Mühe. Er überarbeitete ihn mehrfach und schrieb ihn noch in letzter Minute um. Eine Woche vor dem Vortrag sah er die gedruckte Einladung, die den Anlass als »Abendfeier« ankündigte (Tb, 9. 11. 1937). Im Anschluss daran hielt er zur »Korrektur und Durcharbeitung der Maschinen-abschrift des Vortrags« fest: »Einige Kürzungen, Milderungen zur Schonung der Feststimmung« (Tb, 14. 11. 1937). Und unmittelbar vor der Rede: »Ein-richtungen am Vortrags-Manuskript [...]. Neue Sorgen wegen des Schlußteils des ›Wagner‹. Zusammenziehung, Milderung neu entstandener Schärfen. [...] Müde, abgemattete Nerven, verstimmt und gepeinigt« (Tb, 15. 11. 1937). – »Kla-res, sonniges Wetter« (Tb, 16. 11. 1937), ist dann im nächsten Eintrag zu lesen, der den Vortragsabend bereits resümierend festhält und eine offensichtliche Erleichterung zum Ausdruck bringt.

Wie sich die verschiedenen Schlussfassungen unterscheiden und was genau den Ausschlag für die definitive Formulierung gab, ist aufgrund der Über-lieferungslage nicht rekonstruierbar. Was sich aber feststellen lässt, ist, dass Thomas Mann im maschinenschriftlichen Vortragsmanuskript zum Schluss noch eine handschriftliche Änderung vornahm, die durchaus signifikant ist: Er strich das Wort »Nationalsozialismus« aus seiner Kritik an der aktuellen Wagner-Interpretation in Deutschland.[41] Was ihn dazu bewog, darüber lässt sich nur spekulieren. Suchte er den Tonfall zu mildern? Dafür spricht eine No-tiz im Tagebuch, festgehalten am 13. November, unmittelbar nach Abschluss des Vortrags: »*Beendete* in Gottes Namen den Vortrag ›Richard Wagner u. der Ring des Nibelungen‹. – Choquiert von der groß aufgemachten Wieder-gabe meines in äußerst scharfen Ausdrücken abgefaßten Briefes an das Pariser Comité für Freiheit und Gerechtigkeit in Deutschland in der [Basler, U. A.] Nationalzeitung. Besorge störende Folgen.« (Tb, 13. 11. 1937). Dass seine Posi-tion in der Schweiz eine heikle war, Skepsis und Vorsicht mithin sehr wohl angebracht, das belegen die zitierten Dokumente und verdeckten Aktivitäten der Nationalsozialisten im Umfeld des Vortrags. Dass Thomas Mann das Reiz-wort »Nationalsozialismus« mied und stattdessen allgemeiner vom »heutigen deutschen Gesellschaftsexperiment«[42] sprach, kann aber auch dem festlichen Anlass geschuldet sein, ohne dass er seine politische Haltung damit jedoch ver-

---

[41] Vortragstyposkript (TMA, Mp III 33a braun).
[42] Ebd.

leugnet hätte. Es ist denn auch bezeichnend, dass die Deutsche Gesandtschaft in ihrem bereits zitierten Bericht nach Berlin die »Bemerkung am Schluss, die dahinging, dass die Deutung des Werkes Richard Wagners, die man ihm jetzt in Deutschland zu geben suche, der wahren Idee seines Schöpfers nicht entspreche« als »politische Ausführung« wertete.[43] Thomas Mann wies nicht allein die Vereinnahmung Wagners durch Hitler zurück, sondern hielt selbst an seinem durchaus ambivalenten Bild Wagners fest. Er ließ sich von den Nationalsozialisten nicht in eine Gegnerschaft zu Wagner drängen, unterlag nicht dem Zwang zu einer Vereindeutigung, hielt vielmehr an jener produktiven Spannung fest, die sich ihm bei jeder Begegnung mit Wagner manifestierte. Als er unmittelbar vor seinem Vortrag das Richard Wagner Museum in Tribschen bei Luzern besuchte, ärgerte er sich maßlos über den dort versammelten Hitler-Kitsch (vgl. Tb, 13. 10. 1937). Und als er am Zürcher Stadttheater die oben erwähnte Premiere zur *Walküre* besuchte, ließ ihn die Inszenierung kalt, und doch war er zu Tränen gerührt, weil sich ihm hier das 19. Jahrhundert in seiner ganzen Ambivalenz offenbarte. Eine Form des Widerstands mochte aber auch darin liegen, sich »endlich das Recht« zu »Freiheit und Heiterkeit« zu nehmen (Tb, 13. 11. 1937).

Thomas Mann veröffentlichte den Vortrag Anfang 1938 im dritten Heft seiner Exilzeitschrift Maß und Wert, begab sich auf die längst geplante Vortragsreise nach Amerika und beschloss noch im selben Jahr, die Schweiz zu verlassen. Nachdem er am Schauspielhaus mehrfach aus seinen Werken gelesen hatte, verabschiedete er sich am 13. September 1938 auf der Pfauenbühne, die nun neu der Leitung von Oskar Wälterlin unterstand, mit einer Lesung aus *Lotte in Weimar*. 1952 kehrte er definitiv nach Europa zurück, wobei er ausdrücklich in der Schweiz und nicht in Deutschland Wohnsitz nahm. Und wiederum entzündete sich an seiner Person eine Kontroverse, die deutlich macht, wie unerwünscht die Remigration im Deutschland der Nachkriegszeit war. 1946 hatte sich Thomas Mann nochmals zu seinem Zürcher Vortrag geäußert und bezeichnenderweise festgehalten:

Über Wagner habe ich sogar zweimal geschrieben. Der Zürcher Vortrag über den ›Ring‹, bei dem ich durchaus zum Positiven angehalten war, ist mir vielleicht sogar lieber als der allzu ›psychologistische‹ erste. (Br II, 481)

---

[43] Deutsches Generalkonsulat Zürich an das Auswärtige Amt, 25. 11. 1937 (Politisches Archiv des Auswärtigen Amtes Berlin). – Das Zürcher Publikum schien dafür weniger empfänglich. Die Neue Zürcher Zeitung etwa überging diese Passage, konzentrierte sich auf eine Beschreibung der Beziehung von Thomas Mann zu Wagner, die unter Ausblendung jeglicher Anspielungen auf die Gegenwart effektiv einer Verharmlosung und Verkennung dessen gleichkam, was in der Intention des Redners lag.

Michael Maar

Proust, Wagner, Mann

Am 18. Mai 1922 kam es zu einem denkwürdigen Gipfeltreffen in der Geschichte der modernen Kunst. Im Hotel Majestic in Paris trafen sich nach einer Ballettpremiere unter anderem Strawinsky, Picasso, Proust und James Joyce. Der Abend war ein Desaster. Schon beim Eintritt Prousts rauschte eine Prinzessin aus dem Saal, weil Proust sie in seinem letzten Buch karikiert hatte. Proust, bleich wie der Abendmond, wurde neben Strawinsky gesetzt und schwärmte ihm von Beethoven vor. Strawinsky hasste Beethoven und war beleidigt. Joyce sagte kein Wort oder wenn, dann war es ›No‹. Schließlich schlief er bei Tisch ein und erwachte mit einem lauten Schnarchen – zumindest hoffte man, es sei ein Schnarchen gewesen. Die Gäste hatten sich nichts zu sagen und man verabschiedete sich früh. Auf der Rückfahrt im Taxi machte Joyce das Fenster auf. Proust, der Asthmatiker, bekam von der Zugluft fast einen Anfall.

Wenn die großen Geister aufeinandertreffen, müssen nicht immer Funken sprühen. Wie sieht es nun aber mit der Konstellation Proust, Wagner, Mann aus? Wir wollen es einmal ausprobieren: Thomas Mann, Richard Wagner, Marcel Proust – was verbindet sie? Wie standen sie jeweils zueinander? Die Kombinationsmöglichkeiten sind jedoch dadurch reduziert, dass Wagner sich durch seinen Tod in Venedig vorzeitig aus dem Spiel entfernt hat. Er hat angeregt, aber nicht mehr mitgemischt.

Kannte Proust Richard Wagner? – Nicht persönlich. Im Jahr von Wagners Tod 1883 war der junge Marcel gerade ins Lycée Condorcet eingetreten und hatte sich dort eng an Jacques Bizet angeschlossen, den Sohn des *Carmen*-Schöpfers, den Nietzsche so genüsslich gegen den dekadenten Weihrauchstreuer Wagner ausgespielt hatte. Trotz der Bizet-Bekanntschaft verfiel Proust, wie wir sehen werden, Wagner schon früh. Schon Nietzsche hatte ja über ihn geklagt: »Ah, dieser alte Räuber! Er raubt uns die Jünglinge, er raubt uns die Frauen und schleppt sie in seine Höhle … Ah, dieser Minotaurus!«[1]

Kannte Proust Thomas Mann? Leider hat er den Autor des 1913 in Frankreich publizierten *Mort à Venise* allen biographischen Quellen zufolge nicht zur Kenntnis genommen. Proust hatte andere Sorgen, nämlich den eigenen Tod in Paris, dem er unbedingt mit dem letzten Wort – mit dem Wort ›Fin‹ – in seinem Manuskript zuvorkommen musste, was ihm dann ja auch gelang.

---

[1] Friedrich Nietzsche: Der Fall Wagner, in: Sämtliche Werke. Kritische Studienausgabe, hrsg. von Giorgio Colli und Mazzino Montanori, München: dtv 1980, Bd. 6, S. 45.

Wie sah es umgekehrt aus? Kannte Thomas Mann Proust? Leider kannte er
den Schöpfer eines der größten Romane der Weltliteratur nur *fast* persönlich.
Anders als etwa Rilke, der schon 1914 *Du côté de chez Swann* rühmt, notiert Thomas Mann noch 1920 im Tagebuch etwas ratlos, Annette Kolb habe
ihm einen Romancier gepriesen, der »Proust o. ä.« (Tb, 28. 7. 1920) heiße. Fünf
Jahre später, als sowohl *Der Zauberberg* wie auch postum *Albertine disparue*
erschienen ist, trifft Thomas Mann den Mittelsmann, der den Kontakt hätte
schließen können, den Romanisten Ernst Robert Curtius, der mit Proust noch
kurz vor dessen Tod korrespondiert und die erste große Studie über ihn veröffentlicht hatte. Curtius war gewissermaßen Prousts Paulus und warb überall
für den Roman. Auch in der Unterredung mit Thomas Mann wird er dieser
Mission treu geblieben sein. Es ist gut möglich, dass er auch schon auf die
erstaunlichen Ähnlichkeiten – nicht zuletzt, was die Rolle der Musik betraf –
hinwies, die es zwischen den beiden großen Zeitromanen, *À la recherche du
temps perdu* und *Der Zauberberg*, gab.

Langsam, aber beharrlich jedenfalls wächst bei Thomas Mann das Interesse
für den Franzosen, mit dem verglichen zu werden ihn weitere zehn Jahre später
sogar mit leisem Stolz erfüllt. Als Thomas Mann 1935 in seinem *Josephs*-Ro-
man die Liebesnot von Potiphars Frau ausmalt, die in ihren Entbehrungsqualen
um den keuschen Joseph zur Mänade wird, notiert er beifällig den Kommentar
seines Sohnes Klaus, die Szene »habe etwas von Proust« (Br I, 397). Drei Monate später schreibt er, indem er sich die Sohnesmeinung zu eigen macht, sie
sei »psychologisch leicht von Proust beeinflußt […], der [ihn] nun auf einmal
fesselt« (Br I, 402). Gemeint ist die Psychologie des verbotenen Begehrens und
der verbotenen Leidenschaft, die sich ihre diskreten Masken und Formen zu
suchen hatten, wenn sie öffentlich unter die Leute gehen wollten. Denn weder
Klaus Mann noch seinen Vater hatte man darüber belehren müssen, dass Albertine, die Geliebte des Proust'schen Erzählers, einen männlichen Namenskern
und einen leichten Bartschatten hat.

Wie stand nun Thomas Mann zu Wagner? – Ein Thema, über das es bereits
eine Bibliotheken füllende Literatur gibt. Ich werde deshalb hier nichts Neues
berichten können. Es genügt, in Erinnerung zu rufen, dass Wagner das größte
künstlerische Ereignis in Thomas Manns Leben war, was sich vor allem in seinem großen Alterswerk *Doktor Faustus*, dem Roman der Musik schlechthin,
zeigt.

Diesmal war es nicht Klaus, sondern die Tochter Erika, die dem Vater hinter
die Briefe sah. Der Roman des deutschen Tonsetzers Adrian Leverkühn erzählt
von seinem Freunde und war ein Dokument des kühnen Modernismus. Leverkühn fing mit Schönberg an und schuf dann ein Werk des Durchbruchs, das
selbst die Neutöner weit hinter sich ließ. Von Romantik und Lohengrin'scher
blau-silberner Schönheit offenbar keine Spur. Und dennoch entging Erika –

niemand kannte das Buch besser als sie – nicht das Wagnerische. Thomas Mann protestiert zwar halbherzig im Tagebuch, das »Magische Quadrat« sei nicht Wagnerisch (Tb, 12.9.1948), was wohl stimmen mochte, doch Thomas-Mannisch war das Magische Quadrat jedenfalls auch nicht. Das Magische Quadrat und alles von Arnold Schönberg Abgeleitete war von dem Musikkritiker und Wirklichen Geheimen Rat entliehen, den Thomas Mann mit dessen Vatersnamen »Wiesengrund« (10.1, 84) im Roman verewigt hatte. Schließlich hatte Theodor Wiesengrund-Adorno sich sämtliche Kompositionen Leverkühns für ihn ausgedacht, da war ein kleines Dankeschön schon fällig. Als zusätzlichen, wenn auch etwas zweifelhaften Dank hatte Thomas Mann dem Teufel, der Leverkühn in Palestrina erscheint, Adornos Hornbrille aufgesetzt, allerdings auf ein Gesicht, das demjenigen Gustav Mahlers nachgebildet war – aber von Mahler soll hier nun nicht die Rede sein.

Adornos neunmalkluge Kompositionen waren das eine; Thomas Mann brauchte sie für den Roman der Krise der Kunst. Wofür aber sein Herz in Wirklichkeit schlug, verrät ein anderer Eintrag im Tagebuch. Da legt er abends eine Platte auf und ist von dem Gesang der Rheintöchter tief bewegt: »Traulich und treu ist's nur in der Tiefe« (Tb, 22.2.1948) – er kommentiert, allein für diese Stelle gäbe er die ganze Musik Schönbergs, Bergs, Kreneks und Leverkühns dahin.

Die Wagner-Spuren im *Doktor Faustus*, die er nicht *alle* verwischt hat, wurden denn auch nicht lange übersehen. Das heißt, ausgerechnet Adorno hatte sie übersehen und das Vorspiel zum dritten Akt der *Meistersinger* nicht erkannt, das Leverkühn, zwar ohne Titelangabe, aber ausführlich beschreibt. Leverkühn selbst hat insgeheim mehr von Wagner, als die Protagonisten uns glauben machen wollen. Gerade die Mischung aus sublimster Avantgarde und schwerfälligstem Deutschtum, die dem fiktiven Komponisten zugesprochen wird, hat Thomas Mann zum Teil wörtlich aus seinen eigenen Wagner-Schriften zitiert, wie schon Ruprecht Wimmer gezeigt hat.

Die Meistersinger, Das Rheingold, Tristan und Isolde – so gestaltet sich auch im *Faustus* Thomas Manns musikalische Welt. Noch wichtiger aber war das Spätwerk des alten Magiers. 1944 hört Thomas Mann *Parsifal* im Radio und notiert im Tagebuch: »Das Neueste geht vielleicht mehr von hier aus, als vom Tristan.« (Tb, 14.9.1944) Wagner war, gerade wegen seinem rätselhaften Spätwerk, für die Avantgarde anschlussfähig. Es war genau das, was Thomas Mann mit dem *Faustus* anstrebte und darum hatte er ihn auch genau so angekündigt. Schon im April 1943 schreibt Thomas Mann an Klaus, er verfolge einen sehr alten Plan, der aber unterdessen gewachsen sei: eine Künstler-, Musiker- und moderne Teufelsverschreibungsgeschichte. Er schildert diesen Plan weiter und endet: »Das Ganze ist sehr altdeutsch-lutherisch getönt (der Held war ursprünglich Theologe), spielt aber in dem Deutschland von gestern und heute. Es wird mein ›Parsifal‹. So war es schon 1910 gedacht [...].« (Br III, 309) Der *Faustus* ist also sein Opus magnum, sein *Parsifal*. Noch nach dessen Abschluss schreibt Thomas Mann 1949 an Emil Preetorius über den *Parsifal*: »Das Alterswerk, viel unterschätzt, ist doch eigentlich das Aller-Interessanteste.« (X, 927) Diese Worte greifen nur nochmals auf, was er bereits 1925 dazu gesagt hatte. Der *Parsifal,* hieß es da, sei in »seiner frommen Verderbtheit und ungeheuerlichen Schmerzensausdruckskraft sicher mit das Merkwürdigste, was es gibt« (23.1, 183). – *Verderbtheit* im christlichen Weihespiel?

Wie stand nun Proust zu Wagner? Wenn man im Register der 21-bändigen Briefausgabe Prousts nachschlägt, wird man unter Wagner deutlich mehr Einträge finden als etwa unter Debussy. Richard Wagner war um die Jahrhundertwende der meistgespielte Komponist Frankreichs. Proust war, wie bereits gesagt, einer seiner frühen Verehrer und hielt dem Meister auch dann noch die Treue, als sich der Wind im Tumult der französisch-deutschen Konflikte gedreht hatte und Wagner als Teutone verrufen war. Der Schöpfer des *Ring* war für Proust von Anfang an ein Vorbild für das Handwerk der Literatur. Er war kaum zwanzig, als er sich, in einem seiner ersten publizierten Aufsätze überhaupt, mit der Transposition des Wagner'schen Leitmotivs ins Schreiben befasste. Je mehr Wagner zur Legende werde, desto menschlicher finde er ihn, lässt er seinen Freund und frühen Geliebten Reynaldo Hahn wissen, der seinerseits Anti-Wagnerianer war. Wie Thomas Mann kennt Proust bald sämtliche Wagner-Opern fast auswendig. Ab 1911 hörte er sie vorwiegend zuhause über sein topmodernes Theatrophon.

Prousts Wagner-Kult, um es zusammenzufassen, war mindestens ebenso groß wie der Thomas Manns, und auch er hatte einen besonderen Favoriten. Am 1. Januar 1914 wird in der Pariser Oper *Parsifal* aufgeführt, nachdem die Rechte daran frei geworden waren – bis dahin waren Aufführungen außerhalb Bayreuths verboten. Proust besucht die Oper noch im selben Monat. *Parsifal* ist spätestens ab jetzt sein zentrales, in viele Dimensionen strahlendes musikdramatisches Werk.

Parsifal wird zwar in der *Recherche* nur zweimal ausdrücklich genannt, aber wie Thomas Mann hat auch Proust seine Spuren verwischt. In den sogenannten *Esquisses*, den Vorstudien des Romans, ist Wagners Weihefestspiel noch unverhüllt das Vorbild der Vinteuil'schen Musik. Vinteuil ist der Komponist des Romanzyklus, der die gesamte Musik vertritt; ebenso steht Elstir für die Malerei und Bergotte für die Literatur ein. Vinteuil ist also heimlicher Wagnerianer – immerhin. Wagners *Parsifal* ist aber nicht nur für ihn und seine Musik das Vorbild, sondern auch für den Ich-Erzähler Marcel selbst, der reine Tor und ahnungslose Held der Quest, der ein Nachfahre des Parsifals sein soll; oder für den im Männerbordell bis aufs Blut gegeißelte Baron de Charlus, der Amfortas-Qualen leiden soll. So wollten es zumindest manche Forscher sehen, wie sie auch bei Thomas Mann Amfortas in dem an seiner syphilitischen Wunde leidenden Leverkühn sahen. Die Wagner-geneigte Exegese geht in ihren Spekulationen noch weiter. Weist denn nicht der Name »Guermantes« auf die mittelalterliche Wurzel *Gurnemanz* zurück? Und waren die verführerischen »jeunes filles en fleurs« etwa mit den Blumenmädchen aus dem Garten Klingsors verwandt? Letzteres kann der Proust-Biograph Tadié glaubwürdig belegen. Die Quellenlage macht zudem vieles klar, sogar, dass die berühmte Wagner'sche Sentenz »Zum Raum wird hier die Zeit« die Vorlage für Prousts Konzept zu *À la recherche du temps perdu* war.

Es ist darum kein Zufall, dass nicht nur Thomas Mann, sondern auch Proust sein Hauptwerk mit dem *Parsifal* verglich. Er tat es zunächst in Abwehr einer verständnislosen Kritik. Wie könne man nach dem ersten Band schon beurteilen, welche Erkenntnisse noch auf seinen Helden warteten? Ganz bewusst habe er, Proust, seinen Erzähler im ersten Band noch ahnungslos herumirren lassen. Daraus Schlüsse zu ziehen, sei nicht besser, als wenn man nach dem ersten Akt des *Parsifals* den Schluss zöge, die Reinheit des Herzens führe ja doch zu nichts.

Parsifals Reinheit des Herzens oder Kundry, die als Strafe für ihr Lachen über den leidenden Erlöser wie die ewige Jüdin durch die Jahrhunderte irrt, der heilige Gral, die heiligen Speere – was war das nun mit dem Bühnenweihespiel, mit Monstranzenthüllung, mit Taufe und Abendmahl? Proust und Thomas Mann – waren sie beide katholisch geworden?

Nun, Thomas Mann war kein Katholik, auch wenn es ihn im hohen Alter bewegte, als ihn der Papst zu einer Audienz empfing und er den Fischerring küssen durfte. Thomas Mann war – obwohl Agnostiker – ein Erzprotestant. Das schloss nicht aus, dass er an den Teufel glaubte, der ihm seinem eigenen Zeugnis zufolge einmal persönlich erschienen war, und zwar in Palestrina – genau so, wie es dann im 25. Kapitel des *Doktor Faustus* geschieht. Aber der Teufel erschien bekanntlich schon Luther, der das berühmte Tintenfass nach ihm warf. Ein Katholik jedenfalls war der Ironiker nicht.

Und wie stand es um Marcel Prousts Glauben? Die Mutter entstammte einer jüdischen Bankiersfamilie; die Familie des Vaters war dörflich-katholisch geprägt. Proust hatte zwar viel Sinn für die Kunstwerke der Religion und verteidigte öffentlich die Kathedralen, die von der Säkularisierung bedroht waren, aber zu einem festen positiven Glaubensbekenntnis sah er sich nicht imstande. Er hat mit dem Katholizismus – nun, man könnte sagen – geflirtet. Eine heimlich geschlossene Ehe, wie es jüngst Anita Albus in der Monographie *Das Licht der Finsternis* nahelegt, war es am Ende wohl nicht.

Aber anders gefragt: Wie weit war es mit dem Katholischen im christlichen Weihespiel überhaupt her? Hatte nicht Wagner selbst das Widmungsexemplar des *Parsifals* für Nietzsche ironisch mit »Richard Wagner, Ober-Kirchenrath« unterzeichnet? So ganz ernst konnte es also der alte Poseur nicht gemeint haben. Aber welche Luft, welche Atmosphäre war es dann, die Proust wie Thomas Mann aus dem *Parsifal* sympathetisch entgegenschlug?

Es war Nietzsche, der in seiner aus Hassliebe geborenen klug-giftigen Abrechnung mit Wagner hierfür die Signale setzte. Er sagt so ganz nebenbei – und mokant natürlich auf Latein –, in seinen alten Tagen sei Wagner durchaus weiblichen Geschlechts gewesen. Und er spricht von einer schweren, schwülen Atmosphäre im Spätwerk des Ober-Kirchenrats. Richtig: Die Luft im *Parsifal* ist schwül – wobei man hier lange über den Umlaut nachdenken könnte.

Es ist weder Proust noch Thomas Mann entgangen, dass die Luft in dieser Gralsgemeinschaft und Herrengesellschaft von homophilen Schwebteilchen erfüllt ist. Man sieht sie gleichsam in den Lichtstrahlen flimmern, die schräg durch die Kirchenfenster ins Innere dieser Gralsburg fallen. Die einzige Frau in dieser verschworenen Gemeinschaft der sehr innig mit sich beschäftigten Männer ist eine hysterische Krampfhenne. Es herrscht eine schwere, ominöse Atmosphäre und immerzu kommen Speere vor, die sich ins Fleisch senken – man möchte gar nicht wissen, wie Freud alle diese Symbole gedeutet hätte.

Es dauerte denn auch nicht lange, nicht länger als bis 1903, bis auf Anregung des Sexualforschers Magnus Hirschfeld die Monographie eines gewissen Hanns Fuchs erschien, in der Wagners Homosexualität vor allem am Beispiel der Erotik im *Parsifal* erläutert wird. Oskar Panizza verfocht die gleiche These (und die Strafe war sein Ende in der Irrenanstalt bei Bayreuth). Dass Hirschfeld in seinen *Jahrbüchern für sexuelle Zwischenstufen* auch den Briefwechsel zwischen Wagner und Ludwig II. veröffentlichte – geflissentlich oder genüsslich –, verstand sich von selbst.

Weder Proust noch Thomas Mann war all das entgangen. Thomas Mann kannte Panizza aus frühen Münchner Tagen sogar persönlich. Proust wusste aus dieser Sphäre ohnehin über alles und jeden Bescheid. Es gibt eine Briefstelle, die den letzten Zweifel daran ausräumen kann. Im Jahr 1918 gibt er einer seiner Prinzessinnen in durchaus eigener Sache eine Lektion über den Stil. Durch Gleichgewicht und Gesundheit werde der Stil manchmal unfruchtbar. Das Neue entspringe oft aus dem Gegenteil: aus der Epilepsie eines Flauberts, aus der Trunksucht eines Verlaines, aus den Perversionen eines Baudelaires, Rimbauds, oder eben eines Wagners. Dies ist ein vielsagender Vergleich. Ebenfalls weiß man aus dem Tagebuch André Gides, dass Proust heftig dagegen protestiert hatte, als Gide vorsichtige Zweifel an der tatkräftig ausgelebten Homosexualität Baudelaires geäußert hatte. Es schien Proust geradezu ein Ehrenpunkt zu sein, dass Baudelaire selbstverständlich, wie es hieß, »praktiziert« habe (»… comment pouvez-vous douter qu'il pratiquât? lui, Baudelaire!«[2]). Wer mit Perversionen in eine Reihe mit dem notorischen Rimbaud und dem für

---

[2] André Gide: Journal. 1889–1939, [Paris]: Gallimard 1948, S. 629.

Proust nicht minder notorischen Baudelaire gestellt wird, der ist, in den Augen Prousts, willkommen im Club.

In den Skizzen zur *Recherche* behandelt Proust diesen Komplex noch ganz offen. Dort entdeckt der Erzähler die Homosexualität des Baron Charlus beim Hören des Karfreitagszaubers aus dem *Parsifal*. Später wird Proust etwas diskreter, aber das Thema bleibt weiterhin markiert durch den Namen Vinteuil. Denn es ist die Tochter des Komponisten und heimlichen Wagnerianers, die vom Erzähler, der auf einem Hügel einschläft und zufällig vor einem geöffneten Fenster erwacht, bei einem lesbischen Rencontre beobachtet wird. Die unglaubwürdige Motivierung der Szene weist darauf hin, wie Proust ständig zur Camouflage gezwungen ist und durch den Geschlechtertausch die eigentlich zu erzählende Geschichte zu tarnen versucht. Der etwas zu stämmige Nacken Albertines fiel allerdings schon den frühen Lesern auf.

Da war Thomas Mann in *Der Tod in Venedig* wesentlich mutiger. Bei ihm ist der göttliche Knabe Tadzio ein Knabe und eben kein Mädchen, das am Ende in den Stimmbruch kommt, wie es einer Proust'schen »jeune fille en fleur« versehentlich passiert. Und Leverkühns gefährliche Liebe gilt keiner Frau, sondern dem jungen Schwerdtfeger – auch kein Name, den man Freud hätte vorlegen dürfen. Dies alles steht wie bei Proust im Zeichen des verdeckt aus dem Orchestergraben tönenden *Parsifal*.

Neben seiner Anti-Wagner-Schrift hatte sich Nietzsche wiederum privat ganz anders über den *Parsifal* geäußert. Als er nämlich 1887 in Monte Carlo zum ersten Mal das Vorspiel des *Parsifal* hört, ist Nietzsche tief beeindruckt. An Peter Gast schreibt er »von [der] ›Höhe‹ im erschreckenden Sinne des Wortes, von einem Mitwissen und Durchschauen, das eine Seele wie mit Messern durchschneidet – und von Mitleiden mit dem, was da geschaut und gerichtet wird«.[3] Hier fällt das entscheidende Stichwort ›Mitleiden‹, mit dem die dreier Konstellation um eine weitere Person erweitert wird: Schopenhauer.

Worum ging es Wagner im *Parsifal*? Es ging ihm darum, wie er erklärte, den Kern der Religion zu retten, indem er ihre mythischen Symbole »ihrem sinnbildlichen Werthe nach erfaßt, um durch ideale Darstellung derselben die in ihnen verborgene tiefe Wahrheit erkennen zu lassen«.[4]

Und was war diese tiefe verborgene Wahrheit? Es war Schopenhauers Welt als Wille und Vorstellung. Wagner war ein Schopenhauerianer der ersten Stunde. Er war jahrzehntelang verschnupft darüber, dass der Philosoph ihm auf seine Übersendung des *Ring des Nibelungen* nicht geantwortet hatte. Dabei hatte Schopenhauer den Text sogar gelesen und annotiert – ein Glück, dass

---

[3] Friedrich Nietzsches Briefe an Peter Gast, hrsg. von Peter Gast, Leipzig: Insel 1908, S. 278.
[4] Richard Wagner: Religion und Kunst (1880), in: Gesammelte Schriften und Dichtungen, Leipzig: Fritzsch 1883, Bd. 10, S. 275.

Wagner diese Randnotizen nie zu sehen bekam. Schopenhauer war nämlich ein bisschen schockiert. Einmal schrieb er an den Rand: »Maulschellierte Moral!« Beim Zwiegesang Siegmunds und Sieglindes fällt sogar das Wort »infam«.

Trotz der ausbleibenden Antwort blieb Wagner ihm dennoch treu. Einmal Schopenhauerianer, immer Schopenhauerianer. Das gilt ebenso für Thomas Mann und für Proust, der Schopenhauer gut kannte und oft zitierte. Der ethische Kern der ganzen *Recherche* ist Schopenhauers Philosophie des Mitleids. Es gibt keine einzige Figur in der *Recherche*, auf die nicht mit dem fundamentalen Gefühl des Mitleids geblickt würde. Fundamental eben auch im philosophischen Sinn: Für Schopenhauer ist das Mitleid das Fundament jeder Ethik, oder in seinen Worten, »ganz allein [...] die wirkliche Basis aller freien Gerechtigkeit und aller ächten Menschenliebe«.[5]

Im Mitleid, dem »große[n] Mysterium der Ethik«,[6] wie Schopenhauer es nennt, fällt der Schleier der Maja, der Schleier, der das Wesen der Erscheinungswelt verbirgt, der Schleier der Täuschung, die jeden Menschen glauben lässt, er sei der Mittelpunkt der Welt. Es ist die buddhistisch-schopenhauersche Weisheit (»tat twam asi« – »Das bist du«), die sich dann zu erkennen gibt. Dieser Schleier fällt in den Momenten der Kunst, vor allem in Momenten der Musik, die Schopenhauer vor allen anderen Künsten auszeichnet und metaphysisch überhöht. Alle drei, Wagner, Mann und Proust, hatten sich diese Metaphysik zu eigen gemacht. Die Musik ist das reine Abbild des Willens, so sah es der Philosoph. Aber sie ist eben nur das Abbild, nicht der irrationale, drängende, triebhafte, verzehrende Wille selbst. In der Musik fallen die Grenzen der Individuation. Nun wird das möglich, worauf es nicht nur im *Parsifal*, sondern auch in *À la recherche du temps perdu* und im *Doktor Faustus* hinausläuft: das Prinzip der Erlösung. Allein in der Kunst und in der Kontemplation kann der tosende Wille für einen Moment ruhen. Darin waren sie sich alle einig: Schopenhauer, Wagner, Proust und Thomas Mann.

---

[5] Arthur Schopenhauer: Die beiden Grundprobleme der Ethik. Behandelt in zwei akademischen Preisschriften, Leipzig: Brockhaus 1860, S. 208.

[6] Ebd., S. 273.

Nadja Reinhard

Ästhetische Metaphysik

Heinrich von Kleists *Über das Marionettentheater*
und Thomas Manns *Mario und der Zauberer*

Das von Thomas Mann bewunderte und als meisterlich bezeichnete Werk Kleists hat ihn sein ganzes Leben über begleitet. Schon früh hat er es »mit mächtigstem Eindruck kennengelernt und im Laufe [s]eines Lebens diesen Eindruck immer wieder nachgeprüft und erneuert« (XIII, 828). Besonders beeindruckt war er von Kleists »unvergleichliche[r] Studie« (X, 637) *Über das Marionettentheater*,[1] die für ihn »ein Glanzstück ästhetischer Metaphysik« (IX, 824) darstellt. Dieser »vortreffliche [...] Aufsatz über die Marionetten« (10.1, 449), wie es dann später auch im *Doktor Faustus* in einer Diskussion über Kunst und künstlerisches Selbstverständnis zwischen Serenus Zeitblom und Adrian Leverkühn heißt,[2] ist bereits, so meine These, intertextueller Hintergrund der Novelle *Mario und der Zauberer*.

Dass *Mario und der Zauberer* noch keinem solchen Vergleich unterzogen wurde, überrascht schon angesichts des Titels sowie der in der Novelle zentralen Hypnose-Praktik, die Menschen im Rahmen einer Bühnenvorstellung als willenlose Marionetten tanzen lässt und sich so als ›Marionettentheater‹ präsentiert.[3] Der ›nette Mario‹ ist in Umkehr der Wortfolge die *Mario*nette. Aus der Kombination von Mario und seiner vom Erzähler dezidiert herausgestellten harmlos-primitiven und arglos-schüchternen Nettigkeit beziehungsweise

---

[1] Heinrich von Kleist: Über das Marionettentheater I–IV, in: Berliner Abendblätter I, hrsg. von Roland Reuss und Peter Staengle, Basel: Stroemfeld/Roter Stern 1997 (= Sämtliche Werke, Prosa, Bd. 7), Bd. 2, S. 317–332; nachfolgend zitiert als MT I–IV mit Seitenzahl.

[2] Adrian hat das *Marionettentheater* in den auf seinem Schreibtisch liegenden Schriften Kleists mit einem »roten Einlegebändchen« markiert, an dem er im Anschluss an seine Lektüre zupft. Ihm zufolge handelt der Aufsatz vom »Durchbruch«, vom »letzte[n] Kapitel von der Geschichte der Welt« (wie Adrian zitierend zusammenfasst), obwohl »nur von Ästhetischem die Rede« sei, wenn Kleist von »Anmut« und ›freie[r] Grazie‹ spreche. Zeitblom korrigiert ihn, indem er in den Begriffen nicht nur den Teilbereich des Ästhetischen als »engen und gesonderten Teilbezirk des Humanen« sieht, sondern im »allerweitesten Sinn« alles »in seiner gewinnenden oder befremdenden Wirkung«. (10.1, 449)

[3] »Die hypnotische Kraft Cipollas zielt überall auf Unterwerfung; Widerstand ist nicht möglich, auch nicht bei jenen zwanghaft Tanzenden, die als ein sonderbarer Chor von Hampelmännern die Bühne bevölkern.« (Helmut Koopmann: Führerwille und Massenstimmung. »Mario und der Zauberer«, in: Thomas Mann. Romane und Erzählungen, hrsg. von Volkmar Hansen, Stuttgart: Reclam 1993 [= Universal-Bibliothek, Nr. 8810, Interpretationen], S. 165)

im Verzicht darauf – »nicht mürrisch, aber unschmeichlerisch, ohne gewollte Liebenswürdigkeit« (VIII, 705) – ergibt sich die Marionette nicht nur als Wortspiel.[4] Marios bis unmittelbar vor dem Schluss vorherrschendes Phlegma als »schlichter Bursche« (VIII, 704) und seine berufsbedingte impulsive Dienstfertigkeit – mit denen der Erzähler später neben dem von Cipolla ausgehenden Sog »eines so im Erfolg thronenden Mannes« (VIII, 704) das Folgen Marios auf Cipollas Winken hin entschuldigt – erweisen sich als beeindruckend hohe marionettengleiche Suggestibilitätsfaktoren, die in der Vorstellung Cipollas den Höhepunkt des um sich greifenden hypnotischen Marionettenzaubers ermöglichen. Die Unterwerfung Marios in der Hypnose bildet den Höhepunkt der Präsentation künstlerischer Willensmacht des Zauberers beziehungsweise, das Publikum im Fokus, den Höhepunkt der ›Infektion‹ als kollektives Umsichgreifen des Affektiven, das dem Leser durch die vom Zauber der Macht ihres Willens enthobenen und zu tanzenden Marionetten gewordenen Menschen szenisch-anschaulich vor Augen geführt wird.

Ästhetisch ist aber trotz der dem Schauspiel innewohnenden Faszination, die auch und gerade vor dem Erzähler nicht halt macht, nicht das Schauspiel selbst, sondern das dem Leser präsentierte Gesamtkunstwerk einer ästhetischen Metaphysik eines vielschichtigen Marionettentheaters als mehrfach gebrochene Spiele und Spiegelungen auf verschiedenen Ebenen: Das, was sich im *Inneren* des Saalbaus als szenische Aufführung präsentiert, erweist sich schließlich – und das kündigt bereits der Auftakt durch den Erzähler an – als Komprimat dessen, was sich *(dr)außen* in der Realität von Torre di Venere durch den faschistischen Übergriff ereignet. Dabei ist der Erzähler sowohl in seiner Rolle als Familienvater wie auch als Repräsentant der bürgerlichen Intellektuellen in seinem Verhalten durchaus ambivalent. Seine Selbstauskünfte sind unzuverlässig und das gerade dann, wenn er im »wir« seiner Stellungnahmen wechselweise Kinder, Frau und Familie vereinnahmt. Er inszeniert sich als Erzähler, der die Übersicht und kritische Distanz eines Intellektuellen und Familienoberhauptes wahrt, der als Zuschauer und Beobachter (und nur teilweise als Beteiligter) die Fäden des Spiels durchschaut, der die Spiele als Spiele identifiziert und Irrationalität als solche sowohl in der Realität Torre di

---

[4] Es ist die sich in Marios Physiognomie – eingedrückte Nase, Sommersprossen, dicke (Wulst-) Lippen, feuchte Zähne, Verhülltheit der Augen – abzeichnende »primitive Schwermut«, insbesondere die »ungewöhnliche Schmalheit und Feinheit seiner Hände«, die den Erzähler dazu bewegen, zu bezeugen, dass von »Brutalität des Ausdrucks [...] keine Rede sein« kann. Im Gegenteil spricht er (seine Familie im »wir« – wie so häufig – verstärkend für seine Position vereinnahmend) von einer »gewisse[n] Teilnahme [...] für seine träumerische, leicht in Geistesabwesenheit sich verlierende Art, die in hastigem Übergang durch eine besondere Dienstfertigkeit korrigierte«, von der er schließlich, sich selbst korrigierend, sagt: »sie verzichtete auf Liebenswürdigkeit, sie machte sich offenbar keine Hoffnung, zu gefallen« (VIII, 705).

Veneres als auch in der Vorstellung Cipollas wahrnimmt. Er präsentiert sich als ein Erzähler, der die der Vernunft sich entziehende und von Willkür und Irrationalität zeugende faschistoide Machtumverteilung registriert und sich damit der Familie wie auch allen anderen gegenüber in gepflegtem Chauvinismus als überlegen generiert. Dabei unterschätzt der Erzähler jedoch die auch ihn ergreifende, ungebrochene Sogwirkung des Irrationalen, die er zwar erkennt, aber vielleicht gerade deswegen für sich selbst verleugnet.

Ich gehe nun zunächst einer genaueren Bedeutung des Begriffs ›Metaphysik‹ im Werk Thomas Manns nach, bevor ich dann in einem zweiten Abschnitt auf die in Kleists Studie vorgelegte Form einer ›ästhetischen Metaphysik‹ eingehe. Vor diesem Hintergrund soll schließlich in einem dritten Abschnitt *Mario und der Zauberer* betrachtet werden, um mit der vielschichtigen Komplexität des sich als tragisches Reiseerlebnis generierenden Werks als mehrfach gebrochene Überlagerung eines Marionetten-Spiels auf verschiedensten Ebenen im Sinne einer ästhetischen Metaphysik zu schließen.

I.

Thomas Mann gilt zwar als *poeta doctus*, mit Philosophie – die Schriften Nietzsches und Schopenhauers ausgenommen – hat er sich jedoch nicht wirklich gründlich auseinandergesetzt. Mit Goethe empfand er vor allem »das Problem der Freiheit ganz zweifellos als metaphysisch« (15.1, 856). Schopenhauers *Die Welt als Wille und Vorstellung* betrachtet Thomas Mann als ein »Meisterwerk des metaphysischen Gedankens« (15.1, 613). Nach der ersten Lektüre Schopenhauers als junger Mann ist er tief bewegt, hingerissen und erschüttert und förmlich in einen körperlichen Rausch versetzt:

Ich bezeuge, daß die organische Erschütterung, die er [der Rausch der ersten Lektüre] bedeutete, nur mit der verglichen werden kann, welche die erste Bekanntschaft mit der Liebe und dem Geschlecht in der jungen Seele erzeugt, – und dieser Vergleich ist nicht zufällig. (IX, 561)

Die pessimistische Weltsicht Schopenhauers entsprach der seinigen:

Diese Metaphysik lehrte in dunkler Revolution gegen den Glauben von Jahrtausenden den Primat des Triebes vor Geist und Vernunft, sie erkannte den *Willen* als Kern und Wesensgrund der Welt, des Menschen so gut wie aller übrigen Schöpfung, und den Intellekt als sekundär und akzidentell, als des Willens Diener und schwache Leuchte. (IX, 483)

Nach der Lektüre einiger Schriften Freuds kann Thomas Mann das Freud'sche ›Es‹ mit dem ›Willen‹ Schopenhauers gleichsetzen und das Freud'sche ›Ich‹

mit dem ›Intellekt‹. Børge Kristiansen sieht etwa in Gustav Aschenbach, in Hans Castorp und in Adrian Leverkühn die Gemeinsamkeit, »daß sie alle von dem als Eros getarnten Willen zum Leben heimgesucht werden und daß dieser Durchbruch des Liebesverlangens und des Lebenswillens den ganzen Kunstbau ihrer geistigen Existenz, ihrer Kultur und Humanität, vernichtet«. Die dionysische Lebensbejahung Nietzsches lehne Thomas Mann ab, da »die Welt der Form [...] metaphysisch dazu verurteilt ist, immer wieder an der Welt der Unform zu scheitern[, denn] das dämonische und triebhafte Wollen [durchkreuzt] konsequent die geistigen Entwürfe und Pläne des Menschen«.[5] Allerdings führt das Nietzsche-Erlebnis dazu, dass die Lehre Schopenhauers von Willensumkehr und Lebensverneinung »in eine moralistische Kritik am Leben« umgewandelt wird, in »rückwärtsgewandte, aber wiederum doch auch so zukunftsoffene und lebensfreundliche Ironie«.[6]

Das metaphysische Problem der Willensfreiheit, die Frage nach der Möglichkeit der Triebkontrolle durch den Intellekt, die Dialektik von Form, Unform und Überform im Sinne Kristiansens – diese Probleme sind gemeint, wenn Thomas Mann von Metaphysik spricht.[7] Was dies genauer für die ästhetische Metaphysik in Kleists *Über das Marionettentheater* bedeutet, kann zunächst anhand einer Notiz Thomas Manns aus dem Jahr 1897, die bereits Hermann Kurzke im Rahmen einer Besprechung der frühen Erzählung *Der Bajazzo* diskutiert hat, verdeutlicht werden:

Ich bin oben an meinem Fenster, erlaube mir die Beobachtung, daß ein ›sicheres Auftreten‹ in den meisten Fällen auf Dummheit beruht, daß bei einem gewissen Grade von Klugheit kein sicheres Auftreten vorhanden ist, und daß ein sehr hoher Grad von Klugheit nötig ist, um aufs Neue ein sicheres Auftreten zu besitzen.
Der gesunde und ›einfache‹ Mensch mit Beinen, die fest an ihrem Platz stehen, und geradeblickenden Augen, die unverwirrbar sind, wie diejenigen einer Kuh, – hat ein sicheres Auftreten, das ist ganz klar. Mit einem gewissen Grade dagegen [...] von Bildung, Feingefühl, psychologischer Reizbarkeit und Einblick in die verwirrende Kompliziertheit, Unheimlichkeit und peinlichen Finessen des Verkehrs zwischen Menschen ist selten genügend Nervenkraft verbunden, als daß ein ›sicheres Auftreten‹ vorhanden sein könnte. Und es gehört, möchte ich glauben, die klare, übersehende und ordnende Geisteskraft eines Goethe dazu, um dennoch über ein sicheres Auftreten zu verfügen. (Notb I, 73)

Diese Reflexion im Notizbuch Thomas Manns legt, so Kurzke, »den Einfluß von Kleists Schrift *Über das Marionettentheater*, mit ihren drei Schritten von

---

[5] Børge Kristiansen: Thomas Mann und die Philosophie, in: TM Hb, S. 259–283, hier S. 278.
[6] Ebd., S. 281 u. 282.
[7] Vgl. Børge Kristiansen: Unform – Form – Überform. Thomas Manns »Zauberberg« und Schopenhauers Metaphysik, Kopenhagen: Akademisk Forlag 1978 (= Kopenhager germanistische Studien, Bd. 5).

der Anmut der bewußtlosen Natur über die Verwirrung durch Reflexion zur
erneuten Anmut der vollkommenen Bewußtheit«[8] nahe. Dabei ist es – auch
vor dem Hintergrund der ausufernden Forschungsliteratur – durchaus dis-
kussionsbedürftig, ob und inwiefern im *Marionettentheater* überhaupt von
einem ›Dreischritt‹ als Abfolge gesprochen werden kann. Als unstrittig kann
jedoch gelten, dass alle drei angesprochenen Stadien der Bewusstheit im *Marionettentheater* thematisiert werden und sich die von Kurzke herausgestellte
Parallele förmlich aufdrängt. Bezieht man sich auf die oben zitierte Reflexion
Thomas Manns, so kann man bei Kleist drei Formen der Herausbildung von
Anmut, Freiheit und Moralität im Leib-Seele-Commercium unterscheiden,
»nämlich diejenige ohne Bewußtsein, diejenige mit Selbstbewußtsein und
diejenige mit einem unendlichen Bewußtsein, [die sich] unterschiedlich verhalten«.[9]

Bei dem angeführten Zitat Manns ist herauszustellen, dass die gesunde Einfachheit und Dummheit lediglich für das sichere Auftreten einer Kuh, nicht
aber für dasjenige eines Künstlers hinreicht, dem Bildung und sensible Bewusstheit so lange eine enorme Nervenkraft abverlangen, bis er die Souve-
ränität in der Genialität eines Goethe erreicht hat oder bis er eben scheitert
und zugrunde geht. Damit zeichnet sich auch bei Thomas Mann nur insofern
ein Dreischritt ab, als man den bei einfältigen Naturen beneidenswerten, als
Zufriedenheit unterstellten Zustand tierischen Stumpfsinns, oder das in der
Kindheit durchlebte unbedarft-sorgenlos-geborgene Stadium der Urzufrie-
denheit als Empfindung zurücksehnt. Dieses Urzufriedenheitsstadium, auf das
auch der Künstler als Mensch zurückblickt und nach dem er sich – als Empfindung vollkommener Glückseligkeit und als (seine eigene und eigentliche)
Natur gedacht – zurücksehnt, ist für ihn die ewige Verlockung dichterischen
Schaffens. Der Zustand wiedererlangter Unschuld wird aber nicht als Rück-
schritt, sondern nur zur ästhetischen Metaphysik erhöht – nach Kleist muss
das Bewusstsein erst durch Unendliches gegangen sein – würdig erreicht. Die
Figur des Bajazzo ist wie Tonio Kröger, Gustav von Aschenbach und Adrian

---

[8] Hermann Kurzke: Thomas Mann. Epoche – Werk – Wirkung, München: Beck 2010 (= Ar-
beitsbücher zur Literaturgeschichte), S. 61.

[9] Michael Mandelartz: Goethe, Kleist. Literatur, Politik und Wissenschaft um 1800, Berlin:
Schmidt 2011, S. 80. Später im *Doktor Faustus* geht Adrian Leverkühn auf die in Kleists *Marionettentheater* zentralen Begriffe von Anmut und Grazie ein: »Dabei ist nur vom Ästhetischen
die Rede, von der Anmut, der freien Grazie, die eigentlich dem Gliedermann und dem Gotte,
daß heißt dem Unbewußtsein oder einem unendlichen Bewußtsein vorbehalten ist, während jede
zwischen Null und Unendlichkeit liegende Reflexion die Grazie tötet. Das Bewußtsein müsse,
meint dieser Schriftsteller, durch ein Unendliches gegangen sein, damit die Grazie sich wieder
einfinde, und Adam müsse ein zweites Mal vom Baum der Erkenntnis essen, um in den Stand
der Unschuld zurückzufallen.« (10.1, 449) Er wird daraufhin (wie bereits in Anm. 2 erwähnt) von
Zeitblom zugunsten eines »allerweitesten Sinn[s]« (ebd.) des Ästhetischen korrigiert.

Leverkühn eine Künstlerfigur, die hyperreflektiert ist, sich aber nach der naiven Natürlichkeit des Empfindens sehnt, ganz im Sinne des sentimentalischen Menschentypus nach Schiller, der unglücklich ist, weil er sich nach der Natur zurücksehnt: »Das Linkische und Unsichere des Künstlers wird mit Hilfe einer fatalistischen Metaphysik der Erkenntnis erklärt, nicht auf seine sozialen Ursachen befragt.«[10]

Es überrascht deshalb nicht, dass die einzige Stelle, an der Thomas Mann neben dem *Marionettentheater* Kleists von einer »ästhetischen Metaphysik« spricht, sich auf Friedrich Schiller bezieht.

[An ihm bewundert er] jenes Ewig-Knabenhafte [...] in der jahrelangen Selbstkasteiung des mächtigen Künstlers durch philosophische Spekulation, dies Sich-Vergraben in ästhetische Metaphysik und Kritik unter gewaltsam asketischem Verzicht auf dichterisches Schaffen um der Freiheit willen [...]. (IX, 881)

Die theoretischen Schriften Schillers sind auch ein gemeinsamer Bezugspunkt, wenn man Kleists Studie mit der Auffassung Thomas Manns vergleichen will, denn auch Kleist bezieht sich implizit auf Schiller, insbesondere auf seinen Aufsatz *Über Anmut und Würde*. Thomas Mann wiederum hält Schillers Abhandlung *Über naive und sentimentalische Dichtung* für so großartig und umfassend, dass sie »eigentlich alle übrigen [Essays der Deutschen] in sich enthält und überflüssig macht« (15.1, 812); dazu würde dann wohl auch Kleists Studie *Über das Marionettentheater* zählen.

Im folgenden Abschnitt geht es nun um Kleists ästhetisch-metaphysisches Verständnis als Grundlage für den Vergleich mit der Novelle *Mario und der Zauberer*.

II.

Wenn Kleist von der Anmut einer bewusstlosen Marionette spricht, steht dies zunächst und vordergründig betrachtet in Gegensatz zur Ästhetik Kants und Schillers, und zwar dann, wenn man, wie in der Forschung dominierend, auf die Materialität der Marionette abhebt und den Maschinisten als ein äußeres bewegendes Prinzip versteht. Geht man von einem Bezug zwischen Kleists *Marionettentheater* und Schillers Schrift *Über Anmut und Würde* aus, in der Anmut als eine Schönheit bestimmt wird, »die nicht von der Natur gegeben, sondern von dem Subjekte selbst hervorgebracht wird«[11], dann wird vor

---

[10] Kurzke 2010, S. 61.
[11] Friedrich Schiller: Über Anmut und Würde, zitiert nach Mandelartz 2011, S. 76.

allem »die magische Kraftübertragung von der Moral auf den Körper einer der Punkte gewesen sein, die dem Physiker Kleist nicht einleuchteten«.[12]

Schiller [...] hatte Anmut als Schönheit in der Bewegung, als körperlichen Ausdruck inneren Einsseins mit sich selbst definiert, den er freilich als moralische Qualität und folglich als nur dem Menschen zukommend aufgefasst hatte [...]. [Kleists] Rede von der Anmut einer Marionette kann also im Kontext der idealistischen Ästhetik nur als Provokation verstanden werden.[13]

Thomas Mann bezieht sich in seiner Notiz nicht explizit auf Schiller, sondern viel direkter, wenn auch implizit auf Kleist, wenn er das sichere Auftreten als Effekt fehlenden Bewusstseins (Dummheit) oder als Effekt einer klaren, übersehenden Geisteskraft eines Goethes beschreibt und in den vom Bewusstsein gestörten Zwischenstadien sicheres Auftreten verneint. Thomas Mann führt Goethe an dieser Stelle als Beispiel eines genialen Menschen an, der die durch das Bewusstsein verursachte Verunsicherung durch den Grad seines Reflexionsvermögens überwunden hat und deshalb, trotz des »Einblick[s] in die verwirrende Kompliziertheit, Unheimlichkeit und peinlichen Finessen des Verkehrs[14] zwischen Menschen« (Notb I, 73), dennoch ein sicheres Auftreten bewahrt. Dass dies auch dem großen Künstler nicht immer gelingt und Thomas Mann Goethe in anderen Kontexten, so in *Lotte in Weimar*, keineswegs ein sicheres Auftreten zuschreibt, macht ebenfalls die für Thomas Mann so grundlegende Problematik der Künstlerpersönlichkeit einmal mehr deutlich. Unterstellt man Goethe nicht nur ein sicheres Auftreten, sondern mit Kleist auch Anmut und Grazie, die nur dem Gliedermann oder Gott zukommen, so müsste man ihm ein unendliches Bewusstsein, Göttlichkeit, kurz: Genie zuschreiben. Nimmt man den von Thomas Mann gewählten Ausdruck des ›sicheren Auftretens‹ aber als Relativierung ernst, so ließe sich vielleicht sagen, dass Goethe sein Reflexionsvermögen und Genie betreffend zum Göttlichen tendiert.

Kleists Bild von der durch den Maschinisten als äußeres Prinzip bewegten – und damit nicht im Sinn Schillers gelesenen – anmutigen Marionette, welche die Anmut nicht aus sich selbst heraus, sondern nur als harmonische Zweiheit erreichen kann, lässt sich aber auch mit Schiller konform lesen. Bezieht man nämlich Marionette und Maschinist gemeinsam als Sinnbild auf den ganzen Menschen, ist man schon bei Schiller. Denn fasst man den Maschinisten nicht als *äußeres* bewegendes Prinzip, der die Marionette in ihrer hölzernen Materi-

---

12 Mandelartz 2011, S. 80.

13 Klaus Müller-Salget: Heinrich von Kleist, Stuttgart: Reclam 2002 (= Universal-Bibliothek, Nr. 17635), S. 126.

14 Dass Thomas Mann in diesem Zusammenhang den literarisch und traditionell zweideutigen Begriff des ›Verkehrs‹ wählt, wird gleichfalls nicht zufällig sein.

alität bewegt, sondern als dem Menschen *inhärente selbst*bewegte Prinzipien, als Körper und Geist, die es zu koordinieren gilt, dann liegt die Anmut in ihrer harmonischen Einheit. Auf die Tanz- oder Schauspielkunst bezogen ist man so gesehen bei Platon und dem ›wahrhaft enthusiasmierten‹ Schauspieler angelangt. Dieser beherrscht die ›wahre *mimesis*‹[15] und wahrt seinen natürlichen Körperschwerpunkt im Gegensatz zu jenen, die ihren Blick nach außen auf ihre Publikumswirkung richten und so den natürlichen Schwerpunkt verlieren.

Bleibt man bei der zur Einheit verschmelzenden Zweiheit, auf die Kleist auch in Abgrenzung zu den misslungenen heterosexuellen Tänzerpaaren in den angeführten Beispielen des Misslingens abzielt, ist man beim gelungenen Tanz oder auch beim gelungenen (homoerotischen) Sexualakt, bei dem der Maschinist den Körperschwerpunkt der Marionette regiert. Meist wird der Schwerpunkt sehr einfach »in einer graden Linie« bewegt und die Glieder beschreiben »Courven« (MT I, 318), dann aber auch in natürlichster Bewegung »elyptisch«. Diese Linie der Bewegung ist in anderer Hinsicht sehr geheimnisvoll und beschreibt den »Weg der Seele des Tänzers«, indem der Maschinist als Führender sich »in den Schwerpunct der Marionette versetzt, d. h. mit andern Worten, tanzt« (MT I, 319). Die Anmut der Marionette ist dann in der perfekten Hingabe an die Führung durch den Maschinisten zu suchen, die das ihr (in diesem Moment) fehlende Bewusstsein (als Fallenlassen, d. h. Hingabe ohne Ziererei) erst ermöglicht und das dem Maschinisten seinerseits ermöglicht, »daß ihr Tanz gänzlich ins Reich mechanischer Kräfte hinübergespielt« (ebd.) wird – allerdings nicht tatsächlich mechanisch, wie der Erzähler hier noch vermeint. So wird im Sinne einer Wirkungsästhetik ein (nach außen und innen) gelungener tänzerischer Akt erzielt. Die kontraproduktive Ziererei meint die durch Kognition bedingte Einschränkung von Anmut und freier, natürlicher Bewegung. Sie verhindert das Gelingen, da »sich die Seele (vis motrix) in irgend einem andern Puncte befindet, als in dem Schwerpunct der Bewegung« (MT II, 322).

Am Beispiel des an einen Pfahl geketteten Bären, mit dem Herr C... kämpft und diesem unterliegt, verdeutlicht Kleist die Überlegenheit des (unbewusst agierenden) Tieres im Kampf mit dem (bewusst spekulierenden/interpretierenden/reflektierenden) Menschen:

Aug' in Auge, als ob er meine Seele darin lesen könnte, stand er, die Tatze schlagfertig erhoben, und wenn meine Stöße nicht ernsthaft gemeint waren, so rührte er sich nicht. (MT IV, 330)

---

[15] Dazu grundlegend Christopher Janaway: Images of excellence. Plato's critique of the arts, Oxford: Clarendon Press 1995.

Das Tier ist schneller, weil es ganz bei sich ist und nicht reflektiert, sondern auf das Äußere nur reagiert:

Kleist hypostasiert hier nicht den animalischen Instinkt, [...] er richtet sein Augenmerk vor allem auf das prozessuale Moment der ›forma formans‹ in praxi, [auf den] Modus der Erfahrung im Handeln selbst.[16]

Der Bär als Kämpfer ruht in sich selbst und beschränkt sich beim Agieren auf den Augenblick, während diese Konzentration seinem menschlichen Gegner nicht gelingt und er seine Aufmerksamkeit nach außen richtet, um die Wirkung auf seinen Gegner im Blick zu haben. Statt bei sich zu bleiben, lässt er sich davon ablenken und verunsichern.

III.

Die Novelle *Mario und der Zauberer* handelt von einer nicht nur (faktisch) homoerotischen und tödlich endenden Verführung durch Cipolla, der für den Erzähler (und seine Familie) »den Sammelpunkt aller Merkwürdigkeit, Nichtgeheuerlichkeit und Gespanntheit [bildet], womit [...] die Atmosphäre des Aufenthaltes geladen schien« (VIII, 695). Was atmosphärisch vom Erzähler erspürt wird, ist der aufkommende Faschismus in Italien, der sich als empfundenes Unbehagen äußert, das sich gleichwohl auf die eigene Entscheidungsschwäche als Intellektueller ausdehnt, ob man besser abreisen oder (dennoch oder gerade dann) bleiben solle. Die Bedeutung der Novelle hat Thomas Mann zunächst mehr im Ethischen als im Antifaschistischen gesehen; später hat er Deutungen als Vorahnung des deutschen Faschismus bereitwillig aufgegriffen. Das ethische Dilemma wird durch die nur schwach ausgebildete Widerstandskraft des bürgerlichen Erzählers charakterisiert. Nach Kurzke lässt sich die ethische Frage »in der Terminologie Schopenhauers formulieren: Welche Chancen hat die Welt der Vorstellung, sich gegen die Welt als Wille zu behaupten. Sie sind gering.«[17]

Der verwachsene, die Gesunden und Starken beneidende und hyperreflexive Hypnotiseur Cipolla kann Schopenhauers These fast durchgängig bestätigen. Seinem imponierenden Redefluss und seinem Zauber unterliegen zahlreiche suggestible Zuschauer, die er zu befremdlichen Handlungen verführt und so als Akteure gewinnt. Auch der im Zuschauerraum ausharrende Erzähler – dem

---

16 Günter Blamberger: Heinrich von Kleist. Biographie, Frankfurt/Main: Fischer 2011, S. 495. Dagegen Mandelartz 2011, S. 83, der die Notwendigkeit des instinktgebundenen Handelns des Tieres betont und dem Bären damit die situationsgebundene Lernfähigkeit im Kampf abspricht.

17 Kurzke 2010, S. 236.

von der Familie ›Zauberer‹ genannten Autor ironisch nachgebildet –, der nicht die Dummheit und Einfachheit der Probanden teilt, sondern auf intellektueller Höhe und im Bewusstsein seiner bürgerlich-familiären Pflichten, denen sein Handeln beziehungsweise sein Unterlassen zuwider läuft, unterliegt insoweit Cipollas Einfluss, als er in anhaltend-ambivalenter Faszination die Abreise immer länger aufschiebt. Trotz seiner Selbstreflexion und dem Durchschauen von Cipollas ernsten und für (seine) Kinder gänzlich ungeeigneten Machtspiels, verlässt er die Vorstellung des Hypnotiseurs nicht:

Soll man ›abreisen‹, wenn das Leben sich ein bißchen unheimlich, nicht ganz geheuer oder etwas peinlich und kränkend anläßt? Nein doch, man soll bleiben, soll sich das ansehen und sich dem aussetzen, gerade dabei gibt es vielleicht etwas zu lernen. (VIII, 669)

In der Hypnose werden die Opfer Cipollas zu einer unfreiwilligen Wunscherfüllung verführt, denn die bisher von ihnen verdrängten Willenskräfte kommen nun zum Vorschein und zwingen zu ich-fremden Verhaltensweisen. Die eigentliche ›Vergewaltigung‹, so Cipolla, ist nicht die hypnotische Trance, sondern die mündige Freiheit des Individuums, eine Illusion, die lustvoll aufzugeben ist (vgl. VIII, 702–703): »Mächte […], stärker als Vernunft und Tugend«, bewirken eine »trunkene Auflösung der kritischen Widerstände« (VIII, 700). Cipolla ist nach Kurzke eine »Künstlergestalt« mit geringer »körperlicher Konkurrenzfähigkeit«. Sein Handlungsmotiv sieht Kurzke in der »Rache des zu kurz gekommenen Geistes am Leben«.[18] Er rächt sich an dem ihm in jeder Weise gegensätzlichen vitalen, jungen und vermeintlich besonders potenten Giovanotto, den er in Anspielung auf den Ort und sein Sexualverhalten provozierend als »Türmer der Venus« (VIII, 684) anspricht. Müller-Salget verweist dazu auf den sich in der Anspielung auf den »der Liebesgöttin geweihten Turm [als] Phallussymbol« offensichtlich äußernden »Sexualneid« als »sexual-pathologische Komponente« und auf »sadomasochistische Antriebe« Cipollas.[19] Er ist dekadent und, wie häufig bei Thomas Mann, mit schlechten Zähnen versehen. Seine Willenskraft hält er nur durch ständigen Konsum alkoholischer Getränke und unaufhörliches Rauchen aufrecht. Als narzisstisch gestörter Leistungsethiker geht er davon aus, »daß nur er leidet (weil er vom Leben ausgeschlossen ist), nicht seine ›Opfer‹, daß diese vielmehr die Lust erhalten, die ihm versagt ist«.[20] Am Schluss erschießt Mario – sein Wille und nicht sein Intellekt lässt ihn hier handeln – den Hypnotiseur als Reaktion auf seine öffent-

---

[18] Ebd., S. 237.
[19] Klaus Müller-Salget: Der Tod in Torre di Venere. Spiegelung und Deutung des italienischen Faschismus in Thomas Manns »Mario und der Zauberer«, in: Ders.: Literatur ist Widerstand. Aufsätze aus drei Jahrzehnten, Innsbruck: Amoe 2005, S. 89–104; hier S. 95, 99, 100, 102.
[20] Kurzke 2010, S. 237.

liche Vorführung, die ihren Höhepunkt im homoerotischen Übergriff Cipollas findet, der vom Erzähler als »traurige[] und skurrile[] Vereinigung von Mario's Lippen mit dem abscheulichen Fleisch, das sich seiner [Marios!] Zärtlichkeit unterschob« (VIII, 710) beschrieben und kommentiert wird. Als Fortsetzung und Steigerung der Kränkungen des sich als ›Hähnerich‹ generierenden Giovanottos, die Mario bereits als Absprache der eigenen Männlichkeit verstanden haben mag, führt die spontan und offensichtlich tief empfundene erneute Kränkung zu einer Umleitung eines möglicherweise Giovanotto geltenden Racheaktes. Dadurch dass der Erzähler die Waffe als »kleine, stumpfmetallene, kaum pistolenförmige Maschinerie« (VIII, 711) bezeichnet – sinnbildlich für eine nur schwach ausgeprägte (fast kindlich-unreife) Männlichkeit Marios –, betont der Erzähler einmal mehr die empfundene Absurdität einer das Podium stürmenden Masse, um gerade Mario zu entwaffnen. Diese Art der Darstellung korrespondiert auch mit der insgesamt beim Erzähler wahrnehmbaren homoerotisch geprägten Wahrnehmung Marios und seiner beim Tod Cipollas empfundenen Erleichterung – eine, zumindest für den Augenblick erlebte Befreiung angesichts seines moralischen Zwiespalts. Das Ende spiegelt damit eine für den Erzähler überraschende und nicht zugetraute Rollenumkehr. Marios Nettigkeit und seine ›dienstfertige Passivität‹ wandeln sich im Tötungsakt zu einer ›männlich-aktiven‹ Direktheit. Hingegen wird Cipollas Macht und Willen entzogener Körper durch diesen Akt nun selber zur Marionette:

Cipolla war mit einem Satz vom Stuhle aufgesprungen. Er stand da mit abwehrend seitwärts-gestreckten Armen, als wollte er rufen: ›Halt! Still! Alles weg von mir! Was ist das?!‹, sackte im nächsten Augenblick mit auf die Brust kugelndem Kopf auf den Sitz zurück und fiel im übernächsten seitlich davon herunter, zu Boden, wo er liegen blieb, reglos, ein durcheinandergeworfenes Bündel Kleider und schiefer Knochen. (VIII, 711)

Von der Genialität eines Künstlers wie Goethe ist Cipolla weit entfernt; er verdankt sein sicheres Auftreten weder ausgesprochener Naivität noch einem geniösen Reflexionsvermögen, sondern einzig den reichlich konsumierten Drogen, die ihn seine körperliche Unzulänglichkeit und Unmännlichkeit ausblenden lassen. Cipolla wird in der Novelle als Faschist gezeichnet, und er ist dies, »sofern er, wie der Künstlerbruder Hitler, diesen Irrationalismus organisiert. Das Volk aber ist dafür empfänglich.«[21] Das Kleist'sche Bild der Marionette greift hier in Bezug auf die Künstlergestalt Cipollas alleine nicht, wohl aber (als entseelter Akt weit entfernt von Grazie) als Bild eines mechanischen Zusammenspiels mit seinen Probanden: Der Maschinist Cipolla lässt diese als willenlose und in ihrer Dummheit dafür prädestinierte Marionetten tanzen. Besonders empfänglich für Faschismus und Hypnose ist der erste Proband,

[21] Kurzke 2010, S. 237.

obschon er zunächst kurz (aber erfolglos) Widerstand gegen die vorgesehene Hypnose bekundet. Der junge Mann mit der faschistischen »Modefrisur des erweckten Vaterlandes« (VIII, 676) wird von Cipolla »Giovanotto« genannt, was an *Giovinezza* erinnert, die Hymne der Faschisten.[22] Cipolla erkennt die Suggestibilität der vom faschistischen Virus Angesteckten, der geistlosen Suggestiblen: »Du gefällst mir, Giovanotto. Willst du glauben, daß ich dich längst gesehen habe? Solche Leute, wie du, haben meine besondere Sympathie, ich kann sie brauchen.« (VIII, 676)

Im Zusammenspiel des Hypnotiseurs Cipolla mit dem hypnotisierten Mario kann man in ähnlicher Weise, wie es Herr C… bei Kleist beschreibt, eine marionettenartige Anmut durch eine völlige Hingabe an die Führung durch den Anderen erkennen: »eine Preisgabe des Innigsten« (VIII, 709), so der Erzähler über Marios Hingabe. Der Hypnotiseur sorgt durch das Herbeiführen des Trancezustandes für eine subhypnoide Reduzierung der Bewusstseinstätigkeit Marios und ermöglicht durch Täuschung die Führung des Hypnotisierten. Die Utopie eines solchen anmutigen Tanzes, wie er Herrn C… vorschwebt und vom Erzähler erst gedanklich (und faktisch) nachvollzogen werden muss, entspricht in Kleists *Über das Marionettentheater* dem Wiedereintritt ins Paradies durch die Hinterpforte, d. h. in homoerotischer Korrektur des ursprünglich heterogeschlechtlichen Sündenfalls, durch ein erneutes Essen »von dem Baum der Erkenntniß […], um in den Stand der Unschuld zurückzufallen« (MT IV, 331). Allerdings ist Cipollas Tanz mit Mario weit davon entfernt anmutig zu sein, da er den homoerotischen Übergriff als heteroerotischen tarnt und sich – im Gegensatz zu Herrn C… – nicht aufrichtig in Marios Seele einfühlt. Während sich Schiller den menschlichen Fortschritt als eine ins Unendliche strebende Gerade vom Instinkt zur Freiheit vorstellt, spricht C… in Kleists *Marionettentheater* von einer kreisförmigen Bewegung und von der Notwendigkeit einer Rückkehr zum Baum der Erkenntnis. Wenn nämlich Ziererei dadurch bedingt ist, dass »sich die Seele (vis motrix) in irgend einem andern Puncte befindet, als in dem Schwerpunct der Bewegung« (MT II, 322) – beispielsweise bei einem Schauspieler in der Rolle des Paris beim Überreichen des Apfels an die Venus im Ellenbogen –, dann sind »[s]olche Mißgriffe […] unvermeidlich, seitdem wir von dem Baum der Erkenntniß gegessen haben. Doch das Paradies ist verriegelt und der Cherub hinter uns; wir müssen die Reise um die Welt machen, und sehen, ob es vielleicht von hinten irgendwo wieder offen ist.« (MT II, 322–323.) Der Ziererei, der durch Kognition bedingten Einschränkung von Anmut und freier, natürlicher Bewegung, enthält sich der Partner, der sich der

---

[22] Vgl. Manfred Dierks: Der Zauberer und die Hypnose, in: Thomas Mann »Mario und der Zauberer«, hrsg. von Holger Pils und Christina Ulrich, Lübeck: Kulturstiftung 2010 (= Buddenbrookhaus-Kataloge), S. 72–95; hier S. 89.

Führung des Anderen ganzheitlich (einer Marionette vergleichbar) überlässt und so bei sich bleibt.

In vertrauensvoll-schmeichelnder Weise spricht Cipolla ähnlich wie schon Giovanotto auch den Kellner Mario an, um seine letzte Hypnose zu beginnen. Marios Namen deutet er dabei gefolgt von einem »Bravo. Salve!« als Antike-Reminiszenz, als einen jener Namen, »die die heroischen Überlieferungen des Vaterlandes wach erhalten« (VIII, 706). Er hat Mario schon lange als jungen suggestiblen Mann erkannt, als einen »Ganymed« (VIII, 707), wie er ihn dann im Folgenden anspricht: »Aber ja, ich habe dich längst ins Auge gefaßt und mich deiner vortrefflichen Eigenschaften versichert.« (VIII, 706) Wegen der hohen Suggestibilität gelingt es Cipolla, seine Suggestionen systematisch aufzubauen. Er täuscht die Anwesenheit der von Mario geliebten Silvestra vor, um schließlich Marios »wahre[s], heiße[s] Gefühl« (VIII, 709) aufzudecken und in eine falsche Richtung zu lenken, nämlich auf sich selbst. Der junge Mann entspricht genau dem Bild des naiven und wenig reflektierten Toren, der seine eigene Bewusstseinssteuerung leicht aufgibt und die Fremdsteuerung seines Willens marionettenhaft geschehen lässt. Daher gelingt es Cipolla, Marios vorgestelltes Bild von der heimlich begehrten und geliebten Silvestra auf den eigenen Körper zu projizieren und somit die Geschlechter fiktional zu tauschen: »In der Liebe gibt es Mißverständnisse, – man kann sagen, daß das Mißverständnis nirgends so sehr zu Hause ist wie hier.« (VIII, 709) Um dieses Mißverständnis als Illusion entstehen zu lassen, »benutzt [Cipolla] den sprachlichen Aufbau der Vorstellungen, um sich in die grammatische erste Person der Silvestra einzuschleichen«.[23] Wenn er nun mit ihrer Stimme zu sprechen beginnt, »versetzt [er] sich an ihre Stelle« (VIII, 709). Die im Kopf Marios entstehende Vorstellung wird dann »– nach den Annahmen des Hypnotismus – allmählich zur inneren Tatsache [...]. Mario muss das Suggerierte sehen und schließlich auch als Realität begreifen«.[24]

Cipolla ist mit seinem suggestiven Auftreten sehr erfolgreich in der Lage, seine eigenen Schwächen zu instrumentalisieren und eine imponierende Persönlichkeit vorzuspielen, die an Wunder grenzende Effekte erzielen kann. Dass er seine Willenskraft nur durch die prothetische Wirkung des Alkohols aufrechterhalten kann, wird dem Erzähler zwar bewusst und selbst durch die Zuschauer angemerkt, angesichts der gelungenen Effekte wird ein solches Verhalten jedoch bagatellisiert. Das Beeindruckende der flüssigen Rede und ihre eindrucksvolle Wirksamkeit sind hier keineswegs einer schönen Seele und der Harmonie von Körper und Geist im Sinne einer idealistischen Ästhetik geschuldet, sondern vielmehr der Schauspielkunst eines seine körperlichen

---

[23] Dierks 2010, S. 92.
[24] Ebd.

Schwächen instrumentalisierenden und durch Alkohol und Tabakkonsum erzeugten Künstler-Selbstbewusstseins. Mario sieht sich durch die erlebte Demütigung zum Handeln gezwungen und lebt sehr spontan seinen destruktiven Willen aus, indem er seinen Peiniger tötet. Der Erzähler versteht dies schließlich als Erlösung, nicht zuletzt für sich selbst, denn er ist nun vom übermächtigen Sog des faschistoiden (massen-)hypnotischen Zwangs, der auch ihn fesselte, befreit. Die starke Einbeziehung der Erzählerfigur in das Geschehen macht die Gefährdung des Bildungsbürgertums in der Zeit des stärker werdenden Faschismus deutlich, für deren Gestaltung diese Novelle »die Weichen stellt. Das Ästhetische und das Politische werden hier in einen gestalterischen Zusammenhang gebracht, der für Thomas Mann bis zum Ende gültig bleibt.«[25]

IV.

Geht man von Herrn C...s Forderung nach Unschuld aus, und zwar von der durch die Hintertüre des Paradieses wiederzuerlangenden Unschuld – deutlich auch sexuell-auffordernd konnotiert –, die Aschenbach in *Der Tod in Venedig* als »Wunder der wiedergeborenen Unbefangenheit« (2, 513) rühmt, so scheitert Aschenbach als ›Leistungsethiker‹[26] in diesem Bestreben. Cipolla hingegen spart sich im Bewusstsein seiner körperlichen (und geistigen?) Unzulänglichkeit den Versuch, als Genius den Gang durch die Unendlichkeit des Bewusstseins zu suchen und bleibt auf rein wirkungstechnischer Ebene. Er operiert machtpolitisch pragmatisch und erzielt die manipulative Sogwirkung beim Publikum durch Stimulantia in Verbindung mit einer stolzen Überlegenheitsgestik und geübtem Umgang mit der Hypnosetechnik. Nach Thomas Mann kann nur dem, der einem Goethe das Wasser reichen kann, ein solch hohes Maß an genialer Reflexionskraft zugestanden werden, sodass für ihn die spätere These Szondis zutrifft: »Das Naive ist das Sentimentalische.«[27]

[25] Hans Wißkirchen: Grußwort, in: Thomas Manns »Mario und der Zauberer«, hrsg. von Holger Pils und Christina Ulrich, Lübeck: Kulturstiftung 2010, S. 8–11; hier S. 11.

[26] Vgl. mit Bezug auf Max Weber und Ernst Troeltsch die Untersuchung von Hans Wißkirchen: Überwindung des Historismus? Der »Zauberberg« im Kontext der Geschichtsphilosophie seiner Zeit, in: »Der Zauberberg« – die Welt der Wissenschaften in Thomas Manns Roman, mit einer Bibliographie der Forschungsliteratur, hrsg. von Dietrich von Engelhardt und Hans Wißkirchen, Stuttgart: Schattauer 2003, S. 162–173.

[27] »Wie diese Dialektik von *naiv* und *sentimentalisch* an die Stelle von deren bloßem Gegensatz tritt, so wird aus dem schmerzenden Gegenbild Goethes für Schiller die Garantie, daß seine Theorie des *Sentimentalischen*, welches der Wiederherstellung des *Naiven* dient [...], ein leerer Wahn nicht ist.« (Peter Szondi: Das Naive ist das Sentimentalische. Zur Begriffsdialektik in Schillers Abhandlung, in: Schriften II, Frankfurt/Main: Suhrkamp 1978, S. 59–105; hier S. 105)

In gewisser Weise ist Goethe dann nach diesem Verständnis die Rückkehr ins Paradies der harmonischen Naivität gelungen.

Bei Kleist ist der (Ur-)Zustand der Harmonie, der unbefangenen Unschuld und des Einklangs mit sich selbst durch die Vertreibung aus dem Paradies abhanden gekommen. Seit Adam und Eva vom Baum der Erkenntnis genossen haben, ist alle vor dem Sündenfall gegebene Unbefangenheit und Selbstverständlichkeit infolge der Reflexionsfähigkeit nun problematisch geworden. Kleists Hoffnung richtet sich nun auf eine Utopie paradiesischer Unschuld und auf einen Wiedereintritt in diese durch die Hintertüre, sobald die Erkenntnis im Unendlichen den Zustand der Unschuld wiedererlangt und sich die beiden Enden dort wieder treffen. Diesen Zustand beschreibt »Kleist als ›Gott‹ [...], also [als] einen Zustand, in dem der Mensch auf der höchsten Bewusstseinsebene ebenso selbstverständlich und unbefangen agiert wie eine Marionette. Das Bewusstsein stellt nicht mehr die Unbefangenheit in Frage, sondern trägt vielmehr zu ihrer Steigerung bei.«[28] Thomas Mann hat schon bei der Schilderung des modernen Menschentyps am Beispiel Aschenbachs gezeigt, dass das »Wunder der wiedergeborenen Unbefangenheit« (2, 513) nur durch Verdrängung von Erkenntnisleistungen gelingt, während Cipolla dieses nur durch Schauspielerkunst, Alkohol und Hypnosetechniken vortäuscht. Eine Harmonie zwischen Bewusstsein und Natur sowie Anmut und Grazie, wie sie Kleist und Schiller fordern, sind hier nicht möglich, allenfalls ist ›Würde‹ zu erzielen und die auch nur vorgetäuscht und unter Vorbehalt.

Bei der Würde also führt sich der Geist in dem Körper als Herrscher auf, denn hier hat er seine Selbstständigkeit gegen den gebieterischen Trieb zu behaupten, der ohne ihn zu Handlungen schreitet, und sich seinem Joch gern entziehen möchte.[29]

Cipolla gelingt dies nur sehr bedingt und auch nur durch die stimulierend-betäubende Wirkung von Narkotika, die ihm die Einnahme seiner machtvollen Rolle als Zauberer und das Wahren der Haltung in derselben ermöglichen. Aber auch für Aschenbach ist das Verhalten keineswegs durch naive Unbefangenheit oder durch Anmut, sondern durch strenge Kontrolle und Unterdrückung triebhafter Bedürfnisse bestimmt; Erstarrung und Zusammenbruch dieser brüchigen Scheinharmonie sind ständig drohende Gefahren. Aber bereits die unsichtbaren Fäden der Marionette, die den Schausteller mit der Figur verbinden und damit das Leib-Seele-Kontinuum symbolisch versinnbildlichen,

---

[28] Børge Kristiansen: Thomas Mann – Der ironische Metaphysiker. Nihilismus – Ironie – Anthropologie in Thomas Manns Erzählungen und im »Zauberberg«, Würzbürg: Königshausen & Neumann 2013, S. 162.

[29] Friedrich Schiller: Über Anmut und Würde, in: Ders.: Theoretische Schriften, hrsg. von Rolf-Peter Janz, Frankfurt/Main: Deutscher Klassiker Verlag 1992 (= Werke und Briefe, Friedrich Schiller, Bd. 8), S. 330–394; hier S. 381.

können das Ästhetische, aber auch das Abstoßende und Häßliche sowie die Ambivalenz zwischen Faszination und Abschreckung erzeugen. Gefühls-abläufe werden beim Marionettenspiel so stark verlangsamt, dass sie anhand der Marionette sichtbar werden.[30] Sie können so, wie in *Mario und der Zauberer*, auch die »zweideutig-unsauberen und unentwirrbaren [Fäden] des Okkulten« (VIII, 691) versinnbildlichen. Dies sind Bilder für die pan-energetischen Willensstränge, die sich im Wirken des »stärkste[n] Hypnotiseur[s], der mir in meinem Leben vorgekommen« (VIII, 696), zeigen. Denn für den von Thomas Mann verehrten »Schopenhauer gilt ja als *ens realissimum* ein metaphysischer Wille an sich, der in pan-energetischer Weise einzelne Willensstränge als Bestandteile seiner selbst ausbildet, die sich einander auf der Oberfläche der Erscheinungen in Form voneinander getrennter Individuen verkörperlichen«.[31]

Ästhetisch ist die in *Mario und der Zauberer* vorgeführte Metaphysik aber vor allem als ein dem Leser präsentiertes Gesamtkunstwerk eines vielschichtigen Marionettentheaters mit zahlreichen Spiegelungen und Brechungen. Deutlich markiert ist die inhaltliche Doppelung eines Marionettentheaters, die sich auch in zahlreichen strukturellen Parallelführungen manifestiert: Wie bereits anfangs erwähnt, erweist sich schließlich das, was sich im *Inneren* des Saalbaus als szenische Aufführung präsentiert, als Komprimat dessen, was sich (*dr*)*außen* in der Realität von Torre di Venere durch den faschistischen Übergriff ereignet. Es ist also ein Theater im Theater der vom Erzähler als »atmosphärisch unangenehm« erinnerten Gesamtstimmung von »Ärger, Gereiztheit, Überspannung«. Diese scheint sich, so der Erzähler schon ganz zu Beginn der Erzählung, in der Person des »schrecklichen Cipolla [...] zu verkörpern [!]« (VIII, 658). Wenn Cipolla als ›Krüppel und Drogenkonsument‹ die Macht durch Hypnose übernimmt, spiegelt dies »auf verhängnishafte und übrigens menschlich sehr eindrucksvolle Weise« (VIII, 658) den absurd anmutenden Wechsel der Machtpositionen in Torre di Venere. Kompetenz und Sachverstand eines Bildungsbürgertums – repräsentiert durch den Erzähler und seine Familie, die er durchgängig als Vormund und alleiniger Sprecher vertritt – fühlen sich von so viel Dummheit überfahren und sehen sich mangels Wirksamkeit rationalen Argumentierens in die Passivität gedrängt. Dies führt letztendlich dazu, dass sie sich (wie Marionetten) einfältiger Willkür beugen, so beim angeordneten Wechsel des Quartiers und dem öffentlichen Aufruhr durch die kurzzeitige Nacktheit der noch unreifen achtjährigen Tochter – »sie ist mager

---

[30] Vgl. Tzachi Zamir: Puppets, in: Critical Inquiry 36, Chicago: University of Chicago Press 2010, S. 386–409; hier S. 407.

[31] Jürgen Joachimsthaler: Politisierter Ästhetizismus. Zu Thomas »Manns Mario und der Zauberer« und »Doktor Faustus«, in: Literatur im Zeugenstand. Beiträge zur deutschsprachigen Literatur- und Kulturgeschichte. Festschrift zum 65. Geburtstag von Hubert Orlowski, hrsg. von Edward Dialek et al., Frankfurt/Main: Lang 2002, S. 303–332; hier S. 312.

wie ein Spatz« (VIII, 667) –, die als »Verstoß gegen die nationale Würde« (VIII, 668) gewertet wird: »Man verstand bald, daß Politisches umging, die Idee der Nation im Spiele war.« (VIII, 666) Der Erzähler zeigt in seiner Rolle als Familienoberhaupt nur wenige wehrhaft-eigenständige Handlungsimpulse wie beispielsweise das erwirkte Zugeständnis an die allerdings trotz wissenschaftlicher Fundierung folgenlos bleibende Entwarnung des Arztes hinsichtlich der Ansteckungsgefahr des abklingenden Keuchhustens, oder die allerdings auch irrationalen atmosphärischen Impulsen folgende Wahl der Pension Eleonora. Dass sich die Atmosphäre auf ein als tragisch bezeichnetes Erlebnis zuspitzt, das auf grundlegende gesellschaftliche und/oder menschliche Defizite hindeutet, kündigt auch schon früh der in literarischer Tradition bewährte Schneefall zu unpassender Jahreszeit an (so z. B. in Wolframs *Parzival*). Dieser wird durch die sonst eher Portoclemente besuchende und mit »bewimpelten Burgen« den Strand bevölkernde »braune Menschheit« verursacht, die als Ausflugsziel das vom Erzähler bevorzugte einstige »Idyll für wenige, [das] Zuflucht für Freunde des unverweltlichten Elementes« (VIII, 658) war, wählen:

… dank den hin und her sausenden Fiat-Wagen ist das Lorbeer- und Oleandergebüsch am Saum der verbindenden Landstraße von weißem Staube zolldick verschneit – ein merkwürdiger, aber abstoßender Anblick. (VIII, 660)

Als intradiegetischer Erzähler mit (scheinbar) wechselnder interner und externer Fokalisierung ist der Erzähler in *Mario und der Zauberer* selbst nicht nur faktisch als Reisender, sondern auch als emotional Beteiligter ein Teil des dem Sog der hypnotischen Atmosphäre unterliegenden Publikums, auch wenn er sich – zwar ambivalent, aber fast durchgängig – als Außenstehender und Beobachter inszeniert. Einerseits ist er ein Ausgegrenzter oder Ausgestoßener, der sich, wie vorangekündigt, nicht nur als »Gast zweiten Ranges vorkommen mag« (VIII, 660), sondern sich dann tatsächlich auch als solcher behandelt sieht. Andererseits fühlt er sich als vernunftgeprägter und anspruchsvoller Nordländer den vermeintlich einfältigen und anspruchsloseren Südländern kulturell überlegen. Von Beginn an berichtet er aber auch (wenn doch anfänglich sehr dezent) von der Anziehungskraft einfacher südländischer Männer, wenn er von den »mit der belegten und offenen Stimme des Südens« (VIII, 659) ihre Waren anpreisenden Strandverkäufern berichtet. Damit leitet er zum Hauptteil über, beginnend mit der ersten Erwähnung Marios, der als Kellner im Garten[!]-Café ›Esquisito‹ bedient. Dieses Nord-Süd-Gefälle, das der Erzähler als Gefälle von Rationalität und Irrationalität / Emotionalität generiert, durchzieht die gesamte Erzählung. Er gibt sich dabei (allerdings in sehr enger Eingrenzung) als Europäer, der »[d]as Englische, Deutsche, Französische« (VIII, 660) bevorzugt, und distanziert sich deutlich vom Nationalismus der florentinisch-römischen Gesellschaft, deren »Byzantinismus« (VIII, 662) ihn (beziehungsweise die ganze Familie) empört. Er ordnet die Südländer als anspruchslose ›Barbaren‹ nicht Europa, sondern Afrika zu, für die »eine wie toll herabbrennende Sonne« (VIII, 659) und eine unmäßige, afrikanische Hitze (vgl. VIII, 664) in mehrfacher Hinsicht symptomatisch sind. In fortgeführter Ambivalenz steht die »glühende Leere des Himmels« und »die Grellheit der Farben« für Stumpfsinn; »die ungeheure Naivität und Ungebrochenheit des Lichts erregt wohl festliche Gefühle, sie gewährt Sorglosigkeit [...]; aber ohne daß man sich anfangs Rechenschaft davon gäbe, läßt sie tiefere, uneinfachere Bedürfnisse der nordischen Seele auf verödende Weise unbefriedigt und flößt auf die Dauer etwas wie Verachtung ein« (VIII, 664).

Der Leser wird aber nicht durch den Erzähler – dessen Verhältnis zu Cipolla zwischen »Komplizenschaft und Konkurrenz«[32] anzuordnen ist – willentlich manipuliert, sondern in dem Maße betrogen, als der Erzähler sich selbst betrügt und belügt, sodass sich auch der Leser marionettengleich durch einen vermeintlich zuverlässigen Erzähler verführen lässt. Der Erzähler gewinnt das Vertrauen der Leser einerseits durch seine scheinbar rational überlegene Perspektive, die Seriosität, Glaubwürdigkeit und Objektivität suggeriert, andererseits durch die Einweihung des Lesers in seine Innensicht, bei der er eine gewisse Sympathie und Schwäche für Nostalgisches, aber auch Unsicherheiten und Fehler in Bezug auf seine Vaterrolle eingesteht. Er zeigt sich so von einer sehr menschlichen Seite, erklärt und entschuldigt aber meist sein Verhalten unmittelbar mit dem Verweis auf seine Empathie für die Bedürfnisse und Präferenzen seiner Kinder – faktisch schiebt er sie vor, um die eigenen (vor allem homoerotischen) Bedürfnisse zu kaschieren. Der Erzähler verzaubert die Leser insofern, als er in (suggerierter) Vertrautheit und direkter Leseransprache die sonst vermeintlich objektiv und neutral berichtende Art seines Erzählens durchbricht und magisch-fatalistische und affektuntermalte Elemente integriert. Die szenisch demonstrierte Wirksamkeit der Verführung – auch die des Erzählers, der bis zum bitteren Ende entgegen seiner familienväterlichen Pflichten zum Bleiben bewegt wird – widerspricht in der Novelle Manns der selbstsicher vorgetragenen Überzeugung des Erzählers, er behalte durch seine tiefe »Einsicht in das Wesen der Dinge« (VIII, 686) seine souveräne Kritik gegenüber dem Geschehen, während das Publikum zu völliger Unterwerfung bereit sei. Der von Faszination und Abscheu erfüllte Erzähler bekennt sich dann jedoch auch selbst zu einer »verdutzten und vertrotzten Unterwerfung« (VIII, 697) und ist erstaunt über den Erfolg Cipollas und das bereitwillige Nachgeben der Hypnose-Opfer, die offensichtlich ihre »Ehre darein [setzen], ein Musterbeispiel prompter Entseelung und Willenlosigkeit

---

[32] Bernd Hamacher: Thomas Mann. »Mario und der Zauberer«, Stuttgart: Reclam 2006 (= Reclams Universal-Bibliothek, Nr. 16044, Erläuterungen und Dokumente), S. 66.

zu bieten« (VIII, 701). Indem sich aber der Erzähler als Intellektueller in seiner Distanzierungsfähigkeit gegenüber dem Sog des Irrationalen selbst überschätzt und betrügt, da er sich diese Niederlage nicht eingestehen kann, macht er auch seine Leser, die er mit sich selbst betrügt und fehlleitet, nicht aktiv-willentlich, aber faktisch zu Verführten.

Wenn man also von einer Komplizenschaft sprechen will, ist diese nicht auf der Ebene des Erzählers, sondern des Autors zu suchen, der dieses Spiel im Sinne einer ästhetischen Metaphysik in seiner Erzählung umsetzt: Er inszeniert eine Verführung des Lesers in Parallelität zur Verführung des Erzählers, der seinerseits durch die ambivalente Atmosphäre sowie in der Doppelung der durch Cipolla praktizierten Verführung – insbesondere Marios Verführung auch als Spiegelung der homoerotischen Sehnsüchte des Erzählers (bei denen dann auch dieser in Bezug auf den Leser mit gezinkten Karten spielt) – ein Spiel im Spiel und mehrfaches Marionettentheater inszeniert und den Leser affektansprechend-anspruchsvoll-verdeckt (so wie Wagner seine Zuhörer) bezaubert. Der Erzähler wird dabei zur Schwellenfigur zwischen der Fiktionalität des Textes und der Realität der Leser.

Das Bleiben des Erzählers, auch wenn Thomas Mann den Erzähler daran scheitern lässt und seine pädagogische Absicht nur als vorgeschobene Motivation zur Rechtfertigung der Vernachlässigung seiner familiären Pflichten erscheinen lässt, geschieht vielleicht tatsächlich aus pädagogischer Absicht, dann allerdings aus derjenigen des Autors. Im Scheitern wider besseres Wissen wird dem Leser die Gefahr, der Verführung (auch der Selbstverführung) zu erliegen, am deutlichsten vor Augen geführt. Zumindest ist dem Autor Thomas Mann sehr daran gelegen, auch an sich selbst die Gefährdung der Verführung zu untersuchen, nämlich am persönlichen Beispiel der genauen Beobachtung der Gefahr dionysischer Verführung, das Material zur dichterischen, metaphysischen Verallgemeinerung zu gewinnen und pädagogisch wirksam werden zu lassen: Wie der spätere Essay *Bruder Hitler* zeigt, geht es ihm um das Gewinnen einer eigenen inneren Gegenposition, und dies auch durch anverwandelndes Verstehen, selbst wenn ein solches Bemühen »auch die moralische Gefahr mit sich bringen [möge], das Neinsagen zu verlernen. Mir ist nicht bange deswegen« (XII, 849).

Herbert Lehnert

Thomas Manns Welt in postkolonialer Sicht

Review Essay[1]

Die postkoloniale Betrachtungsweise von Literatur will einer Voreingenommenheit begegnen, die im neunzehnten Jahrhundert entstanden ist, derjenigen
Epoche der Weltgeschichte, in der die Politik der westlichen Welt vom Imperialismus bestimmt war. Thomas Manns Wirkung fällt mit der Zeit zusammen,
in der diese Politik ihren Höhepunkt und ihr Ende erreichte. Nachdem sich
die beherrschten Völker nach dem Zweiten Weltkrieg gegen die imperialen
Mächte erhoben und sich die britischen, französischen, niederländischen Ko-
lonialreiche auflösten, wurde die Kultur des Imperialismus einer kritischen Be-
trachtung unterworfen, weil sie, bewusst oder unbewusst, die Herrschaft über
außereuropäische Länder und Völker rechtfertigte. Einen Anstoß dazu gab
Les damnés de la terre (1961)[2] von Frantz Fanon (1925–1961), einem Psychiater,
der aus der (früheren) französischen Kolonie Martinique stammte. Das Werk
handelt von der Gewalt gegen die Eingeborenen in den kolonisierten Ländern
und von Gegengewalt. Auf das Buch *Orientalism* (1978)[3] von Edward W. Saïd
(1935–2003) beruft sich die postkoloniale Theorie, die Kritik an der westlichen
Kultur des Imperialismus übt.

Saïd stammte aus einer palästinensischen Familie, war in Jerusalem geboren,
in Ägypten und in den Vereinigten Staaten aufgewachsen, wo er an der Columbia University in New York Vergleichende Literaturwissenschaft lehrte.
Sein Buch *Orientalism* erklärt, dass, nachdem die Länder des Osmanischen
Reiches im 18. und frühen 19. Jahrhundert Gegenstand der Wissenschaft gewesen waren, sich ein moderner imperialer Orientalismus entwickelt habe. Dieser
wird als ein System von Metaphern, als Denkstil oder Diskurs begriffen, der
das europäische oder westliche, imperiale, zivilisierte Selbstbewusstsein als
ein ›Wir‹ gegenüber den ›Anderen‹, den Bewohnern des formlosen, zeitlosen,
unbeweglichen Orients absetzte. Dazu sei im 19. Jahrhundert der Rassismus
getreten. Das okzidentale ›Wir‹-Gefühl als Diskurs im Sinne von Foucault
bestehe aus nationalen und ethnischen Vorurteilen, die aus einem Überlegen-

[1] Aus technischen Gründen wurde dieser Beitrag nicht ins Jahrbuch 2013 aufgenommen, obwohl er von der früheren Herausgeberschaft bereits dafür vorgesehen war.
[2] Siehe Frantz Fanon: Les damnés de la terre, Paris: Maspero 1961 (= Cahiers libres, Bd. 27–28).
[3] Siehe Edward W. Saïd: Orientalism, New York: Pantheon Books 1978.

heitsgefühl zu Machtausübung führen. Es dient zudem der Legitimation der Kolonialisierung im Namen der Zivilisation. Die westlichen Vorurteile fand Saïd in Berichten über Kontakte von Europäern mit Arabern während des 19. Jahrhunderts und in der orientalistischen Wissenschaft.

In seinem späteren Buch *Culture and Imperialism*[4] befasste Saïd sich insbesondere mit Literatur. Seit Defoes *Robinson Crusoe* (1719) gehören der Roman und der Imperialismus als Produkte der Bourgeoisie zusammen (Saïd 1993, 70f.). Wenn ein britischer Roman darstelle, wie der Besitz einer Zucker-Plantage in einer Kolonie den Lebensstil einer britischen Familie ermögliche, verschweige dieser Text das Schicksal der kolonisierten Eingeborenen. Deshalb sei ein kontrapunktisches Lesen nötig (ebd., 66). Joseph Conrads berühmte Novelle *Heart of Darkness* (1899) kritisiere zwar die koloniale Ausbeutung, akzeptiere aber die permanente Unterordnung der Bevölkerung im Kongo (Saïd 1993, 22–26, 28–31, 67–70, u.a.). Conrads Erfahrung in Afrika sei von einer ganzen Bibliothek zum Afrikanismus beeinflusst worden (ebd., 67). Obwohl Edward Morgan Forsters Roman *A Passage to India* (1924) von den rassischen und politischen Konflikten und Missverständnissen handle, die sich aus der britischen Herrschaft über Indien ergeben haben, sehe der Text die Inder mit imperialen Augen (Saïd 1993, 204). Zwar stütze sich das Libretto von Verdis *Aida* auf die Ägyptologie des 19. Jahrhunderts, aber es ignoriere das arme ägyptische Volk.

Saïd wirft die Frage auf, ob der Einfluss, den die Imperien auf die westliche Kultur ausgeübt hätten, einer der Antriebe für die literarische Bewegung des Modernismus gewesen sei. In Thomas Manns *Der Tod in Venedig* komme die Cholera aus dem Osten und das zeige an, dass Europa nicht mehr unverwundbar sei (ebd., 188, 192). Saïd stellt Thomas Mann neben T. E. Lawrence, James Joyce, T. S. Eliot, Marcel Proust und W. B. Yeats in eine Reihe von Modernisten, deren Werk durch Selbstreflexion, Selbstbezug, Diskontinuität und selbstzersetzende Ironie gekennzeichnet sei.[5] Diese Tendenzen liefen dem nationalistischen und imperialen Überlegenheitsgefühl entgegen.

Ist Thomas Manns Werk der richtige Gegenstand für die postkoloniale Betrachtungsweise? Todd Kontje bejaht diese Frage in seinem Buch *German Orientalisms*.[6] Die deutsche Identität habe sich im Gegensatz zum fremden Anderen gebildet, angefangen mit Wolframs *Parzival*. Als Europäer hätten die Deutschen an dem europäischen Rassenstolz teilgenommen und deshalb

---

[4] Edward W. Saïd: Culture and Imperialism, New York: Knopf 1993, nachfolgend zitiert als Saïd 1993.

[5] »... extremes of self-consciousness, discontinuity, self-referentiality, and corrosive irony [...]« (Saïd 1993, 188).

[6] Todd Kontje: German Orientalisms, Ann Arbor: University of Michigan Press 2004, nachfolgend zitiert als Kontje 2004.

die orientalistische Denkweise nicht vermeiden können. Eindeutig imperialistisch sei 1914 der deutsche »Griff nach der Weltmacht«[7] gewesen. Bedeutet die Politik der deutschen Regierung in der Julikrise von 1914, dass der Imperialismus tief in die deutsche Kultur eingesunken war? Zielte diese Politik primär auf außereuropäische Ausdehnung ab oder war sie mehr um die kontinentale Macht Deutschlands und Österreich-Ungarns besorgt? Hatte sich in der deutschen Volksmeinung und Kultur ein imperiales Bewusstsein festgesetzt? Hans Grimms Roman *Volk ohne Raum* (1926) spricht eher dagegen, denn das Buch will noch 1926 für einen deutschen Imperialismus werben.

Ein Kapitel mit dem Titel »Fascist Orientalism and its Discontents« widmet Kontje in *German Orientalisms* zum großen Teil Thomas Mann. Es beginnt mit einer Wiedergabe von Alfred Baeumlers Darstellung Bachofens und der dunklen Romantik, die Thomas Mann in *Pariser Rechenschaft* ablehnte (15.1, 1115–1214), die aber doch in ihm fortgewirkt habe. Kontje erkennt ganz richtig, dass Thomas Manns politische Positionen nie seine ganze Meinung wiedergeben, vielmehr bleibt immer eine ausweichende Möglichkeit bestehen. Nur wird Kontje dieser Widersprüchlichkeit nicht immer gerecht, weil er, orientiert an Edward Saïd, nach Vorurteilen gegen das ›Andere‹ sucht. Ein fest sitzendes Vorurteil findet Kontje in Thomas Manns Rassismus, den er mit einem Zitat aus einem der Kriegsaufsätze belegt: »Ein Senegalneger, der deutsche Gefangene bewacht, ein Tier mit Lippen so dick wie Kissen, führt seine graue Pfote die Kehle entlang und gurgelt: ›Man sollte sie hinmachen. *Es sind Barbaren*‹« (15.1, 123; Kontje 2004, 142). Das ist in der Tat rassistische Rhetorik. Rassistisches Denken zeige sich auch, wenn Thomas Mann seine norddeutsche und brasilianische Herkunft in seinen Fiktionen als Erklärung des Spannungsfeldes zwischen respektablem Bürger und fragwürdigem Künstler einsetze. Über Tonio Krögers Mutter heißt es in Thomas Manns Text, dass der Vater sie »von ganz unten auf der Landkarte heraufgeholt hatte« (2.1, 247; Kontje 2004, 148). In *Der Wille zum Glück* (2.1, 50–70) seien die Eltern der Hauptperson Paolo, eines kränklichen Künstlers, rassisch verschieden. Kontje schließt daraus: Thomas Manns frühe Werke hätten sich auf einer Nord-Süd-Achse bewegt, wobei der bedrohliche Süden dem Orient in Saïds *Orientalism* entspreche.

Im Vorwort zu *Thomas Mann's World*[8] spricht Kontje von seiner Absicht, die »jüdische Frage« im Zusammenhang mit Manns Kreativität zu betrachten. Manns Kreativität sei mehrfach stigmatisiert: durch die brasilianische Herkunft seiner Mutter, durch seine unterdrückten homosexuellen Begehren und

---

[7] Kontje benutzt mehrfach den Titel aus Fritz Fischer: Griff nach der Weltmacht. Die Kriegszielpolitik des kaiserlichen Deutschland 1914/18, Düsseldorf: [o.V.] 1961.

[8] Todd Kontje: Thomas Mann's World. Empire, Race, and the Jewish Question, Ann Arbor: The University of Michigan Press 2011, im Text zitiert als Kontje 2011.

durch seine Rolle als Künstler in der bürgerlichen Gesellschaft (Kontje 2011, V f.). Unter den sieben Schlüsselwörtern (keywords), mit denen Kontje seine *Cambridge Introduction to Thomas Mann*[9] beginnt, ist »Distinction« das erste und »Stigma« das zweite. Schreiben sei für Thomas Mann eine Sublimierung seines Stigmas des homosexuellen Begehrens gewesen, mit dem er die Mächte niederhielt, die das zerbrechliche Gebäude seines respektablen äußerlichen Lebens zu zerstören drohten (Kontje 2011C, 11). Kontje sieht Thomas Manns Werk als das eines Deutschen mit Oberklasse-Anspruch, der durch die verbotene Homosexualität gefährdet war. Er führt den autobiographischen Einschub in *Joseph in Ägypten* an, in dem der Erzähler in der Rolle des Autors seine Leser daran erinnert, dass er Mut-em-enets Heimsuchung schon früher beschrieben habe, nämlich in *Der kleine Herr Friedemann* und in *Der Tod in Venedig* (V, 1085 f.). Diese Fiktionen nimmt Kontje als biographischen Beweis, Thomas Mann sei von seinem homoerotischen Begehren beherrscht. Deswegen habe Schopenhauers »Wille«, eine »amoralische Lebenskraft« (Kontje 2011C, 18), ihn angesprochen. Kontje tadelt dieses Interesse: Schopenhauer sei im Gegensatz zu den fortschrittlich gesinnten Philosophien von Hegel und Marx radikal unhistorisch und pessimistisch. Daraus leitet er Thomas Manns konservative Grundstimmung als Künstler ab. Im Kontrast zu seiner Reife als öffentlicher Intellektueller, der sich für Demokratie und gegen Tyrannei eingesetzt habe, habe er allzu lange an dem Einfluss von Nietzsche und Schopenhauer festgehalten, nämlich an der konservativen Überzeugung, dass Vernunft und Fortschritt nur lebenserhaltene Illusionen seien (ebd., 18). Ich frage: Hat Nietzsche nur im konservativen Sinn auf Thomas Mann gewirkt? Gehört nicht vielmehr Nietzsches antimetaphysische Philosophie in das Zentrum von Thomas Manns Modernismus?

Hat Thomas Mann unter dem Zwang eines Stigmas geschrieben? Die Beschäftigung der Forschung damit ist in einer Zeit entstanden, als die soziale Stigmatisierung der Homosexualität in Deutschland intensiv diskutiert wurde. In der Bundesrepublik wurde im Zuge der Reformbewegung um 1968 die strenge Handhabung des Paragraphen 175 des deutschen Strafgesetzbuches kritisiert, weil sie aus der Zeit des Nationalsozialismus überkommen war. Seit 1969 werden zwar homosexuelle Handlungen unter Erwachsenen nicht mehr bestraft, der Paragraph wurde aber erst 1994 abgeschafft. Die Veröffentlichung der Tagebücher Thomas Manns begann 1977. Seitdem integrieren die Interpreten Thomas Manns dessen homoerotische Neigung in seine Biographie. Das gab der traditionell ›linken‹ Auffassung von Thomas Manns Werk als Ausdruck der rückständigen Bürgerlichkeit eine neue Wendung: Thomas Mann

---

[9] Todd Kontje: The Cambridge introduction to Thomas Mann, Cambridge: Cambridge University Press 2011 (= Cambridge introductions to literature), im Text zitiert als Kontje 2011C.

gehörte als Homosexueller jetzt zu einer Minderheit und war wieder interessant. 1991 erschien das Buch von Karl Werner Böhm mit dem Titel *Zwischen Selbstzucht und Verlangen. Thomas Mann und das Stigma Homosexualität,*[10] das mit sorgfältiger Benutzung der damals verfügbaren Quellen Thomas Mann als Homosexuellen beschreibt, der sein Verlangen mit Selbstzucht unterdrückt. Aus einer Untersuchung der Wortfelder, mit denen Thomas Mann in den Tagebüchern die ihm begegneten Menschen beschreibt, schließt Böhm, dass Thomas Mann überwiegend homosexuell empfunden habe (Böhm 1991, 67–78).

Ist das die ganze Wahrheit? Thomas Mann konnte psychisch labil sein. Otto Grautoff, der sich von homosexuellem Begehren gequält fühlte, empfahl er, wie man Abstand vom Leben durch Schreiben gewinnen könne (21, 77). Abstand vom Leben, von Wünschen und Begehren, kann Depressionen erzeugen. Am 13. Februar 1901 schreibt Thomas Mann an Heinrich von »ernst gemeinten Selbstabschaffungsplänen«. Aber die Depressionen seien einem »unbeschreiblichen, reinen und unverhofften Herzensglück« gewichen (21, 154). Das kann sich nur auf seine Liebe für Paul Ehrenberg bezogen haben, eine Liebe, die Ehrenberg nur als Freundschaft erwiderte. Thomas Manns Glück bestand darin, wie er Heinrich schrieb, dass er etwas »Ehrliches, Warmes und Gutes« an sich habe, nicht nur Literatur. Auch die homoerotische Liebe war Liebe. Im Mai des gleichen Jahres fand in Florenz eine kleine Affäre mit der Engländerin Mary Smith statt (XI, 117). Das alles passt nicht zu einem Menschen, der sich von einem homosexuellen Stigma bestimmt fühlt.

Homosexuelle Handlungen hat Thomas Mann nicht erstrebt. Das hat er mehrfach deutlich im Tagebuch ausgedrückt. Als er zum Beispiel einen halbnackten Gärtnerburschen bei der Arbeit beobachtet hatte, machte er sich im Tagebuch Gedanken:

… Gedanken über das Irreale, Illusionäre und Aesthetische solcher Neigung, deren Ziel, wie es scheint, im Anschauen und ›Bewundern‹ beruht und, obgleich erotisch, von irgendwelchen Realisierungen weder mit der Vernunft noch auch nur mit den Sinnen etwas wissen will. Es ist dies wohl der Einfluß des Wirklichkeitssinnes auf die Phantasie, der das Entzücken erlaubt, aber es am Bilde festhält. (Tb, 25.4.1934)

Der Wirklichkeitssinn, die (unangenehme) Vorstellung einer Realisierung des erotischen Reizes durch sexuellen Kontakt, begrenze die Phantasie und reduziere das Verlangen. Das mag Selbsttäuschung gewesen sein; er schrieb es für sich in sein geheimes Tagebuch.

---

[10] Karl Werner Böhm: Zwischen Selbstzucht und Verlangen. Thomas Mann und das Stigma Homosexualität. Untersuchungen zu Frühwerk und Jugend, Würzburg: Königshausen & Neumann 1991 (= Studien zur Literatur- und Kulturgeschichte, Bd. 2), nachfolgend zitiert als Böhm 1991.

Thomas Mann bewahrte sein homoerotisches Begehren als ein Geheimnis. Er wollte nicht als homosexueller Schriftsteller gelesen werden. Darum haben wir nur wenige Zeugnisse über ein Leiden an dem inneren Verbot, homoerotische Gefühle auszuleben. Die Periode starker homoerotischer Gefühle für Franz Westermeier im Sommer 1950 hat Eingang in die erhaltenen Tagebücher gefunden. Nach einem selbstbefriedigenden Orgasmus schreibt er: »Dir zu Ehren, Tor!«, und formuliert seine homoerotische Lebensordnung: »Banale Aktivität, Aggressivität, die Erprobung, wie weit er willens wäre, gehört nicht zu meinem Leben, das Geheimnis gebietet« (Tb, 10. 7. 1950). Mit dieser Lebensordnung brauchte Thomas Mann das alte Strafgesetz nicht zu fürchten, denn es ahndete ›widernatürliche Unzucht‹, nicht homosexuelle Gefühle. Auch im Fall Westermeier ist Thomas Mann das innere Bewusstsein seiner Fähigkeit zu lieben wichtiger als die Beziehung zu dem »Toren«: »O, unfassliches Leben, das sich in der Liebe bejaht« (Tb, 14. 7. 1950). Er wird Westermeier vergessen, aber nicht »das Abenteuer [s]eines Herzens« (Tb, 11. 7. 1950).

Muss man also im fiktiven Werk nach intensivem Ausdruck des Leidens am Selbstverbot der Homoerotik suchen? Bedeutet der Buckel Johannes Friedemanns primär das Selbstverbot des homosexuellen Verlangens des Autors oder handelt die Erzählung in der spielerischen Andeutung auf den Apotheker Gieshübler und dessen Liebe zu Effi Briest schlicht von einer verhinderten Liebe? Spiele mit »öffentlichkeitsfähige[n] Formen und Masken« seien, in den Worten eines Briefes Thomas Manns an Grautoff vom 21. 7. 1897, der Ausdruck von »Liebe«, »Haß«, »Mitleid«, »Verachtung«, »Stolz«, »Hohn«, und »Anklagen« (21, 95 f.). Der Außenseiter-Dichter verwandelt seine Gefühle in Form. Müssen wir die geformten Gefühle in den Ausdruck eines quälenden Stigmas zurückübersetzen?

In *Der Tod in Venedig* wird spezifisch ein unerfülltes homoerotisches Begehren vergegenwärtigt. Dabei ist Aschenbach, der aus der vormodernistischen Zeit stammt (und vor der Veröffentlichung von Richard von Krafft-Ebings *Psychopathia sexualis*[11]), wesentlich älter als sein Autor. Unter dem Druck des gesellschaftlichen Stigmas verwirft er seine »Begierde« als »Gefühlsfrevel«, der zum Abgrund führe (2.1, 589). Jedoch gilt das nicht für Thomas Manns Erzähler, der Tadzio als Seelenführer vor dem »Nebelhaft-Grenzenlosen« des Meeres stehen und in das »Verheißungsvoll-Ungeheure« winken lässt (2.1, 592). Der Autor befreit Aschenbach von der ›Sklavenmoral‹, mit der dieser sich selbst verurteilte. Thomas Mann thematisierte das Verlangen nach Befreiung der Liebe von bürgerlichen und staatlichen Zwängen in *Gefallen*, danach in der Geschichte Tony Buddenbrooks, in *Königliche Hoheit, Der Tod in Venedig*,

[11] Richard von Krafft-Ebing: Psychopathia sexualis. Eine klinisch-forensische Studie, Stuttgart: Enke 1886.

Zauberberg, Bekenntnisse des Hochstaplers Felix Krull und in *Die Betrogene.*
Das Stigma, das die Gesellschaft den Homosexuellen auferlegt, reizt den Modernisten zum Protest und stiftet die imaginative Erwartung einer freieren
bürgerlichen Ordnung.[12]

Kontje betrachtet den Modernismus an der Wende zum 20. Jahrhundert unter der Perspektive des zu verdammenden Imperialismus. *Der Tod in Venedig,*
schreibt Kontje, sei zu unterscheiden von Manns früheren Werken. Es handle
sich um ein markantes Dokument des europäischen Modernismus, weil der
Text die Geschichte eines sexuellen Drangs, der möglicherweise anrüchig (»sordid«[13]) hätte dargestellt werden können, in den Bereich von Symbol und Mythos erhebe.[14] Er erklärt die mythischen Zitate für täuschende Tarnung des eigentlich homosexuellen Stoffes (Kontje 2011C, 50f.). Hat Thomas Mann einen
anstößigen Stoff mit klassischem Mythos verbrämt? Tadzio als »Psychagog«,
als Hermes-Seelenführer, deutet auf das Meer als das »Verheißungsvoll-Ungeheure« (2.1, 592), weil Thomas Mann das ›All-Leben‹ Goethes, Schopenhauers
und Nietzsches positiv meint. Kontje spricht der mythischen Symbolik im
Text den universalen Wert ab. Thomas Mann verbinde Begehren, Krankheit,
künstlerische Kreativität und Tod. Diese Verbindungen seien nicht universal,
sondern spiegelten eine historische Konstellation von Ideen, Sünden aus der
Zeit des Imperialismus, die mit Nietzsche, Wagner und Schopenhauer auf die
deutsche Romantik zurückgingen. Die pessimistische Philosophie des 19. Jahrhunderts habe in Opposition zur Aufklärung und zum Sozialismus gestanden
(Kontje 2011C, 49f.).

Im Zuge der negativen Deutung der Homoerotik in *Der Tod in Venedig* will
Kontje den Fremden am Münchener Nordfriedhof neu verstehen (ebd., 48f.).
Kontje lässt die üblichen mythischen Deutungen als Todes- und als Hermes-
Figur gelten, real aber sei er ein Zuhälter, weil er einen Blickkontakt herstellt.
Ist das ein Signal, dass er Aschenbachs homoerotische Neigung erkennt? Das
wäre möglich, jedoch benimmt sich der Fremde nicht wie ein Zuhälter, denn
er zwingt Aschenbach, den Blick abzuwenden (2.1, 503).

Merkwürdigerweise bemerkt Kontje nicht, dass der Text auf eine bestimmte
»gefahrdrohende« (2.1, 501) europäische Krise aufmerksam macht. Es handelt

---

[12] Siehe Heinrich Detering: Das Werk und die Gnade. Zu Religion und Kunstreligion in der
Poetik Thomas Manns, in: Der ungläubige Thomas. Zur Religion in Thomas Manns Romanen,
hrsg. von Niklaus Peter und Thomas Sprecher, Frankfurt/Main: Klostermann 2012 (= TMS XLV),
S. 149–165, besonders S. 156 und 161.

[13] Die Grundbedeutung des Wortes ›sordid‹ ist ›schmutzig‹.

[14] »What distinguishes *Death in Venice* from Mann's earlier fiction and makes it a landmark
achievement of European modernism is the way that Mann transports a potentially sordid tale
of sexual obsession into the realm of symbol and myth.« (Kontje 2011, 49)

sich um die zweite Marokkokrise von 1911,[15] die von Frankreichs Imperialismus ausging, Deutschlands diplomatische Isolierung offenbar machte und
den Grund für die riskante Politik der deutschen Reichsregierung in der Julikrise 1914 bereitete. Der Text weiß von einigen ungelösten europäischen Spannungen: vom Hass der Polen gegen die Russen und von der Sympathie italienisch sprechender Österreicher für Italien. Der Text drückt aus, dass das Ende
des imperialistischen Zeitalters spürbar wird. Thomas Mann thematisiert in
den *Betrachtungen eines Unpolitischen* einige Jahre später, dass die Feinde
Deutschlands das »Imperium der Zivilisation« anstreben (13.1, 43, 386; Kontje
2004, 141 f.). Kontje bemerkt das und tadelt (mit Recht), dass Thomas Mann
die deutsch-konservativen Ansichten von Paul de Lagarde und Houston Ste-
wart Chamberlain in die Argumente der *Betrachtungen* hineinmischt (Kontje
2011C, 57 f.).

Weil Kontjes postkoloniale Sicht Thomas Manns Werk in die Epoche des
Imperialismus verortet, also in die Vergangenheit, kommt die modernistische
Intention der *Betrachtungen*, die Weigerung, sich auf eine bestimmte Ideologie festzulegen, nicht in sein Blickfeld. Thomas Mann berief sich auf die
»Fundamente« seiner »geistig-künstlerischen Bildung«, das »Dreigestirn ewig
verbundener Geister«: Schopenhauer, Nietzsche und Wagner, die er »nicht in-
tim deutsche, sondern europäische Ereignisse« nennt (13.1, 79). Für Kontje
sind diese Phänomene irrational-destruktive Tendenzen des 19. Jahrhunderts.

Fiorenza und *Gladius Dei* erwähnt Kontje in *Thomas Manns World* nur
ganz flüchtig. In seiner *Cambridge Introduction* gibt Kontje den Inhalt wieder, ohne darauf einzugehen, dass beide Texte von Nietzsches *Zur Genealogie
der Moral* angeregt wurden. Deren dritter Teil, die Abhandlung »Was bedeuten asketische Ideale«, beschreibt das Entstehen von Macht aus Ressentiment.
Nietzsche preist auch das freie Philosophieren, ermöglicht durch »Ruhe in allen
Souterrains; alle Hunde hübsch an die Kette gelegt«.[16] Thomas Mann zitierte
die Wendung in einem Brief an Otto Grautoff vom 17. 2. 1896 mit Bezug auf
das sexuelle Begehren (21, 72). Kontje nimmt das Bild der Hunde aus dem
Brief an Grautoff am Anfang seiner *Cambridge Introduction* als von Thomas
Mann erfundenen Einfall, der belege, dass Thomas Mann sein sexuelles Be-
gehren mit »wilde[n] Tiere[n]« verglichen habe, die »immer drohen auszubre-
chen«. So bedroht, verteidige der Sohn des Senators den Respekt, der seiner
Herkunft zukomme (Kontje 2011C, 11; auch ders. 2011, 35.). Die mönchartige

---

[15] »... des Jahres 19..[...]« (2.1, 501). Der Text schreibt die Jahreszahl im Zuge einer Parodie
der klassischen Novellenform nicht aus.
[16] Friedrich Nietzsche: Zur Genealogie der Moral, in: Sämtliche Werke. Kritische Studienausgabe, hrsg. von Giorgio Colli und Mazzino Montinari, München: dtv 1988, Bd. 5, S. 352;
nachfolgend im Text zitiert als Nietzsche KSA mit Band und Seite.

Figur Hieronymus in *Gladius Dei* sei ein anderer Ausdruck des Bemühens, die ungebärdigen sexuellen Triebe zu zähmen (Kontje 2011C, 38f.).

Kontjes Tendenz, fiktionale Texte als biographische Evidenz zu nehmen, bestimmt auch seine Interpretation von *Wälsungenblut*, von der es mehrere Varianten gibt. Wir betrachten die Version in dem Kapitel »The Married Artist and the Jewish question« in *Thomas Mann's World*. Kontje meint, Thomas Manns Heirat habe dazu gedient, den Verdacht, er sei homosexuell, zu widerlegen, das homosexuelle Begehren zu unterdrücken und den Respekt wieder zu gewinnen, den sein Vater genossen habe. Thomas Mann habe eine Frau aus einer Familie jüdischer Herkunft geheiratet, um sich von den gewöhnlichen Bürgerlichen zu unterscheiden (Kontje 2011, 45). Die fremde (»alien«) Frau und die rassisch gemischten Kinder seien eine Erinnerung an seine Mutter, eine Wiederholung der Rassenmischung. Der damit verbundene Bereich von Rauschgift, Inspiration und unerlaubtem homosexuellen Verlangen werde durch die Heirat unterdrückt, aber genug Exotisches werde bewahrt, sodass er trotz der bürgerlichen Fassade Künstler bleiben könne.[17] Seine Heirat sei sowohl ein Heilmittel als auch Gift im Sinne von Derridas Lesung von Platos *pharmakon*[18] (Kontje 2011, 47): Gift, weil die Heirat den Verzicht auf die eigentlichen sexuellen Wünsche impliziere; ein Heilmittel, weil die Fremdheit der Frau eine exotische Impfung sei, die dazu diene, gerade genug Fremdheit in das »strenge Glück« der Ehe einzubringen, sodass schriftstellerische Produktion möglich bleibe (ebd., 63f.).

Richtig daran ist, dass der verheiratete Thomas Mann sich nicht verbürgerlichte und Außenseiter blieb, auch dann als er im Ersten Weltkrieg versuchte, Stimme seines Volkes zu werden. Katia ermöglichte ihm, sich bürgerlich einzugliedern und doch unbürgerlich zu bleiben, sozusagen eine ambivalente Existenz zu führen. Die Metaphern Gift und Heilmittel für Thomas Manns Ehe sind aus der Annahme entwickelt, dass der ausschließlich homosexuelle Thomas Mann dauernd unter einem quälenden Stigma gelitten habe. Thomas Manns Ehe Gift zu nennen, widerspricht der biographischen Evidenz. Katia hat ein großes Verdienst um das Entstehen der Werke; sie schützte Thomas Mann, und er brauchte diesen Schutz. Ein inspirierendes exotisches Heilmittel war sie nicht, nicht einmal exotisch.

---

[17] »Racial difference in turn, is associated with the maternal, feminin realm of intoxication, inspiration, and illicit homosexual desire that Mann sought to repress through marriage, but that he needed to retain and harness for the production of his art. [...] [I]t prevented the senator's son from succumbing entirely to ›the howling triumph of the repressed instinctual world‹, but also preserved enough of this world to allow him to remain an artist beneath the facade of bourgeois respectability.« (Kontje 2011, 47)

[18] Vgl. Jacques Derrida: Dissemination, ins Englische übersetzt von Barbara Johnson, Chicago: Chicago University Press 1981, S. 61–75.

Heinrich Mann hatte offenbar seines Bruders Heirat in eine reiche jüdische Familie missbilligt. Darum schrieb Thomas Mann ihm Briefe, die Kontje benutzte, um Zweifel Thomas Manns an seiner Heirat zu beweisen (2.2, 316). Diese Zweifel seien in seine Erzählung *Wälsungenblut* eingegangen. Kontje räumt ein, dass *Wälsungenblut* gut geplant und gut geschrieben sei, der Text sei aber äußerst skandalös. Denn Thomas Mann habe die Familie Aarenhold unvorteilhaft dargestellt, weil sie jüdisch sei (Kontje 2011, 52f.). Wer Thomas Manns Text unvoreingenommen liest, wird finden, dass die Familie mit groteskem Humor beschrieben, aber nicht durchaus schlecht gemacht wird. Auf die Darstellung passt, was Thomas Mann in *Bilse und ich* als feindselige »Rücksichtslosigkeit der beobachtenden Erkenntnis« erklärt hat (14.1, 105). Die Familie hat alle äußeren Anzeichen einer gelungenen Assimilation an die deutsche Gesellschaft. So spricht beispielsweise beherrschte Kultur aus den Reden der Kinder und der ältere Sohn ist sogar Reserveoffizier in einem Kavallerieregiment (was in Preußen so gut wie unmöglich war). Jedoch zeigt die Mutter Spuren ihrer geringen Herkunft; sie ist geradezu die Karikatur einer Frau, die trotz ihrer Brillanten noch halb im Ghetto ihrer Jugend lebt.

Der jüngere Siegmund bewahrt zuletzt seine jüdische Identität. Assimilation und Identität ist das Thema der Novelle. Aus seiner Brautzeit bringt Thomas Mann Erlebtes in karikierter Form ein. Das bedeutet nicht, dass dieser Text den Zweck hatte, mit den Problemen seiner Heirat fertig zu werden (»come to terms«, Kontje 2011, 47). Kontje meint, schlimmer noch als die üble Darstellung einer jüdischen Familie, weil sie jüdisch ist, sei, dass die Juden das nicht ändern könnten, denn Jüdisch-Sein liege im Blut (Kontje 2011, 53f.). Die Novelle verneine die jüdische Assimilation an die deutsche Gesellschaft. Das ist richtig. Thomas Mann hielt Juden nicht für Deutsche (mit der Ausnahme von Bruno Walter, 15.1, 200), er gestand ihnen ethnische Eigenart zu, die auch viele Diaspora-Juden in Anspruch nahmen und noch nehmen.

Kontje zitiert aus dem Text von *Wälsungenblut* über die Aarenhold-Kinder und damit über sich assimilierende deutsche Juden, sie seien »von hoffnungslos anderer Art« (2.1, 451; Kontje 2011, 55, 200). Aber der zitierte Text spricht hier nicht von Siegmund Aarenhold, sondern von der Figur Siegmund in Wagners *Die Walküre* (2.1, 449–457). Die Erzählung heißt nicht »Judenblut«, sondern »Wälsungenblut«, weil sie auf die Außerordentlichkeit zielt, die »hoffnungslos andere Art« des Außenseiters, für die Thomas Mann mehrfach jüdische Figuren eingesetzt hat. Juden sind Andere, nicht Gewöhnliche, so wie die Wälsungen in Wagners *Der Ring des Nibelungen* Andere sind, so wie ein Künstler-Außenseiter ein Anderer ist. In dieser Intention sollten die antisemitischen Klischees, von denen der Text voll ist, eine komische Rolle spielen und die Außerordentlichkeit wieder reduzieren. Zum Beispiel lässt Siegmunds »fortwährendes Bedürfnis nach Reinigung« (2.1, 440) an das Klischee des dreckigen

Juden aus dem Ghetto denken, gegen das Siegmund immerfort angehen muss. Thomas Manns Intention, die Aarenhold-Familie über Wagners Wälsungen als Außenseiter zu zeigen, sollte die Klischees künstlerisch verwandeln.[19] Als außergewöhnliches Benehmen haftet auch eine humorvoll-parodistische Bedeutungsschicht an ihnen. Ein heutiger Leser, der die Folgen kennt, die die antisemitischen Klischees nach sich gezogen haben, wird diesen Humor freilich nicht schätzen.

Wälsungenblut hat zwei Figuren, mit denen Thomas Mann sich selbst verspottet oder kritisiert. Einer ist Beckerath, der als Werber um Sieglinde der Situation Thomas Manns im Kreise der Pringsheims ähnlich ist. Er ist der manierierten, gebildeten und oft ironisch-scharfen Sprechweise der kultivierten Aarenhold-Kinder nicht gewachsen. Die Selbstironie steigert der Autor, indem er seinen Stellvertreter, ein Ministerialbeamten von verarmtem Adel, der in die reich gewordene jüdische Familie aus dem Osten einheiratet, sozial erhöht. Der Innenseiter des wilhelminischen Deutschlands wird von einer reichen assimilierten jüdischen Familie als Außenseiter behandelt. Dem Außenseiter-Motiv wird, sozusagen momentweise, der Ernst genommen, der ihm in Thomas Manns Werk gewöhnlich anhaftet. Als Außenseiter unter den Deutschen, nämlich als Jude, bekennt sich Siegmund am Ende der Erzählung, als die »Merkzeichen« seiner Art hervortreten und er Beckerath »Goy« nennt (2.1, 463).

Siegmund Aarenhold ist wie Wagners Siegmund von »hoffnungslos anderer Art«. Er hat ein kleines Talent zum Malen, ist aber Dilettant geblieben, denn er hatte verstanden, »dass die Bedingungen seines Daseins für die Entwicklung einer gestaltenden Gabe nicht eben die günstigsten waren« (2.1, 442). Er realisierte, »dass das Schöpfertum aus der Leidenschaft kam und wieder die Gestalt der Leidenschaft nahm« (2.1, 456). Immerhin versteht er, was ihm fehlt und kann es nachahmen: Die Geschwister parodieren den Meister, sie beugen sich nicht der Verehrung des großen Deutschen, sondern spielen mit seiner Größe. Mit dem Inzest brechen sie die moralischen Regeln, die für die Gewöhnlichen gelten. Sie erobern sich keine andere Moral, wie Nietzsche wollte, vielmehr spielen sie eine verbürgerlichte Parodie des Inzestes von Richard Wagners *Die Walküre*. ›Verbürgerlicht‹ ist hier im Sinne Nietzsches gemeint, der in *Der Fall Wagner* schreibt, der Gehalt von Wagners Texten zeige sich, wenn man sie »in's Reale, in's Moderne,– seien wir noch grausamer! in's Bürgerliche!« übersetzt (Nietzsche, KSA 6, 34). *Wälsungenblut* enthält eine Nietzsche-Parodie.

---

[19] Siehe Hans Vaget: »Von hoffnungslos anderer Art.« Thomas Manns »Wälsungenblut« im Lichte unserer Erfahrung, in: Thomas Mann und das Judentum, hrsg. von Manfred Dierks und Ruprecht Wimmer, Frankfurt/Main: Klostermann 2004 (= TMS XXX), S. 49–52. Vgl. dazu auch Thomas Mann: Bilse und ich, in: 14.1, S. 105–107.

Auch mit der Figur Siegmund Aarenhold verspottet Thomas Mann sich selbst. Das Dilettanten-Thema war in Thomas Manns Anfängen gespeist von der Furcht, sein Talent könne nicht ausreichen oder verloren gehen. Diese Furcht kehrt hier wieder in anderer Gestalt: Die Heirat in die reiche Pringsheim-Familie könnte Thomas Mann bequem machen, sodass er wie Siegmund zum Dilettanten verkäme. Siegmund ist also, wie schon Spinell vor ihm und wie Naphta nach ihm, eine jüdische Figur, die Thomas Mann benutzt, um eigene Ansichten, Befindlichkeiten, Möglichkeiten zu ironisieren. Diese widersprüchliche Selbstparodie ist ganz nach Thomas Manns Art. Kontje kennt sie,[20] aber das hindert ihn nicht, beeinflusst von der postkolonialen Theorie, Thomas Manns Antisemitismus als eine festsitzende Voreingenommenheit anzusehen. Die zeige sich, meint Kontje, wenn Thomas Mann nach der Geburt eines Kindes nach nordisch-hanseatischen oder jüdischen Zügen forsche (21, 333; VIII, 1087). Dann stehe das Jüdische für das exotisch Fremde. (Kontje 1911, 47). Kontje verfolgt mit vielen Zitaten aus Manns Tagebüchern Thomas Manns Denken auf antisemitischen Bahnen (Kontje 2011, 6–14). Besonders deutlich ist der Widerspruch gegen den anti-zionistischen Rabbiner Elmer Berger in Thomas Manns Tagebucheintrag vom 27. Oktober 1945. Berger, der vom Reformjudentum geprägt war, trat in einem Buch für die volle Integration der Juden in die amerikanische Gesellschaft ein. Die Juden seien kein Volk. Das will Thomas Mann nicht glauben: »Heine, Kerr, Harden, Kraus bis zu dem fascistischen Typ Goldberg – es ist doch ein Geblüt.« (Tb, 27.10.1945)

In den Aufzeichnungen für das ungeschriebene Essay *Geist und Kunst* fand Kontje einen Absatz über den Literaten »im üblen Sinne«. Dieser gefalle sich »in einem von einer echten Natur und Persönlichkeit geschaffenen Geschmack, der nicht zu ihm gehört«. In diesen Notizen setzt Thomas Mann sich einmal von einem jüdischen Literaten ab, den er zwar klug nennt, aber ihm nicht zubilligt, »etwas Kernig-Gemütvolles und treuherzig Bodenständiges« anzuzeigen.[21] Dieser Literat solle wissen, wer er ist, meint Thomas Mann; Juden stehe der Ausdruck von Internationalität zu, aber, wenn sie deutsches Nationalgefühl ausdrücken, sei das unecht. Da zeigt sich in der Tat Thomas Manns Überzeugung, dass Juden nicht deutsch fühlen und denken und daher auch nicht national-deutsch schreiben können. Darin und in einer Reserviertheit gegen ein Benehmen, das er für »typisch jüdisch« hielt, bestand Thomas Manns Antisemitismus (Kontje 2011, 11). Er hatte eine ganze Anzahl jüdischer Freunde, was Kontje anerkennt. Kontje gibt sich mehrfach

---

[20] »... stigmatized others in his fiction can often be inverted without notice into repressed aspects of the self.« (Kontje 2011, Preface VI)

[21] Zitiert nach Hans Wysling: »Geist und Kunst«. Thomas Manns Notizen zu einem ›Literatur-Essay‹, in: Quellenkritischen Studien zum Werk Thomas Manns, hrsg. von Paul Scherer und Hans Wysling, Frankfurt/Main: Klostermann 2008 (=TMS I), S. 186, 205.

Mühe, Thomas Manns Antisemitismus zu differenzieren. Für bewunderns-
wert erklärt er, dass Thomas Mann trotz seinem Antisemitismus schließlich
das Rechte sagte und tat (Kontje 2011, Preface V). Dennoch bleibt für Kontje
bestehen, dass Thomas Manns Ausgrenzung der Juden ein Phänomen sei, das
im Sinne der Saïd'schen Voreingenommenheit verstanden werden müsse, sodass man nach Spuren des Imperialismus und Rassismus in Thomas Manns
Texten zu suchen habe. Die Jüdin Ada, die Geliebte des Künstlers Paolo
in *Der Wille zum Glück,* macht er zu dessen Mörderin (Kontje 2011, 49f.),
was der Text aber nicht hergibt. Settembrini im *Zauberberg* ist für Kontje
ein Orientalist im Sinn von Edward Saïd: Er teilt die Welt auf zwischen
der westlichen Zivilisation und der östlichen Indifferenz, verkörpert durch
Clawdia Chauchat. Da Settembrini keineswegs eine Haltung des Autors vertritt, sondern vielmehr mit liebevoller Ironie dargestellt ist, wäre hier eine
Gelegenheit, zu zeigen, dass Thomas Mann die Voreingenommenheit einer
Figur humoristisch behandelt. Hans Castorps Verhältnis zu Chauchat deutet
Kontje als Symbol des Imperialismus: die Liebe eines kolonisierenden Mannes zu einer anders-rassischen Eingeborenen, bei der der Mann seine Pflicht,
für sein Herkunftsland zu arbeiten, vergisst. Denn Chauchat sei als rassisch
Fremde anzusehen. Thomas Mann habe sich 1918 vom Dostojewski-Heraus-
geber und späteren Mentor der Konservativen Revolution Arthur Moeller van
den Bruck informieren lassen, dass die slawische Rasse zu ihren asiatischen
Wurzeln regrediert sei (Kontje 2011, 93f.).

Der *Zauberberg*-Text beschreibt Chauchats slawische Gesichtszüge als die
von Hans Castorps Schulkameraden Pribislav Hippe, der aus dem Lübeck be-
nachbarten Mecklenburg stammt, wo Nachkommen der slawischen Wenden
leben. Castorp erkennt seinen Hippe in Clawdia Chauchat wieder: »die Be-
tontheit der hochsitzenden Wangenknochenpartie« und ihre »Kirgisenaugen«;
»alles war ganz wie bei Pribislav« (5.1, 223–224). Clawdia Chauchat ist eine
Andere, aber sie ist zugleich auch etwas ganz Intimes und Eigenes für Castorp.
Dass etwas zugleich fremd und vertraut sein kann, ist ein Spiel mit Wider-
sprüchlichem. Dafür hat Kontje manchmal Verständnis, hier jedoch stört ihn
das. Pribislav erwähnt er nur ganz kurz. Das Pribislav-Motiv reduziert Claw-
dias Fremdheit und hat einen autobiographischen Ursprung: Thomas Mann
übertrug eine homoerotische Schülerliebe auf Castorp. Das Motiv legt nahe,
dass Castorps Liebe etwas über Liebe außerhalb ihrer bürgerlichen Normal-
form sagen soll, etwa über die Wert-Gleichheit homoerotischer und hetero-
sexueller Liebe. Das wäre im Sinne von Thomas Manns Modernismus. Aber
Kontje besteht darauf, dass Thomas Manns Werk der imperialen Vergangenheit
verhaftet ist.

Eine andere Metapher für koloniale Verhältnisse ist Homoerotik in der Form
homosozialer Beziehungen wie sie von Eve Kosofsky Sedgwick in ihrem Buch

Between Men[22] beschrieben wurden. Homoerotische Rivalität zwischen Männern kann als Metapher für den Streit europäischer Mächte um den Besitz von Kolonien dienen. In diesem Sinn will Kontje ein Gespräch zwischen Behrens und Castorp verstehen. Es findet in Behrens »Rauchkabinett [statt], das ›türkisch‹ eingerichtet war« (5.1, 388; Kontje 2011, 93). Der pseudo-orientalische Raum verweise auf den politischen Hintergrund der Zeit, als Deutschland und England um die Kontrolle über den Balkan und die Türkei rangen (Kontje 2011, 95). In diesem Gespräch (5.1, 383–405) geht es humorvoll um das gemeinsame Interesse Castorps und Behrens' für Clawdia Chauchat. Kontjes symbolische Deutung entfernt sich ganz weit vom Text des *Zauberbergs*. Diesem Roman sind übrigens Überlegungen über die Weltlage vor dem Ausbruch des Ersten Weltkrieges durchaus nicht fremd; sie kommen in den Gesprächen Naphtas und Settembrini zur Sprache (5.1, 573–580). Kontje interessiert sich mehr für Naphtas jüdische Fremdheit.

In seiner Interpretation des *Doktor Faustus* bemerkt Kontje zu Recht, dass Leverkühn einerseits ein nicht-nationalsozialistisches Deutschland repräsentiere, während andererseits die Sprache, in der Leverkühns musikalischer Durchbruch beschrieben werde, sich mit der vorfaschistischen Ideologie der Konservativen Revolution berühre, wie sie im Kridwiß-Kreis erörtert wird (10.1, 525–538). Weniger überzeugend ist es jedoch, wenn Kontje Leverkühns Musik, die mit Hilfe Theodor W. Adornos zustande gekommen ist, mit Adornos Pessimismus verbindet (Kontje 2011, 157–160). Damit wird Adorno in die Nähe von Schopenhauer gerückt, was der Hegelianer zurückgewiesen hätte. Mit dem Zitieren von Adornos Vatersnamen »Wiesengrund« (10.1, 84) habe Thomas Mann auf dessen jüdische Herkunft hinweisen wollen. Auch ich meine, dass Thomas Mann das Wort »Wiesengrund« nicht, wie er in der *Entstehung des Doktor Faustus* behauptet, als »versteckte Dankbarkeitsdemonstration« (19.1, 442) in den Text eingefügt hat, sondern um sich von Adornos fiktiver Musik in *Doktor Faustus* zu distanzieren. So wie Adorno seinen Vater verleugnet, verleugnet Thomas Mann Leverkühns Musik.

Kontje will Leverkühn und seine Musik in symbolischen Begriffen als jüdisch verstehen (Kontje 2011, 163 f.). Hetaera Esmeralda habe einen ausländisch und fremden Charakter. Ihre Mandelaugen teile sie mit dem Juden Fitelberg und der Jüdin Ada aus *Der Wille zum Glück* (Kontje 2011, 162 f.). Sie sei das fremde zweideutige Gift, das Kontje in Leben und Werk Thomas Manns immer wieder findet: Der Hang zum Bösen, der in den Tiefen der deutschen Seele laure, komme als ausländische Exotik an die Oberfläche. Das deutsche Genie Adrian Leverkühn habe seine kreative Kraft erst dann voll entfalten können,

---

[22] Vgl. Eve Kosofsky Sedgwick: Between Men. English Literature and Male Homosocial Desire, New York: Columbia University Press 1985 (= Gender and culture).

nachdem er sich an einer spanisch-ungarisch-jüdisch-brasilianischen Prostituierten angesteckt habe.[23] Alle diese Adjektive kommen der Prostituierten
nicht zu: der Schmetterling ›Hetaera esmeralda‹ hat in Thomas Manns Text
keine Heimat, ebenso wenig ist das vormals ungarische Pressburg die Heimat
der Prostituierten. Dass der Figur Fitelberg »Mandelaugen voll mittelmeeri-
schen Schmelzes« (10.1, 578) zugeteilt sind, beweist nichts über die Herkunft
der Esmeralda. Das spanische Jäckchen oder das spanische Mieder (10.1, 209,
217; Kontje 2011, 162), sind nur die Bezeichnungen für ein Korsett, das die
Brüste hebt.

Hetaera Esmeraldas jüdisch-exotische Eigenschaften sind ein extremes Beispiel für den Interpretationsstil der sogenannten Postmoderne, der Intentio-
nen hinterfragen will. Kontje will zeigen, dass die postkoloniale Theorie neue
Aspekte eröffnet. Ein solcher Aspekt sei die »Osmose«, durch die das Jüdische,
das in Thomas Manns Werk die Stelle der Saïd'schen Voreingenommenheit
einnehme, als Gift des Exotischen (im *Doktor Faustus* konkretisiert als Sy-
philis-Bakterium) von einer Fremdheitskategorie, wie der des homosexuellen
Begehrens, in eine andere, das Werk, sickere (Kontje 2011, 164).

Problematisch ist die Darstellung des Juden Breisacher im *Doktor Faustus*.[24]
Dass ausgerechnet Breisacher faschistoide Bürgerlichkeit vertritt, ist in der Tat
ein Missgriff, das kritisiert nicht nur Kontje. Breisacher wurde eingeführt als
Mensch von einer »faszinierenden Häßlichkeit«, dessen »dialektische Redefer-
tigkeit [und] Paradoxalität« jedoch geschätzt wird (10.1, 405f.). Er vertritt eine
fortschrittsfeindliche Philosophie in bürgerlichen Gesellschaftskreisen. 1919
ist er, sogar dominierend, am Kridwiß-Kreis beteiligt, in dem Bildungsbür-
ger präfaschistische Gedanken diskutieren. Kontje beschuldigt Thomas Mann,
Breisacher ein Argument für den Völkermord in den Mund gelegt zu haben.
Thomas Mann unterstelle (»suggest«), die Juden seien selbst an ihrem Schicksal
Schuld und der Nationalsozialismus sei aus einer jüdischen Verschwörung her-
vorgegangen (Kontje 2011, 172). Kontjes Bestehen auf Thomas Manns stets ak-
tiver antisemitischen Voreingenommenheit führt ihn in eine Fehlinterpretation.
Denn Breisacher rechtfertigt hygienische Tötungen nicht, noch begründet er
sie (10.1, 537f.). Er sagt eine böse Zukunft voraus, aber von einem Völkermord
ist nicht die Rede. Gemeint sind vielmehr die ›eugenischen‹ Tötungen Kranker
und Schwachsinniger in der ›Aktion T4‹ während der nationalsozialistischen
Herrschaft, auch wohl implizit deren philosophische Rechtfertigung durch

---

[23] »The propensity toward evil that lurks in the depths of the German soul rises to the surface
in the guise of foreign exoticism; the German genius of Adrian Leverkühn cannot unleash its
full creative power until he contracts the sexually transmitted disease of a Spanish-Hungarian-
Jewish-Brazilian prostitute.« (Kontje 2011, 166f.)

[24] Vgl. Ruth Klüger: Thomas Manns jüdische Gestalten, in: Dies.: Katastrophen. Über deutsche Literatur, Göttingen: Wallstein 1994, S. 40f.

Nietzsche in dessen Aphorismus »Moral für Ärzte« aus *Götzen-Dämmerung* (Nietzsche KSA 6, 134–136).

Es gibt einige Einsichten Kontjes, die gerade für das Verständnis des *Doktor Faustus* als Selbstkritik seines Modernismus brauchbar sind, darunter die, dass faschistoide Ideen des deutschen Bürgertums aus dem Modernismus flossen. Jedoch: was Kontjes Buch zusammenhält, ist seine Annahme von stigmatisierenden Kategorien, der brasilianischen Herkunft seiner Mutter, seinem homosexuellen Begehren und seinem Antisemitismus, die aus seiner Person in sein Werk eingesickert seien. All das hat auf ihn gewirkt, ihn aber nicht bestimmend stigmatisiert. Die postkoloniale Betrachtungsweise verfehlt Thomas Manns Werk, verfehlt dessen Modernismus. Der Humor, die ›Ironie‹, die Spiele mit Ambivalenzen und Widersprüchen in Thomas Manns Werk gehen *gegen* die verfestigte Moral des bürgerlichen neunzehnten Jahrhunderts an, das auch die Zeit des Imperialismus war. Kontje rechnet den Pessimismus Schopenhauers der Zeit des Imperialismus zu und erklärt dessen Wirkung auf Thomas Mann für destruktiv. Der Pessimismus des frühen Thomas Mann ist jedoch verbunden mit seiner Kritik der Bürgerlichkeit und mit seinem Humor. Beides hat zuletzt eine befreiende Wirkung. Ist nicht Befreiung der Zweck auch der postkolonialen Betrachtungsweise?

Heinrich Aerni

Thomas Mann und Hermann Hans Wetzler

Neue Quellen zum deutsch-amerikanischen Dirigenten und
Komponisten Hermann Hans Wetzler (1870–1943) als Modell
für Wendell Kretzschmar in *Doktor Faustus*

Einleitung

Am 23. Mai 1943 begann Thomas Mann in Los Angeles mit der Niederschrift
des *Doktor Faustus*. Eine gute Woche später, am 29. Mai 1943, starb in New
York der verhältnismäßig bekannte Dirigent und Komponist Hermann Hans
Wetzler im Alter von 73 Jahren. Zu diesem Zeitpunkt stand für Mann fest, dass
Wetzler die biographische Vorlage für die Figur des Musiklehrers, Referenten
und damit auch des Stotterers Wendell Kretzschmar bilden sollte.

Nach Wetzlers Tod geriet sein Name so schnell in Vergessenheit, dass bereits
frühe Untersuchungen zu *Doktor Faustus* mehr anekdotisch über diesen zu
berichten wussten.[1] Peter de Mendelssohn wusste im Nachwort zu Band 6 der
Gesammelten Werke in Einzelbänden vom Stotterer Wetzler; er kannte Manns
Eintrag zu Wetzler in den vorbereitenden Notizen zu *Doktor Faustus*.[2] Diese
zitierte als Erste Lieselotte Voss in ihrer Dissertation zur Genese des *Doktor
Faustus* aus dem Jahr 1974; der Eintrag liefert den verlässlichen Hinweis auf
Manns Absicht, Wetzler als Figur einzubauen, wohl gar mit eigenem Namen.
Enthalten ist an dieser Stelle auch Manns Hinweis auf Wetzlers Stotterleiden:
»Kapellmeister Wetzler, Amerikaner, sehr gebildet, tritt für seine Musik ein,
veranstaltet Aufführungen, die schlechten Erfolg haben und die er stotternd

---

[1] So beschied bereits 1948 Hans Bürgin summarisch: »Mit dem unerhörten Kunstgriff,
schwierige musiktheoretische Fragen von einem stotternden Vortragenden interpretieren zu
lassen – auch dieser Wendel [sic] Kretzschmar ist eine Lübecker Reminiszenz, Abbild des Kapellmeisters Hans Wetzler, der von Lübeck aus nach Amerika ging [...].« (Hans Bürgin: Thomas
Mann und die Musik, in: Der Musik-Almanach, hrsg. von Viktor Schwarz, München: Desch
1948, S. 297–315, 313)
[2] »Sein Hauptmodell aber ist, wie schon die große Personenliste im Vorarbeiten-Konvolut aus-
weist, der deutsch-amerikanische Komponist Hermann Hans Wetzler, der soeben, am 28. Mai[,]
in New York gestorben war. Wetzler stotterte tatsächlich, was Thomas Mann wußte.« (Thomas
Mann: Gesammelte Werke in Einzelbänden, hrsg. von Peter de Mendelssohn, Frankfurt/Main:
S. Fischer 1980, Bd. 6, S. 700f.) De Mendelssohn gibt im Übrigen den besten Überblick über die
biographischen Teilvorlagen Kretzschmars.

verteidigt.«[3] Walter Windisch-Laube nahm 1994 in einer Fußnote Voss' Hinweis auf und erweiterte den Forschungsstand aufgrund des zur Verfügung stehenden Quellenmaterials auf ein Maximum.[4] Windisch-Laubes Erkenntnisse konnte Thomas Sprecher 1998 lediglich ausbreiten, ohne sie zu erweitern,[5] ebenso Thomas Schneider 2005 in seinen Untersuchungen zu den literarischen Vorbildern in *Doktor Faustus*.[6] Dessen ungeachtet fragte 2013 Dieter Borchmeyer: »Warum also dieses rätselhafte Leiden, das mit den realen Vorbildern Kretzschmars [...] nichts zu tun hat«, und gab gleich selbst die Anwort: »Eine sichere Auskunft vermochte und vermag uns niemand zu geben.«[7] Der spärlichen Quellenlage ist es wohl zuzuschreiben, dass auch in der bislang letzten und zugleich umfassendsten Studie zu Thomas Manns Verhältnis zur Musik, *Seelenzauber. Thomas Mann und die Musik* von Hans Rudolf Vaget aus dem Jahr 2006,[8] Wetzler unerwähnt blieb.

Der Zufall wollte es, dass ebenfalls 2006, sozusagen aus dem Nichts, der Nachlass von Hermann Hans Wetzler auftauchte, wohlverpackt gelagert in einem Ferienhaus im Schweizer Appenzellerland. Von da gelangte er in die Zentralbibliothek Zürich, wo er heute aufbewahrt wird. Er ist in einem seltenen Maß vollständig überliefert und weitgehend ungeplündert geblieben und umfasst auf 16 Laufmetern Musikhandschriften, Notizen, rund 10.000 Briefe, 6000 Rezensionen sowie eine umfangreiche Bildersammlung.[9]

---

[3] Bl. 96 des Notizenkonvoluts (TMA, Ms 33 violett); vgl. Lieselotte Voss: Die Entstehung von Thomas Manns Roman »Doktor Faustus«. Dargestellt anhand von unveröffentlichten Vorarbeiten, Tübingen: Niemeyer 1975 (= Studien zur deutschen Literatur, Bd. 39), S. 89.

[4] Vgl. Walter Windisch-Laube: Thomas Mann versus Franz Schreker?, in: TM Jb 7, 1994, 71–122, 111.

[5] »Es [Kapitel VIII] berichtet über die Musikvorträge Wendell Kretschmars [sic] in Kaisersaschern. Hauptmodell ist der deutsch-amerikanische Komponist Hermann Hans Wetzler. Der Name kam vom Musikforscher und pädagogen Hermann Kretschmar [sic], der zwar nicht, wie Wetzler, stotterte, sich aber doch zuweilen nur schwer verständlich machen konnte.« (Thomas Sprecher: Zur Entstehung des »Doktor Faustus«, in: »Und was werden die Deutschen sagen??«. Thomas Manns »Doktor Faustus«, hrsg. von Hans Wißkirchen und Thomas Sprecher, Lübeck: Dräger 1998, S. 9–32, 18)

[6] »In Hinblick auf seine physiognomischen und charakterlichen Eigenarten ist Kretzschmar insofern eine Karikatur Adornos, als die Eloquenz des Vorbilds mit dem charakteristischen Stottern der Figur kontrastiert. / Darüber hinaus können mehrere Vorbilder als Einflüsse geltend gemacht werden, da etwa eben diese Pointe, die in den Vorträgen Kretzschmars einen bedeutsamen Beitrag zur ironischen Durchheiterung des Romans bildet, auch auf den deutsch-amerikanischen Komponisten Hermann Hans Wetzler zutrifft, während dem Musikforscher und -pädagogen Hermann Kretzschmar der Name entliehen ist.« (Thomas Schneider: Das literarische Porträt. Quellen, Vorbilder und Modelle in Thomas Manns »Doktor Faustus«, Berlin: Frank & Timme 2005 [= Literaturwissenschaft 1], S. 143)

[7] Dieter Borchmeyer: Warum stottert Wendell Kretzschmar?, in: TMS XLVI, 153–157, 154.

[8] Hans Rudolf Vaget: Seelenzauber. Thomas Mann und die Musik, Frankfurt/Main: Fischer 2006.

[9] Meine zu Wetzler verfasste Dissertation *Musikalischer Alltag. Hermann Hans Wetzler*

Im Folgenden geht es darum, die Bezüge zwischen Mann und Wetzler auf-
zuzeigen, die schließlich zu Wetzlers Eingang ins Werk geführt haben. Im
Kapitel »Bezüge« kommen in einem chronologischen Überblick zu Wetzlers
Leben und Wirken die Berührungspunkte mit Thomas Mann zur Sprache,
illustriert durch Briefe, Briefberichte sowie durch Tagebucheinträge Manns.
Gesondert erfolgt darauf im Kapitel »Vorbilder« die Erörterung der einzelnen
Merkmale Wetzlers, die seine Funktion als literarische Vorlage des Musikers,
Lehrers, Referenten und Stotterers Kretzschmar erhellen.

Bezüge

Hermann Hans Wetzler wurde am 8. September 1870 in Frankfurt am Main
geboren, der Herkunftsstadt seiner Mutter, der Pianistin Anna Rothschild
(1846–1875). Der Vater, Carl Wetzler (1826–1889), gebürtiger Böhme und wie die
Mutter jüdischer Abstammung, war in den 1840er Jahren in die USA ausgewan-
dert. Nach Wetzlers Geburt zog die Familie nach Chicago, wo am 10. Januar
1874 Wetzlers Schwester Minnie zur Welt kam. Nach dem Tod der Mutter am
25. September 1875 förderte der Vater, selbst musikalischer Laie, die musikalische Ausbildung der Kinder. Schon früh traten sie als *The Wetzler Children*
am Klavier auf, Hermann später auch mit der Violine. Ab 1885 studierten die
beiden am Hoch'schen Konservatorium in Frankfurt am Main unter der Auf-
sicht Clara Schumanns bei deren Töchtern Klavier. Hermann studierte dane-
ben noch Violine und Orgel und zudem Komposition beim Direktor Bernhard
Scholz,[10] Beethoven-Verehrer und erbitterter Gegner der neudeutschen Schule.
Als 1891 der Wagnerianer Engelbert Humperdinck für Solfège-Stunden angestellt wurde, ergriff Wetzler die Gelegenheit zu einigen Privatlektionen. Später nannte er jeweils Humperdinck als seinen Kompositionslehrer, doch die
Scholz-Schule sollte bis zuletzt in seinen Werken sichtbar bleiben.
    Der Zufall will es, dass zu Wetzlers engerem Freundeskreis am Konser-
vatorium Hans Pfitzner und Paul Nikolaus Cossmann zählten, die später in
Thomas Manns Leben bedeutsame Rollen spielen sollten. Zusammen mit weiteren bezeichneten sie sich – absolut informell – als ›Kreis‹, vergleichbar im
Geist schon mit dem 1907 gegründeten völkischen Werdandi-Bund. Mit des-
sen späterem Mitbegründer, dem Kunsthistoriker Henry Thode, verkehrte
Wetzler ebenso wie mit dessen Ehefrau Daniela Thode-von Bülow, Stieftochter

(1870–1943). *Dirigent und Komponist* (2012) ist online veröffentlicht: http://opac.nebis.ch/
ediss/20131625.pdf (Stand 3. 10. 2013). Sie erscheint voraussichtlich Ende 2014 im Bärenreiter-Ver-
lag (Kassel) im Druck.
    10 Bernhard Scholz (1835–1916), deutscher Komponist und Dirigent, 1883–1908 Direktor des
Hoch'schen Konservatoriums in Frankfurt am Main.

Richard Wagners. Zu diesem gesellschaftlichen Umfeld gehörte weiter der von
Henry Thode und später durch den Werdandi-Bund geförderte Maler Hans
Thoma, den auch der ›Kreis‹ über alles verehrte. So stand Thoma 1894 Pate, als
sich Wetzler anlässlich der Verlobung mit Lini Dienstbach (1876–1933), einer
Schwester des Mitstudenten Carl Dienstbach, evangelisch taufen ließ.

Mangels Beschäftigungsmöglichkeit an einem deutschen Theater zog Wetzler 1892 nach New York, wo er mit verschiedensten Anstellungen als Kir-
chenorganist, Klavierlehrer, Orchesterbratschist und Chorleiter eigentliche
Lehr- und Wanderjahre absolvierte. Nach der Heirat 1896 zog seine Frau Lini
mit nach New York; die Ehe sollte kinderlos bleiben. Namentlich als Organist
errang Wetzler im Lauf der Jahre respektable Stellen, zuletzt von 1897 bis 1901
an der Trinity Church. In New York trat er zudem 1898 zum ersten Mal mit
einem eigenen Orchester in Erscheinung, finanziert durch New Yorker Indus-
trielle und Bankiers. Nach anfänglich mäßigem Erfolg vermochte Wetzler mit
seinem *Wetzler Symphony Orchestra* zwischen 1902 und 1904 zwei Saisons in
der Carnegie Hall zu bestreiten. Im Frühjahr 1904 wurde das Orchester gar anlässlich Richard Strauss' erster USA-Tournee für sechs New Yorker Konzerte
unter dessen Leitung engagiert. Das Publikumsinteresse an reinen Strauss-Pro-
grammen hielt sich jedoch in Grenzen und Wetzler erlitt finanzielle Verluste.
So kehrte er 1905, unterstützt von Gönnern in den USA, nach Deutschland
zurück, mit dem Ziel, doch noch an einem deutschen Theater Fuß zu fassen.

Nach einer unbezahlten sogenannten Freistelle in Hamburg (1905–1908)
folgten Anstellungen als Erster Kapellmeister an »kleinen Stadttheatern des
Reiches« (10.1, 76), wie in *Doktor Faustus* beschrieben: Elberfeld (1908–1909),
Riga (1909–1913), Halle (1913–1915), Lübeck (1915–1919) und – schließlich an einem größeren Theater – Köln (1919–1923). Der Grund für die häufigen Wechsel
bestand in Wetzlers schwankenden Leistungen als Dirigent, womit er Orchester und auch Direktoren gegen sich aufbrachte. Sein chronisches Stotterleiden
mag diese Konflikte verstärkt haben, lebt doch gerade der Probenalltag von den
knappen, aber prägnanten Anweisungen des Dirigenten. Die »Ungeschicklichkeit«[11] paarte sich allerdings mit einem für die Zeit unüblichen künstlerischen
Idealismus. In einer frühen Form von Historizismus bemühte er sich um eine
analytische Durchdringung der Partitur, so 1906, als er in Hamburg zusammen

---

[11] 1920 berichtete Wetzler von einer Aussprache mit dem Kölner Theaterdirektor Fritz Ré-
mond über Probleme mit dem Orchester: »Katy [Wetzlers Übername für Fritz Rémond] put
on a philanthropic air, and was overflowing with benevolence, switching off on another track,
when the question of deutliches Schlagen was brought up by me; he had the audacity to say the
orchestra never said anything regarding my time-beating, and that they only said that I make
them nervous!!! He laid *greatest* stress on my ›Ungeschicklichkeit‹, but I gave it to him not
to [sic] knapp.« (Hermann Hans an Lini Wetzler, Köln, 30. 11. 1920 [Zentralbibliothek Zürich,
Mus NL 145: Baa 1920: 9])

mit dem Ersten Kapellmeister Gustav Brecher die Partitur der *Zauberflöte* editionsreif bezeichnete und einen Artikel dazu verfasste.[12] Mit einer solchen Haltung wusste er einen Großteil der Kritiker wie auch des kunstsinnigen Publikums, angeführt von der lokalen Aristokratie, die ihn an all seinen Stationen herzlich aufnahm, hinter sich.

Als Amerikaner musste Wetzler keinen Kriegsdienst leisten. Umso mehr stimmte er zum Kriegsbeginn in die allgemeine Euphorie mit ein:

Die hinreißende Begeisterung, die in diesen Schicksalstagen das ganze deutsche Volk beseelt, die unvergleichliche Manneszucht, die heldenhafte Tapferkeit der deutschen Heere, die umringt von einer Welt von Feinden die herrlichsten Siege erringen, die unerhört große ethische Potenz, die sich in dieser eisernen Zeit in allen Phasen des Volkslebens offenbart – das sind Errungenschaften des mächtigen deutschen Geistes, desselben Geistes, der seinen höchsten Ausdruck in den großen Kunstschöpfungen der deutschen Genies gefunden hat.
Diesen Geist heißt es hegen und pflegen jetzt mehr denn je, denn seine befruchtende Wirkung ist in dieser Zeit der nationalen Erhebung von doppelter Tragweite. Mich dünkt, das Wort Hans Sachsens in den Meistersingern erhält in unseren Tagen einen neuen, mahnenden und verheißungsvollen Sinn:
Ehrt Eure deutschen Meister,
dann bannt Ihr gute Geister![13]

Die Lübecker Stelle, angetreten 1915 als Nachfolger Wilhelm Furtwänglers, sollte seine erfolgreichste Zeit bedeuten. Gut möglich, dass Thomas Mann zu dieser Zeit zum ersten Mal von Wetzler hörte, dem aktuellen Kapellmeister des Theaters seiner Kindheit, etwa in Briefberichten von der Lübecker Schriftstellerin Ida Boy-Ed, mit der auch Wetzler Umgang pflegte.[14] Wohl wird er auch von Wetzlers Erfolg mit der 1916 für das Lübecker Theater komponierten *Musik zu Shakespeares »Wie es euch gefällt«* op. 7 erfahren haben, Wetzlers erstem Orchesterwerk, seit er nach Deutschland zurückgekehrt war. Die letzte Station als Kapellmeister – von 1919 bis 1923 an den Städtischen Bühnen in Köln neben dem Dirigenten Otto Klemperer – erachtete Wetzler selbst als Höhepunkt seiner Karriere. Jedoch erwuchs aus dem Orchester von Beginn Widerstand, umso mehr musste seine Leistung neben den enthusiastisch aufgenommenen Aufführungen Klemperers immer mehr verblassen. 1923 blieb er ohne Vertrag; seine Kapellmeisterkarriere war damit zu Ende.

Komposition wurde nun zur Haupttätigkeit. Es entstanden *Visionen. Sechs symphonische Sätze für Orchester* op. 12 (1923) und *Assisi. Legende für Or-*

---

[12] Die Erörterung des Artikels erfolgt im Kapitel »Vorbilder«.

[13] Hermann Hans Wetzler: Theaternot. Ein Aufruf an die Einwohner Halles, in: Saale-Zeitung (Halle/Saale), 13. 10. 1914 (Zentralbibliothek Zürich, Mus NL 145: Ea 1913/14: 221).

[14] Es sind keine Briefe Boy-Eds an Thomas Mann erhalten. Aus dessen Gegenbriefen geht jedoch hervor, dass diese ihn regelmäßig über das Lübecker Kulturleben unterrichtete.

chester op. 13 (1924), programmatisch angelegte Musik, tonal gehalten, üppig in Harmonik und Klanglichkeit, stilistisch leichtfüßig zwischen deutscher und französischer Symphonik pendelnd. Gelobt wurde allseits Wetzlers Instrumentationskunst, moniert hingegen mangelnder Einfall. Es war von Epigonentum die Rede und der abwertende Begriff der Kapellmeistermusik wurde in Stellung gebracht. Mit *Assisi* gewann Wetzler 1925 in Chicago gar den ersten Preis an einem Kompositionswettbewerb. Beflügelt durch die Erfolge plante er mit nunmehr 55 Jahren seine erste Oper: *Die Baskische Venus* – »Das Marmorbild« (10.1, 76), wie sie im *Doktor Faustus* heißt. Wetzlers Frau Lini verfasste dazu ein Textbuch nach Prosper Mérimées Novelle *La Vénus d'Ille*.

Zur Erholung zog es Lini schon seit einiger Zeit in die Berge, Wetzler ans Meer, nach Capri, Niendorf bei Lübeck oder nach Sylt. Von dort sind erste Begegnungen mit Thomas Mann bezeugt. Am Freitag, den 19. August 1927 berichtete Wetzler davon erstmals seiner Frau: »I wonder what impression you will have of Thomas Mann; he really was *most* amiable and aufgeknöpft with me.«[15] Am Montag, den 22. August 1927 kam es zu einer neuerlichen Begegnung:

... denn *einzig und allein* mit Menschen, die entweder feinsten Takt (den man bekanntlich ebenso bei dem bescheidensten Bauersmann, wie bei dem gebildetesten Menschen finden kann), oder Kultur im *weitesten* Sinn, besitzen, kann man ganz frei sprechen ohne dabei Gefahr zu laufen, dass sie einem einen Strick aus einem ›sachlichen‹ Wort drehen. Das habe ich heute Vormittag wieder in meiner recht intensiven Unterhaltung mit Thomas Mann erfahren. Es goss hier nämlich in Strömen, und da es mich wenig reizte, 1 ¼ Stunden weit im Regen zu rennen um ein Wellenbad nehmen zu können, fuhr ich morgens wieder nach Kampen, wo ich bei Wind und Regen in stürmischen Wellen am offiziellen Badestrand vor Augen der Badewärter einen herrlichen Plunge hatte. Dort traf ich wieder Mann; er war wieder *ganz charmant* mit mir, und wird mich morgen, wenn das Wetter nicht gar zu arg ist, in List besuchen. Ich hatte meinen ›guten Tag‹, und liess, angeregt durch die topics of our conversation, allerlei Ideen von mir los, wobei ich erfuhr, dass ich öfters viel differenzierter dachte als er, und manche Gedanken, die mir als sehr natürlich u. selbstverständlich vorkommen, erst noch, quasi dozierend, erläutern musste, bevor er erfasste was ich meinte. So sagte ich z. B.: Nur ein Idiot kann von ›Wagnerstyl‹ sprechen, – es gäbe einen Tristanstyl, einen Meistersingerstyl, einen Nibelungenstyl, etc., aber bei solchen wandelbaren Genies wie Wagner, Beethoven, Shakespeare, sei der Ausdruck ›Wagnerstyl‹ oder ›Beethovenstyl‹ deplaciert. Ich erläuterte das an verschiedenen Beispielen, und sagte, wie undenkbar es z. B. sei, die langsamen Sätze zweier verschiedener Beethovenschen Symphonien zu substituieren, – wies dann auf die krassen stylistischen Gegensätze zwischen Romeo, Lear, Caesar, etc.

---

[15] Hermann Hans an Lini Wetzler, List (Sylt), 19.8.1927 (Zentralbibliothek Zürich, Mus NL 145: Baa 1927: 46). Zur Eigenart von Wetzlers Schriftsprache gehören die häufigen Wechsel mitten im Satz vom Deutschen ins Englische und umgekehrt. Unterstreichungen sind kursiv wiedergegeben.

hin. Daraufhin sagte Mann: Ja, man erkennt aber doch sofort, wenn etwas von Wagner ist, – folglich könne man daher wohl von einem ›Wagnerstyl‹ sprechen. Daraufhin sagte ich: was man als Wagnerisch oder Beethovenisch erkenne, sei der Wille, oder, populär gesprochen: die Persönlichkeit eines solchen Genius; unter *Styl* verstände ich den Geist und die Technik, die das Characteristische eines *speziellen* Werkes ausmachen. So gab's noch andere Fälle in unserer Konversation. […] Es ist zu komisch: ich bin doch wahrhaftig nicht gerade ein Held mit dem Wort, und von logischer oder dialektischer Schulung habe ich leider keinen Schimmer von einer Ahnung, – nichts ›destotrotz‹, habe ich heute das Argumentieren mit spielender Leichtigkeit dominiert. Der ›Ton‹ unserer Disputationen war natürlich *höchst* charmant, und aus dem Umstand, dass er wieder von selbst davon sprach, uns in Cöln zu besuchen, muss ich annehmen, dass ich ihm nicht missfallen habe.[16]

Symptomatisch ist Wetzlers partielle Unfähigkeit, auf die Argumentation des Gegenübers einzugehen. So ist es fraglich, wie weit er Manns geistige Überlegenheit zu ermessen vermochte. Tags darauf, am 23. August 1927 besuchte Wetzler das Ehepaar Mann in Kampen, wo er ihnen aus der bereits weit gediehenen *Baskischen Venus* vorspielte; es sollte die letzte bezeugte Zusammenkunft in Deutschland bleiben:

Thomas Mann u. Frau wollten mich am Dienstag in List besuchen, aber erstens war es schreckliches Wetter und waren sie Tags zuvor nach einer anstrengenden Tour sehr ermüdet und telephonierten mich an und baten mich zu ihnen zum Kaffee zu kommen. Sie holten mich in Kampen beide am Bahnhof ab, und wir verlebten einen reizenden Nachmittag zusammen, – *ganz* harmonisch, und viel besseres gegenseitiges Verstehen. Ich spielte ihnen das Violinsolo, Brautlied, ›Paris‹ und den Tanz vor. Sie waren beide ganz begeistert, – wirklich aufrichtig – besonders vom Tanz. Er sagte es sei eine ungeheuer ›energetische‹, vitale Musik, sehr eigenartig, und er könne sich denken, dass die Oper sehr ›wirken‹ würde. Er ist sehr musikalisch. Er hat fest versprochen uns in Cöln zu besuchen. Sie ist übrigens eine Schwester der Brüder Pringsheim, – erinnerst Du Dich, – den einen trafen wir in Chemnitz, den anderen am Staatser See. Ich bin gespannt wie er Dir gefallen wird. Wenn er kommt, wollen wir ihn mit Menny[17] zusammen einladen.[18]

Unterdessen hatte sich Wetzlers Name als Komponist so weit gefestigt, dass er für die *Baskische Venus* acht Uraufführungsangebote erhielt. Er entschied sich für Leipzig, wo sein befreundeter Mentor Gustav Brecher aus der Anfangszeit in Hamburg neuerdings mit Zeitopern – aktualisierenden Stoffen auf Musik

---

[16] Hermann Hans an Lini Wetzler, List (Sylt), 22. 8. 1927 (Zentralbibliothek Zürich, Mus NL 145: Baa 1927: 49). Wetzler, der in den USA schreiben gelernt hatte, verzichtete in seinem schriftlichen Deutsch konsequent auf das »sz« (»ß«).

[17] Moritz Bing (1875–1947), Kölner Rechtsanwalt, von Hermann Hans und Lini Wetzler freundschaftlich »Menny« genannt.

[18] Hermann Hans an Lini Wetzler, [List; der gedruckte Briefkopf lautet »Hamburg, Isequai 14«], 26. 8. 1927 (Zentralbibliothek Zürich, Mus NL 145: Baa 1927: 51).

aus dem Bereich der Neuen Sachlichkeit – Erfolge feierte, allen voran 1927 *Jonny spielt auf* von Ernst Krenek. Vor diesem Hintergrund hatten Wetzlers klangschwere Musik und die romantisierende Handlung einen schweren Stand. Aufgrund der teils bissigen Kommentare der Großstadtblätter aus Berlin und Leipzig zur Uraufführung verzichteten etliche Bühnen auf die geplante Übernahme.

Wetzler war schockiert. Zusammen mit Lini warf er sich in ein neues Musiktheaterprojekt, doch der nächste biographische Bruch folgte bereits ein Jahr später. Lini erlitt im Februar 1930 in Arosa einen komplizierten Skiunfall, in dessen Folge sie mehr und mehr in eine Depression versank. Im Herbst 1931 gaben sie den gemeinsamen Kölner Haushalt auf, Wetzler zog in die Südschweiz nach Brissago und 1932 nach Basel, wo für 1933 die Übernahme der *Baskischen Venus* in Aussicht stand und ihm überdies eine Vortragsreihe an der Volkshochschule der Universität angetragen werden sollte.[19] Die Basler Erstaufführung vom 6. November 1933 verknüpfte sich auf tragische Weise mit dem Tod seiner Frau: Sie hatte sich am Vortag in Wiesbaden das Leben genommen. Wetzler reagierte mit Arbeitswut; die Hauptwerke seiner letzten Lebensphase fanden ihren Ursprung: das *Magnificat* op. 16 (1936) und das *String Quartet* op. 18 (1938).

Den Machtwechsel 1933 in Deutschland kommentierte Wetzler zunächst nicht, er konnte als Amerikaner auch ungehindert einreisen und erhoffte sich unter den Nationalsozialisten gar erhöhte Aufführungschancen.[20] Anfang 1934

---

[19] Am 3. März 1933 berichtete Wetzler an seine Cousine in Chicago: »You can imagine my astonishment when the Basel University invited me to give a course of nine lectures on the following subject: / Die Symphonie. / Grundsätzliches zur Interpretation der klassischen Symphonie. Struktur, / Wesen der Orchestration, / Erlebnis. / Erläuterungen am Klavier. / Nothing was ever further form my thoughts! I honestly did my best in trying to convince the professors that I am an illiterate idiot. (You know that my wonderful education was acquired between my 6th and 9th year at Ogden and at Mr. Lauth's school at Chicago). I also called attention to my stammering, – which is rather an [sic] pleonasm, however, the professors refused to accept my warning and at a meeting of the University committee they unanimously decided (mit Begeisterung as I was told) that my nine lectures are to begin May 9th. I am now working hard, bringing my ideas into proper shape. I am the only outsider, – the other lecturers are all regular professors of the University. Well, I hope I won't make a damned fool of myself and that Ogden school may perhaps put me on its roll of honour!!! For these lectures I receive the princely sum of 20 Frs. per lecture, the regular fee which all professors receive.« (Hermann Hans Wetzler an Bertha Rudolph, Basel, 3.3.1933 [Zentralbibliothek Zürich, Mus NL 145: Bc 1930/43: 1]) Die Programmreihenfolge ist nicht im Detail dokumentiert. Die Akten der Volkshochschule im Staatsarchiv verzeichnen summarisch »9 Std.« (Staatsarchiv Basel-Stadt, PÖA-REG 4b).

[20] So schrieb er an seine Lübecker Bekannte Anna Buchenau: »Ich war neulich 3 Wochen bei Lini in Berlin und habe gleichzeitig mit den neuen beruflichen und politischen Persönlichkeiten Fühlung genommen. Es freut mich, Ihnen mitteilen zu können, dass ich in der NSBO-Zelle [Nationalsozialistische Betriebszellenorganisation] der Genossenschaft Deutscher Tonsetzer erfuhr, dass meine Werke als wichtiger Faktor auf der Liste der aufzuführenden Kompositionen stehen und man sich wärmstens für mich einzusetzen gedenkt. So kann das Unrecht, das von gewissen, heute verschwundenen Kreisen an mir begangen wurde, auch wieder gut gemacht werden.« (Her-

wurde er Mitglied der Reichsmusikkammer, denn als Ausländer fiel er nicht unter den sogenannten Arierparagraphen.[21]

Die problematische, teils naive Haltung in politischen Fragen spiegelte sich in Wetzlers nächstem Brief an Thomas Mann zu dessen Referat von *Leiden und Größe Richard Wagners* am 21. März 1934 auf Einladung des PEN-Clubs in Basel. Die politische Vorgeschichte des Essays schien Wetzler unbekannt geblieben zu sein:

… es drängt mich, Ihnen nochmals zu sagen, wie ausserordentlich ich mich über Ihren Wagner-Vortrag in Basel gefreut habe. Ich habe wieder von neuem erfahren, von welcher grossen Bedeutung das gesprochene Wort ist, zumal wenn es in so wundervoll eloquenter Weise zur Geltung kommt wie bei Ihnen, verehrter Herr Mann. Ihre Gedankengänge haben in Basel fraglos sehr fruchtbar gewirkt, und es war nötig, in dieser Zeit der Begriffsverwirrung in Dingen der Kunst, auf den Kernpunkt bei Wagner klipp und klar hinzuweisen.

Es ist unverständlich, wie wenig die meisten Menschen, – auch viele Fachleute – erfassen, was Wagner mit solch lapidarer Deutlichkeit zum Ausdruck gebracht hat. Ich habe z. B. sehr selten erlebt, dass einer die lang gedehnte Melodie der Trompeten am Schluss des II[ten] Aktes Tristan begriffen hat. Und wie klar und tiefbedeutungsvoll ist das Auftreten des Marke-Motives in seiner Verbreiterung gerade an *dieser* Stelle! Nicht allein rein musikalisch, sondern vor allem, als Hinweis auf die szenische Gestaltung dieses Wendepunktes (der seelischen Wandlung bei Marke) des Dramas. Es giebt zahllose ähnlich aufschlussreiche Stellen, besonders im Tristan, an denen meist völlig verständnisslos vorüber gegangen wird. So viele Schaffende, Reproduzierende und Kritiker stecken heutzutage in einem, in's seicht Artistisch-Akrobatische gerichteten, Infantilismus im Erfassen der Kunst. Dies verhindert diese Leute, den lebendigen Geist eines Kunstwerks zu fühlen. Aus diesem Infantilismus, aus diesem Mangel an Ursprünglichkeit entspringen dann die Eintagsfliegen: Atonalität und andere Modenarrheiten, die sich überall für den Augenblick so breit machen, im Absterben sofort durch die gleiche Gattung in neuem Gewande ersetzt werden. Gestern waren sie noch fortschrittlich-atonal, heute sind sie wieder brav, ›romantisch‹ und reaktionär. Das Unkünstlerische bleibt, – nur die Maskerade wechselt. Immer ›aktuell‹, up to date, – das bleibt ewig die Parole! Ich habe in dieser Hinsicht viele possierliche Wandlungen beobachtet.

Während meiner 30 jährigen Dirigententätigkeit habe ich es stets als notwendig befunden, jede Oper in ihre feinsten Verästelungen im Hinblick auf die Metrik, Modulation, Bedeutung und Umwandlungen der Motive, etc. zu untersuchen, bevor ich an's Pult trat. Sie können sich denken, was in mir vorgeht, wenn ich manchmal anhören muss, wie viel Wesentliches und Bedeutungsvolles in einem Kunstwerk von so einem Generalmusikdirektor mit souveräner Feldherrengeste massakriert wird. – Im vergangenen Sommersemester wurde ich von der Basler Universität eingeladen, 9 Vorlesungen mit

mann Hans Wetzler an »Lady Eroica« [Anna Buchenau], Ascona, 11. 8. 1933 [Zentralbibliothek Zürich, Mus NL 145: Bc 1933: 22])

21 Vgl. Hermann Hans Wetzler »an den Reichsverband Deutsche Buehne e.V., Reichsleitung, Theaterpolitisches Archiv«, Basel, 15. 2. 1934, Durchschlag (Zentralbibliothek Zürich, Mus NL 145: Bc 1934: 128).

Beispielen am Clavier, im Rahmen der Volkshochschulkurse zu halten. Ich erlaube mir, Ihnen die erste und letzte zuzusenden. Sollten Sie Musse finden, einen Blick hineinzuwerfen, – besonders auf den Einleitungsvortrag, so würde mich das sehr freuen. Auch würde es mich interessieren zu erfahren, ob Sie mit meinen Ausführungen über Beethoven, Wagner und Shakespeare einverstanden sind.

Es würde mich ausserordentlich freuen, Ihnen, hochverehrter Herr Doktor, in absehbarer Zeit wieder zu begegnen. Bis Ende Mai bleibe ich in Ascona.[22]

Bei der ersten Vorlesung handelte es sich um *Analogien bei Shakespeare und Beethoven*, bei der letzten um *Berlioz' Symphonie Fantastique und die Programm-Musik*, die beide später Eingang in Wetzlers Sammelband *Wege zur Musik* fanden.[23] Am 27. April 1934 antwortete Thomas Mann:

Mit Ihrem Brief und Ihren Vortragsmanuskripten haben Sie mir eine ganz besondere Freude gemacht, für die ich vielmals danke. Ich habe die Manuskripte gleich heute Nachmittag gelesen und bin überzeugt, daß Ihre Untersuchungen und Vorführungen den größten Eindruck auf Ihre Hörer gemacht haben. Ihre Art über Kunst zu sprechen ist die eines Künstlers: unmittelbar, lebendig, kundig. Aber ein gebildeter Umblick, wie er bei produktiven Menschen selten oder nicht immer vorhanden ist, kommt Ihren Interpretationen zugute, und wenn man nun noch die musikalische Illustration am Klavier sich dazu denkt, so imaginiert man einen großen Genuß.

Außerordentlich hat mich Ihr so begeistertes Urteil über die ›Fantastique‹ von Berlioz interessiert. Das ›traurige Zeugnis menschlicher Wandelbarkeit‹, das Sie erwähnen, hat in Deutschland natürlich stärker gewirkt als das Zeugnis vor dem (unschönen) Wandel – wahrscheinlich auch auf mich. Seit das Schicksal mich aus Deutschland hinauswarf (es hat mich recht weich fallen lassen), merke ich mehr und mehr, wie viel zu deutsch ich, bei allem Geschimpf unserer Landsleute auf meinen ›Wurzellosen Internationalismus‹, noch immer gewesen bin.

Dass Ihnen, nach alledem, mein Wagner-Vortrag etwas zu sagen hatte, ist kein kleiner Erfolg für mich. Ich lege Ihren Brief zu den Dokumenten, die für diese Arbeit zeugen – gegen die Schwachköpfe, die ein Pamphlet darin sahen.

In den nächsten Tagen komme ich wieder nach Basel, um für die Studenten über Goethe zu sprechen. Schade, dass ich Sie diesmal nicht unter meinen Zuhörern haben werde. Aber ich hoffe, Sie bald wiederzusehen.[24]

Im Frühjahr 1935 wurde Wetzler von der Volkshochschule der Universität Basel zu einer zweiten Vortragsreihe eingeladen. Ausgewählte Texte sandte er auch diesmal an Thomas Mann, darunter *Ueber Tonsymbolik*. Am 4. Juni 1935 bedankte sich Mann:

---

[22] Hermann Hans Wetzler an Thomas Mann, Ascona (Tessin), 24. 4. 1934 (TMA).

[23] Hermann Hans Wetzler: Wege zur Musik, Zürich: Niehans 1938. Ein Exemplar ist in Thomas Manns Nachlassbibliothek erhalten (siehe Anm. 56).

[24] Thomas Mann an Hermann Hans Wetzler, Küsnacht, 27. 4. 1934 (Zentralbibliothek Zürich, Mus NL 145: Bem 13).

Lieber und sehr verehrter Herr Wetzler,
Gleich heute Nachmittag habe ich Ihre Manuskripte gelesen und schicke sie Ihnen,
damit Sie sie nicht lange entbehren müssen, gleich zurück. Ich danke Ihnen sehr und
beglückwünsche Sie aufrichtig: es sind ungewöhnlich schöne, interessante Arbeiten
und besonders die über Tonsymbolik hat mich gefesselt und stimuliert, – ich höre solche Interna und Intimitäten, oder besser gesagt: Heimlichkeiten über Musik so gern.
Sie sind ein bewundernswerter Beobachter Ihrer so geliebten Kunst, der gewiss auch
manchem Musiker Überraschendes zu sagen hat, und Sie wissen Ihre Einsichten und
Erkenntnisse in klarer und packender Sprache mitzuteilen. Die Zusammenstellung
Bachs mit Shakespeare im Zeichen des Goethe-Wortes über diesen beschäftigt mich
besonders. Vieles, was Sie über Bachs kosmisches Genie sagen oder andeuten, bestätigt
mich in meinen geheimen Gefühlen und Ahnungen seine Kunst oder richtiger: eben
sein Genie betreffend.
Ob ich zu dem erwünschten Besuch in Basel vor der Amerika-Reise noch komme, ist
mir nun doch wieder noch zweifelhafter geworden. Ich lebe dieser Tage in argem Tru-
bel, und es gibt vor dem Aufbruch zum Ocean viel aufzuarbeiten. Aber *wenn* es mir
gelingt, Basel noch einzuschalten, so melde ich mich bei Ihnen.
Mit Dank, noch einmal, und herzlichem Gruß
Ihr ergebener
Thomas Mann[25]

Thomas Mann scheint gerade von Wetzlers individualistischen Kunstauffas-
sung angetan gewesen zu sein, wenn er schreibt: »... ich höre solche [...]
Heimlichkeiten über Musik so gern.« Eine gemeinsame Unternehmung in der
Schweiz vom 2. Oktober desselben Jahres ist durch Mann bezeugt:

3 Uhr von dem Komponisten Wetzler per Auto abgeholt nach *Zumikon* in das hübsche
Haus des reichen Grumbach zur Einweihung der Orgel, die vor größerem Kreis von
dem Pariser Organisten Düpré glänzend gespielt wurde. [...] Diktierte Wetzlern eine
Phrase für einen Aufsatz über Bach. (Tb, 2. 10. 1935)

Danach trennten sich die Wege. Mann zog bekanntlich 1938 in die USA, Wetzler, inzwischen 65-jährig, lebte ab Herbst 1935 fest in Ascona, zusammen mit
seiner neuen Lebensgefährtin, der Schweizerin Doris Oehmigen, in einem
gemeinsamen Haus am Monte Verità. Isoliert von der musikalischen Welt
des deutschen Reiches, wo er schließlich 1935 mit Aufführungsverbot belegt
wurde, erschloss er sich auf Reisen nach England und den USA neue Auffüh-
rungsgebiete. Im Mai 1940 zog er aus Furcht vor einer Besetzung der Schweiz
definitiv nach New York. Dort versuchte er mit siebzig Jahren, wie schon
als Zweiundzwanzigjähriger, sich eine Existenz aufzubauen: Klavierstunden,
Aufführungen, Vorträge. Es war hart: »Ich hetze mich ab wie toll [...]. Wenn

---

25 Thomas Mann an Hermann Hans Wetzler, Küsnacht, 4. 6. 1935 (Zentralbibliothek Zürich,
Mus NL 145: Bem 14).

ich meine geliebten Engelhard's[26] nicht hätte, so würde ich verzweifeln.«[27] Mitten in diese Geschäftigkeit fiel am 17. Dezember 1940 ein Besuch in Princeton bei Thomas Mann:

Um 1 Uhr Lunch bei Thomas Mann und Familie. Sie waren äusserst herzlich mit mir, und baten mich, bald wieder zu kommen. Von meinem Clavierspielen waren sie ganz begeistert. Er hat mir *sehr* viel Interessantes erzählt, und ich habe auch nicht gerade geschwiegen. Ich blieb bis 4 Uhr. Er schenkt mir seine ›Lotte in Weimar‹ mit einer schmeichelhaften Widmung, – famoses Buch.[28]

Weitere Treffen sind nicht bezeugt. Die letzten drei Lebensjahre verlebte Wetzler bei wechselhafter Gesundheit, in ständiger Hoffnung auf Rückkehr in die Schweiz. Als Amerikaner fühlte er sich fremd im eigenen Land:

Sie wollen partout ›American Music‹ haben. Kein Mensch kann mir erklären was das sei. Ich gelte absolut als Europäer, während x gerissene Russisch-Jüdische ›Küntschler‹ [sic] bereits nach 6 Monaten völlig amerikanisiert sind, und als Stützen des ›American Way‹ gelten. Das kann ich Aermster nicht konkurrieren.[29]

Mit erstaunlichem Pragmatismus reagierte der sonst so idealistische Wetzler und begann mit der Komposition eines neuen Orchesterwerkes, wofür er als Vorbereitung »all kinds of American Folksongs«[30] studiert hatte. Darin versuchte er, neuartige Strömungen mit den einst erworbenen Techniken zu verbinden und verarbeitete synkopierte Rhythmen zu Fugen. Das Werk ist Fragment geblieben. Wetzler starb am 29. Mai 1943 in New York an einem Herzinfarkt.

---

[26] George Herbert Engelhard (1870–1945), amerikanischer Rechtsanwalt deutscher Herkunft, seit frühester Kindheit mit Wetzler befreundet; Agnes Engelhard-Stieglitz (1869–1952), Engelhards Ehefrau, Schwester des amerikanischen Fotografen Alfred Stieglitz (1864–1946).

[27] Hermann Hans Wetzler an Doris Oehmigen, New York, N.Y., 22.12.1940 (Zentralbibliothek Zürich, Mus NL 145: Bba 1940: 31).

[28] Ebd.; Thomas Mann vermerkte zu diesem Besuch: »Zum Lunch der Komponist Wetzler, der nach Tisch die Appassionata spielte. Dazu Kaditja Wedekind.« (Tb, 17.12.1940)

[29] Hermann Hans Wetzler an Doris Oehmigen, Rockport, Me., 3.8.1941 (Zentralbibliothek Zürich, Mus NL 1945: Bba 1941: 26).

[30] Hermann Hans Wetzler an Doris Oehmigen, Rockport, Me., 6.7.1942 (Zentralbibliothek Zürich, Mus NL 1945: Bba 1942: 15).

Vorbilder

Um beurteilen zu können, wie weit Wetzler letztlich als Vorbild für die Figur Wendell Kretzschmars diente, gilt es, nach dem biographischen Überblick nun ein Bild Wetzlers anhand künstlerischer Merkmale zu entwerfen. Er soll als Dirigent, Komponist und Autor, vorab aber rein visuell und hinsichtlich seines Stotterleidens, dem äußeren Hauptmerkmal Wendell Kretzschmars, beschrieben werden.

Äußere Erscheinung

Fotografien sind aus den meisten Lebensabschnitten Wetzlers zahlreich erhalten. Seine Körpergröße betrug ca. 1,68 Meter[31] bei untersetzter Statur. Den Bewegungen muss etwas Schwerfälliges angehaftet haben; so schrieb 1917 ein Rezensent bezüglich seiner Dirigierweise »von schwerem, etwas ungelenkem und steifem körperlichen Rhythmus«.[32] Im Grunde zweisprachig, bezeichnete Wetzler Englisch als seine Muttersprache,[33] obwohl beide Eltern deutschsprachiger Abstammung gewesen waren – entsprechend schrieb Thomas Mann vom »von der englischen Sprache geformten Munde« (10.1, 78) Kretzschmars. Auch aus seinem schriftlichen Sprachgebrauch ist zu schließen, dass Wetzler das Englische näher lag als das Deutsche. Und doch war sein gesamter Habitus von den Jahrzehnten in Deutschland geprägt, was für Amerikaner um 1940 fremd erschien: »His speech and his ways have become very European in the years he has been away from America, and are most charming in their courtesy, consideration and grace.«[34] Eine deutsche Zeitung berichtete 1931: »Typus und Sprachakzent erinnern an einen Südländer.«[35] Diesem Bild entspricht auch die Beschreibung Wendell Kretzschmars: »Von unscheinbarem Äußeren, ein untersetzter Mann mit Rundschädel, einem gestutzten Schnurrbärtchen und gern lachenden braunen Augen von bald sinnendem, bald springendem Blick [...].« (10.1, 76)

---

31 Größenangabe in den Pässen: 5 feet 6 inches, etwa 1,68 m (vgl. Zentralbibliothek Zürich, Mus NL 145: Db 1).

32 Ferdinand Pfohl: [o.T.], in: Hamburger Nachrichten, Jg. 126, Nr. 220, 1.5.1917, Abend-Ausgabe (zitiert nach Zentralbibliothek Zürich, Mus NL 145: Ea 1914/17: 214).

33 »Ich bin zwar Amerikaner und Englisch ist meine Muttersprache [...].« (Hermann Hans Wetzler an [Jochen?] Wernekke, Basel, 21.11.1934, Durchschlag [Zentralbibliothek Zürich, Mus NL 145: Bc 1934: 177])

34 Gladys St. Clair Heistad: [o.T.], in: Rockland Courier-Gazette, 28.9.1940 (zitiert nach Zentralbibliothek Zürich, Mus NL 145: E 1940: 4).

35 [o.A.: o.T.], in: Saarbrücker Landeszeitung, Nr. 59, 1.3.1931 (zitiert nach Zentralbibliothek Zürich, Mus NL 145: E 1931 a: 2).

Wetzler 1928 in Leipzig zur Zeit der Uraufführung der *Baskischen Venus*

Stottern

Da aus naheliegenden Gründen keine eingehenden Berichte zu Wetzlers Sprachfehler vorliegen, sei hier Thomas Manns Porträt dieses Phänomens vorangestellt. Selbst wenn es Mann überzeichnet hat, was anzunehmen ist, so illustriert es doch in drastischer Weise, mit welchen Kommunikationsschwierigkeiten Wetzler im Alltag zu kämpfen hatte:

> Es war ein besonders schwer und exemplarisch ausgebildetes Stottern, dem er unterlag, – tragisch, weil er ein Mann von großem, drängendem Gedankenreichtum war, der mitteilenden Rede leidenschaftlich zugetan. Auch glitt sein Schifflein streckenweise geschwind und tänzelnd, mit der unheimlichen Leichtigkeit, die das Leiden verleugnen und in Vergessenheit bringen möchte, auf den Wassern dahin; aber unfehlbar von Zeit zu Zeit, mit Recht von jedermann fortwährend gewärtigt, kam der Augenblick des Auffahrens, und auf die Folter gespannt, mit rot anschwellendem Gesicht, stand er da: sei es, daß ein Zischlaut ihn hemmte, den er mit in die Breite gezerrtem Munde, das Geräusch einer dampflassenden Lokomotive nachahmend, aushielt, oder daß im Ringen mit einem Labiallaut seine Wangen sich aufblähten, seine Lippen sich im platzenden Schnellfeuer kurzer, lautloser Explosionen ergingen; oder endlich auch einfach, daß plötzlich seine Atmung in heillos hapernde Unordnung geriet und er trichterförmigen Mundes nach Luft schnappte wie ein Fisch auf dem Trockenen – mit den gefeuchteten Augen dazu lachend, das ist wahr, er selbst schien die Sache heiter zu nehmen, aber nicht für jedermann war das ein Trost, und im Grunde war es dem Publikum nicht zu verargen, daß es diese Vorlesungen mied [...]. (10.1, 77)

Die einzige schriftliche Quelle außerhalb Wetzlers Nachlass, die sein Stottern bezeugt, ist der eingangs erwähnte Eintrag Manns im Notizenkonvolut. Frühe Mann-Forscher mögen davon auch aus mündlicher Überlieferung gewusst haben.[36] Schriftliche Zeugnisse über das lebenslange Leiden sind hingegen im Nachlass zahlreich vorhanden. Das Stottern scheint für Wetzler ein Hindernis dargestellt zu haben, über das er in besseren Fällen beiläufig hinweggehen konnte (»Mit dem Sprechen geht's gut [...]«[37]), das ihn aber in schwierigen Phasen in die Abgeschiedenheit zwang: »Die Einsamkeit war sehr gut, denn das Sprechen strengt mich jetzt sehr an.«[38] Auch von den Vorträgen, die als Modell für Manns Kretzschmar-Szenen dienten, berichtete Wetzler nüchtern: »Inhaltlich war der gestrige Vortrag der beste von allen, aber ich hatte, *trotz*

---

[36] Die einzige noch lebende Zeitzeugin, die Wetzler als Kind kannte – die Großnichte seiner letzten Lebensgefährtin Doris Oehmigen – kann sich nicht daran erinnern.

[37] Hermann Hans an Lini Wetzler, Wiesbaden, 1.9.1901 (Zentralbibliothek Zürich, Mus NL 145: Baa 1901: 3).

[38] Hermann Hans an Lini Wetzler, Zürich, 1.2.1931 (Zentralbibliothek Zürich, Mus NL 145: Baa 1931: 18).

guten Schlafes am Abend und Nachmittags, doch öfter Schwierigkeiten mit dem Sprechen.«[39]

Ob das Stottern den täglichen Probenbetrieb behinderte, darüber kann nur spekuliert werden. Dass dieses Problem substantiell die Karriere behindern konnte, bezeugt ein Briefbericht Clemens von Franckensteins anlässlich der Neubesetzung der Stelle des Ersten Kapellmeisters 1916 in Frankfurt am Main, wofür sich auch Wetzler beworben hatte: »Mein Freund Schey hat sämtliche Frankfurter Aufsichtsräte bearbeitet. Ich habe die Antwortschreiben gelesen; sprechen alle von gutem Willen. In zweien wurde Ihr Sprachfehler als hinderlich erwähnt.«[40] Gegen Ende seines Lebens begab sich Wetzler wiederholt in Behandlung deswegen.[41] Die Schwierigkeiten scheinen jedoch stark vom unmittelbaren Milieu beeinflusst gewesen zu sein. Die Sprache an sich – Deutsch oder Englisch – spielte dabei eine untergeordnete Rolle, positive Berichte sind aus beiden Sprachbereichen bezeugt.

Musik

Auch auf das kompositorische und ausübende Schaffen wirkte sich die doppelte, amerikanisch-deutsche Identität zunächst nicht unmittelbar aus. Als in Deutschland geschulter und auch in den USA in den weitgehend deutschen Musikerkreisen sozialisierter Komponist war er in musikalischer Hinsicht deutsch geprägt. In seinem Studium zeigte er keine besonderen kompositorischen Ambitionen, nach eigenem Bekunden erachtete er sich als zu wenig talentiert. Vielmehr zielte er pragmatischerweise auf Anstellungen als Organist: »Da mir die Gabe, wirklich grossartige Compositionen zu schaffen, nicht verliehen ist, strebe ich nun mit meiner ganzen Kraft darnach es auf der Orgel zur [...] Meisterschaft zu bringen.«[42] Komponisten fehlen denn auch bis auf Richard Wagner unter seinen Vorbildern, aufgezählt 1892: »Meine Erzieher sind folgende: die Evangelien, Shakespeare, Carlyle's *Heroes and Hero*

---

[39] Hermann Hans Wetzler an Doris Oehmigen, Basel, 7.6.1935 (Zentralbibliothek Zürich, Mus NL 145: Bba 1935: 17).

[40] Clemens von Franckenstein an Hermann Hans Wetzler, [München], 17.4.1916 (Zentralbibliothek Zürich, Mus NL 145: Bef 29).

[41] In seiner Basler Zeit schrieb Wetzler an seine Freundin: »Ich gehe täglich zu Dr. Brenk, – seine Behandlung hilft meinem Sprechen sehr, und habe jetzt mehr Vertrauen.« (Hermann Hans Wetzler an Doris Oehmigen, [wohl Basel, ca. 1934] [Zentralbibliothek Zürich, Mus NL 145: Bba 1931/45: 5]) Mit 71 Jahren berichtete er aus New York: »I continue my lessons with Miss Miller, and it's remarkable how well I speak.« (Hermann Hans Wetzler an Doris Oehmigen, New York, N.Y., 2.5.1941 [Zentralbibliothek Zürich, Mus NL 145: Bba 1941: 15])

[42] Herman Hans Wetzler an Lini Dienstbach, [USA], 19.6.1893 (Zentralbibliothek Zürich, Mus NL 145: Baa 1892/93, S. 116).

Worship, David Copperfield, Wagners Schriften und Dichtungen und Hans Andersens wundervolle tiefsinnige Märchen.«[43] Hervorgehoben seien an dieser Stelle nur Wagner und Shakespeare, die sich durch Wetzlers gesamtes Schaffen ziehen; bemerkenswert bei Wagners Nennung ist Wetzlers Beschränkung auf die Schriften, zu einem Zeitpunkt, da auch dem adoleszenten Thomas Mann »des Bayreuthers Name über all [s]einem künstlerischen Denken und Tun« (14.1, 302) stand.

Wenngleich Komposition in der Jugend nie die zentrale Ambition Wetzlers darstellte, ist ein Blick in die Partituren aufschlussreich. Mit seiner Abschlusskomposition 1892 am Hoch'schen Konservatorium in Frankfurt am Main, dem Kopfsatz einer Symphonie, stand Wetzler noch ganz in der Linie des Beethovenianers Bernhard Scholz; moniert wurde von der zeitgenössischen Presse »ein eingestreutes langweiliges Fugato«.[44] Neben den wenigen New Yorker Gelegenheitsarbeiten für die Kirche entstand 1896 auch das erste mit Opuszahl versehene Werk für Gesang und Klavier: *The fairye queene. An ancient English ballad* op. 1. Unverkennbar tritt hier ein Vorbild in Erscheinung, das später vor allem in Briefberichten immer wieder auftaucht: Hector Berlioz. In gleichem, leichtem Dreiermetrum erinnert *The fairye queene* an das inhaltlich entsprechende Scherzo *La reine Mab ou la fée des songes* aus Hector Berlioz' dramatischer Symphonie *Roméo et Juliette* op. 17. In der Folge entstanden zehn Liedgruppen in großer stilistischer Breite. In Wetzlers relativ kleinem Gesamtœuvre von 19 Werken mit Opuszahlen stellen sie die vorherrschende Gattung dar:

Opus	Titel	Vollendung	Veröffentlichung	Besetzung
1	The Fairye Queene. An ancient English Ballad	1896	1897	Singst Kl
2	Fünf deutsche Lieder	–	1902	Singst Kl
3	Four Scottish Ballads	–	1902	Singst Kl
4	Zwölf Kinderlieder	–	1902	Singst Kl
5	Two German Volkslieder	–	1904	Singst Kl
6	Fünf Lieder	1905-1907	1908	Singst Kl

[43] Herman Hans Wetzler an Bertha Rudolph, Neuweilnau im Taunus, 10.6.1892 (Zentralbibliothek Zürich, Mus NL 145: Bc 1891/93: 5).

[44] [o.A.: o.T.], in: Neue Frankfurter Zeitung, 1.3.1982 (zitiert nach Zentralbibliothek Zürich, Mus NL 145 : E 1882/86 : 38).

7	Musik zu Shakespeares »Wie es Euch gefällt«	1916	1917	Orch
8	Fünf Gedichte von Robert Burns	1905–1917	1918	Singst Kl
9	Zwei Gedichte von Michelangelo	1914–1915	1918	Singst Kl
10	Symphonische Phantasie	1922	1922	Orch
11	Fünf Lieder	1917–1921	1922	Singst Kl
12	Visionen. Sechs symphonische Sätze für Orchester	1923	1924	Orch
13	Assisi. Legende für Orchester	1924	1926	Orch
14	Die baskische Venus. Oper in fünf Bildern	1928	1928	
15	Symphonie Concertante für Solo-Violine und Orchester	1932	–	Vl Orch
16	Magnificat	1936	1937	S solo SSAA Vl Org
17	Vier schottische Duette	1936	1936	Singst 2 Kl
18	String Quartet in c minor	1938	1939	
19	[Nicht vergeben]			
20	Nunc dimittis	1939	1939	B solo TTTTBBBB Org

Tabelle 1: Wetzlers Werke mit Opuszahlen.

Nicht sichtbar sind hier Wetzlers Orchesterbearbeitungen vor allem von Kantatensätzen Johann Sebastian Bachs, die um 1900 in einer Orchestrierung der Orgelsonate Es-Dur BWV 525 kulminieren. Damit stand Wetzler am »Ursprung einer bis in die Gegenwart nicht mehr abreißenden Tradition der Orchesterbearbeitungen Bach'scher Werke«.[45] Als pionierhaft erwies sich auch Wetzlers referierter, analytischer, sich von Aufführungstraditionen lösender Umgang mit den Partituren Mozarts, der den meisten Kapellmeistern noch fremd war.[46]

---

[45] Hans-Joachim Hinrichsen: »Urvater der Harmonie«? Die Bach-Rezeption, in: Bach Handbuch, hrsg. von Konrad Küster, Kassel: Bärenreiter 1999, S. 47.
[46] Entsprechend berichtete Wetzler 1906 von einer Unterhaltung mit Ludwig Rottenberg

Der bereits erwähnte Artikel zur *Zauberflöte* von 1906 fand schließlich als *Wie sind Mozarts Opern zu interpretieren?* Eingang in den Sammelband *Wege zur Musik*.[47] Wetzler geht darin vertieft auf interpretations- und editionstechnische Fragen ein, indem er fordert,

dass zugleich mit der Reform des Deklamatorischen eine adäquate, feinere Ausarbeitung des rein musikalischen Teils eintritt, deren Ziel es sein muss, durch scharfes Eindringen in das subtile Gewebe der Partitur, durch feinstes Abwägen der dynamischen Werte den echten Vortragsstyl dieser Werke, wie ihn der Meister einst selbst ausgeübt hat, wiederzufinden.[48]

Als Dirigent zeigte er sich parallel dazu durchaus dem modernen Repertoire noch aufgeschlossen. So gelangten in der Rigaer Zeit (1909–1913) vereinzelt auch Mahlers Symphonie Nr. 4 G-Dur und Vincent d'Indys Orchestertrilogie *Wallenstein* op. 12 zur Aufführung, ferner Claude Debussys *Ibéria*, von der zeitgenössischen Presse als »äußerste Linke der französischen Moderne«[49] gescholten.[50] Im Gegensatz zu seinem progressiven Ansatz im Umgang mit Mozart war er als Dirigent noch fest im 19. Jahrhundert verwurzelt. Die Rezension zu Wetzlers Kölner Probedirigat der *Meistersinger* vom 7. Juni 1919 beruft sich namentlich auf »die beste Tradition der großen Münchener Wagnerzeit, deren Träger [Richard Strauss] selbst als jüngster mit Herm. Levi, Franz Fischer und Felix Mottl war«, und in deren Genuss auch Thomas Mann noch gekommen sein mag:

In der Dynamik und in den Zeitmaßen, wie Wetzler sie gestern nahm, lebte jene Münchener Tradition in meiner Erinnerung wieder auf: die Freude an der Fülle und sinnlichen Pracht des Klanges, der in eine wohlige Breite der Tempi eingebettet ist. In dieser

(1864–1932), von 1892 bis 1926 Erster Kapellmeister an der Frankfurter Oper: »Dann […] besuchte [ich] Rottenberg, mit dem ich ein sehr hitziges Gespräch führte. Er findet alle Bezeichnungen bei Mozart überflüssig, und wir disputierten nach Noten, sage ich Dir. Es war sehr interessant. Er findet Brecher's und meine Auffassung entsetzlich.« (Hermann Hans an Lini Wetzler, Usingen, 3. 6. 1906 [Zentralbibliothek Zürich, Mus NL 145: Baa 1906: 2])

[47] Die Überschrift lautete ursprünglich *Einführung zu einer Vortragsbezeichnung der Partitur der »Zauberflöte«*, zwischenzeitlich auch *Ueber das Bezeichnen Mozart'scher Opernpartituren*.

[48] Hermann Hans Wetzler: Ueber das Bezeichnen Mozart'scher Opernpartituren, Typoskript, ca. 1911, S. 1 (Zentralbibliothek Zürich, Mus NL 145: Afa 1: 5: 1).

[49] Hans Schmidt: [o.T.], in: Rigasche Rundschau, Nr. 2, 17. 1. 1911 (zitiert nach Zentralbibliothek Zürich, Mus NL 145: Ea 1909/11: 138).

[50] Der Meister dankte persönlich: »… je vous remercie fraternellement de ce que vous avez fait pour Ibéria. Il m'a d'ailleurs suffit de vous voir pendant quelques instants pour être sûr de votre compréhension et que vous étiez un artiste et un chef d'orchestre né! Vous savez aussi bien que moi, que ce sont là des qualités que l'on rencontre rarement réunies dans un seul homme!« (Claude Debussy an Hermann Hans Wetzler, [Paris], 22. 12. 1910, Abschrift [Zentralbibliothek Zürich, Mus NL 145: Bed 11])

Breite ist aber nichts metronomhaft Starres, Tempomodifikationen schmiegsamster Art bezeugten vielmehr des Dirigenten feines Empfinden für rhythmische Gegensatzwirkungen.[51]

Per Kriegsende war Wetzler dank der Shakespeare-Musik im emphatischen Sinn zum Komponisten avanciert. Junge Komponisten suchten seinen Rat, darunter Kurt Weill.[52] In den programmatisch gehaltenen Orchesterwerken der Zwanzigerjahre verfeinerte Wetzler am auffallendsten seine Instrumentationskunst. Wie weit Thomas Mann in technischer Hinsicht davon Kenntnis hatte, ist unerheblich, treffend vermochte er den Bruch der Generationen darzustellen:

So lebte Kretzschmar der selbstverständlichen, stillschweigenden Überzeugung, daß die Musik ihre endgültig höchste Erscheinungs- und Wirkungsform im Orchestersatz gefunden habe, – was Adrian nicht mehr glaubte. Für seine zwanzig Jahre war, anders als noch für den Älteren, die Gebundenheit der aufs höchste entwickelten Instrumentaltechnik an die harmonische Musik-Konzeption mehr als eine historische Einsicht, – es war bei ihm etwas wie eine Gesinnung daraus geworden, in der Vergangenheit und Zukunft verschmolzen; und sein kühler Blick auf den hypertrophischen Klangapparat des nach-romantischen Riesenorchesters; das Bedürfnis nach seiner Kondensierung [...] tat sich sehr früh bei ihm in Wort und Haltung hervor. (10.1, 220)

Ironischerweise und wohl ohne Manns Wissen hatte dieser Zusammenprall der Welten Wetzlers und Adornos 1925 einst eine Entsprechung im realen Leben gefunden. Der 22jährige Adorno hatte anlässlich der Leipziger Erstaufführung der *Visionen* eine Rezension verfasst:

[Die *Visionen*] sind lehrreich als Exempel dafür, wie wenig heute Können fruchtet, das aus Tradition und handwerklicher Tüchtigkeit stammt, wie wenig es Können ist; Wetzler verfügt gewandt, virtuos und peinlich gewandt über die instrumentalen Farben, die er fertig vorfindet, und wendet sie daran, Strauß zu banalisieren, Mahlers Ironie unterhaltsam zu verflachen oder Schreker nachzuahmen. Bedenklicher freilich als solche genügsamen Freuden verspäteten Neudeutschtums stimmt der Adagioteil, der sich beethovenisch gebärdet und eine fatale Tiefe aufbietet. Ernst Wendels Direk-

---

51 Anton Stehle: [o.T.], in: Kölnische Volkszeitung, 10.6.1919, zitiert nach (Zentralbibliothek Zürich, Mus NL 145: Ea 1917/20: 193).

52 Wetzler wies ihn ab. Zehn Jahre später wurde er von Weill daran erinnert: »Bei Herbert traf ich neulich auf dem Souper Kurt Weill; er sagte mir, er habe mich vor Jahren in Köln mit einem Empfehlungsschreiben von Albert Bing besucht, – ich erinnerte mich dann auch, dass er mir Kompositionen von sich mitbrachte; er machte aber einen so unbedeutenden Eindruck auf mich, dass ich ihn gänzlich vergessen hatte. Jetzt ist er der grosse Mann, und heimst das Geld Scheffelweise ein.« (Hermann Hans an Lini Wetzler, Berlin, 13.2.1929 [Zentralbibliothek Zürich, Mus NL 145: Baa 1929: 6]) Zu den wenigen Privatschülern Wetzlers, der nie an einem Konservatorium unterrichtete, zählten die amerikanische Musikpädagogin Justine Ward (1879–1975) und der österreichische Dirigent und Komponist Kurt Overhoff (1902–1986).

tion verhalf dem Erzeugnis zu dem Erfolg, der als oberstes Formprinzip der Partitur einkalkuliert scheint.[53]

Auf Kritiken wie diese hielt Wetzler eine direkte Replik bereit: »… in fact it would hardly be flattering if those certain semi-cultured idiots would praise me, when they go into raptures about all those modern Hochstaplers.«[54]

Unterteilt man nun die Merkmale seiner musikalischen Persönlichkeit in konventionelle – für die Zeit typische – und nicht konventionelle, singuläre Erscheinungen, so überwiegen letztere:

konventionelle Merkmale	nicht konventionelle Merkmale
	Vorbilder nicht-musikalisch
	einfache Liedkomposition als op. 1
	Berlioz als Vorbild
	frühe Bach-Bearbeitungen
	frühes Interesse an analytischem Partiturstudium
Dirigierstil	
in der Jugend progressiv, im Alter konservativ	
Komposition	

Tabelle 2: Konventionelle und nicht konventionelle Züge in Wetzlers künstlerischer Persönlichkeit.

Das äußerlich Sichtbare – Komponieren und Dirigieren – liegt aber auf der konventionellen Seite. Insofern muss Wetzler Außenstehenden als im besten Sinne durchschnittlicher Musiker erschienen sein; die singulären und aus heutiger Sicht bemerkenswerte Züge seiner künstlerischen Haltung, so die Vorliebe für Hector Berlioz, eröffneten sich erst im Gespräch. Auf eigentümliche Weise gingen bei ihm ein liberaler, amerikanischer Geist, eine deutsch-nationale Gesinnung, eine konservative künstlerische Haltung und ein Stildenken jenseits

[53] Theodor Wiesengrund-Adorno: [o. T.], in: Die Musik XVII/6, März 1925, S. 471. Diese von Walter Windisch-Laube bereits 1994 ausführlich erörterte Koinzidenz erhält aufgrund der neuen Quellenlage ein klareres Profil (vgl. Windisch-Laube: Thomas Mann versus Franz Schreker? [wie Anm. 4], S. 111).

[54] Hermann Hans an Lini Wetzler, Boulogne-sur-mer, 17. 1. 1925 (Zentralbibliothek Zürich, Mus NL 145: Baa 1925: 5).

nationaler Grenzen einher. Damit stand er trotz aller Widersprüche für »einen ›guten‹, kosmopolitischen Universalismus«.[55]

Vorträge

Im Gespräch lernte auch Thomas Mann Wetzler kennen, als Dirigent oder Komponist kannte er ihn kaum. Einzig als Pianist hatte er ihn wenigstens zwei Mal gehört: am 23. August 1927 auf Sylt mit Ausschnitten aus der *Baskischen Venus* und am 17. Dezember 1940 in Princeton mit der *Appassionata*. Sein Zugang zu Wetzler führte aber von Anfang an über das Gespräch und die Vortragsmanuskripte:

Datum	Titel
24. April 1934	Analogien bei Shakespeare und Beethoven
	Berlioz' Symphonie Fantastique und die Programm-Musik
4. Juni 1935 (Antwort Manns)	Tonsymbolik
	-

Tabelle 3: 1934 und 1935 von Wetzler an Mann gesandte Vorträge.

Die eigentliche Quelle seiner Wetzler-Texte fand Mann schließlich im 1938 erschienen Sammelband *Wege zur Musik*, in dem auch die zugesandten Vorträge unverändert enthalten sind:

Wege zur Musik
[1.] Ueber Tonsymbolik
[2.] Das »Plagiat«
[3.] Die Geburt der musikalischen Idee bei Beethoven
[4.] Berlioz' Symphonie Fantastique und die Programm-Musik
[5.] Wie sind Mozarts Opern zu interpretieren?
[6.] Wie ist Verdi zu interpretieren? Gedanken eines Theaterkapellmeisters bei der Durchsicht der Ricordischen Taschenpartituren der Werke Verdis
[7.] Ueber zwei Stiefkinder der Instrumentation
[8.] Ueber die G-moll-Symphonie von Mozart
[9.] Analogien bei Shakespeare und Beethoven

Tabelle 4: Hermann Hans Wetzler: Wege zur Musik, Zürich: Niehans 1938 (Inhaltsverzeichnis).

---

[55] Vaget: Seelenzauber. Thomas Mann und die Musik (wie Anm. 8), S. 37.

Das Handexemplar Thomas Manns trägt Wetzlers Widmung: »Thomas Mann /
The champion for truth / in profound admiration. / Hermann Hans Wetzler /
Ascona, Tessin October 26. 1938.«[56] Das Exemplar ist bis auf den Verdi-Artikel
(Nr. 6) reich mit Bleistift bezeichnet und weist eine hierarchisierende Zeichen-
gebung auf.[57] Diese dient als Wegweiser dafür, welche Passagen und Inhalte
Mann zu seinen Zwecken zu verwenden gedachte. Die Gegenüberstellung der
Kretzschmarschen Vortragsthemen bzw. -titel mit entsprechenden Textpas-
sagen Wetzlers soll aufzeigen, wie weit die Gliederung des Kapitels VIII in
Doktor Faustus von Wetzlers *Wege zur Musik* geprägt war:

Vortragstitel in *Doktor Faustus*	Artikel-/Vortragstitel in *Wege zur Musik*
Beethoven op. 111 (10.1, 78f.)	–
Beethoven und die Fuge (10.1, 86.)	Die Geburt der musikalischen Idee bei Beethoven
Die Musik und das Auge (10.1, 92.)	Ueber die G-moll-Symphonie von Mozart
Das Elementare in der Musik / Die Musik und das Elementare / Die musikalischen Elemente (10.1, 95.)	Ueber die G-moll-Symphonie von Mozart

Tabelle 5: Kretzschmars Vorträge in *Doktor Faustus* und ihre Entsprechung in
Wege zur Musik.

Der erste Vortrag zur Klaviersonate op. 111 ist bekanntlich einer privaten Vorführung durch Adorno entlehnt. Obwohl Wetzler und Adorno mit vergleich-
barem Feuer über Beethoven vorgetragen haben, hätte Mann keine größeren
Kontrahenten im Geist finden können, da Wetzler Adorno zur »extreme ›left‹
atonale Viennese school«[58] zählte. Mit der zweiten Überschrift »Beethoven
und die Fuge« hat Mann Wetzlers Beethoven-Bild am treffendsten wiedergege-

[56] Hermann Hans Wetzler: Wege zur Musik, Zürich: Niehans 1938 (TMA, Thomas Mann
4952). Der entfernte Schutzumschlag trüge den Titelzusatz *Blick in die Werkstatt großer Meister*.
[57] Die Zeichengebung ist wie folgt aufgebaut: einfach angestrichen am Rand über ganze Ab-
sätze – selten Seiten – hinweg, doppelt angestrichen über mehrere Zeilen, gelegentlich verstärkt
durch ein Ausrufezeichen oder ein einzelnes Schlagwort, oder aber mittels Unterstreichung
einzelner Wörter oder einiger Zeilen.
[58] Das Zitat entstammt einer Äußerung zum österreichischen Komponisten Karol Rathaus
(1895–1954) (vgl. Hermann Hans Wetzler an Bertha Rudolph, Furtwangen, 13.9.1932 [Zentral-
bibliothek Zürich, Mus NL 145: Bc 1932: 130]).

ben, zog sich doch gerade der Kontrapunktiker Beethoven wie ein roter Faden durch dessen Arbeit. Die letzten beiden Vorträge, »Die Musik und das Auge« und »Das Elementare in der Musik«, sind einzelnen Äußerungen Wetzlers in *Ueber die G-moll-Symphonie von Mozart* entnommen, die Mann lediglich als Aufhänger dienten. Wetzler hatte sich in höchst subjektiven Einzelheiten zur Partiturlektüre ergangen, was Mann besonders zu fesseln schien – entsprechend die Markierung, ergänzt durch ein Ausrufezeichen und den titelgebenden Begriff »Auge«:

Es ist mir unverständlich, wie ein Dirigent das nicht zu verfehlende, klare optische Bild dieser Partitur verkennen kann. Wie eindeutig beredt spricht doch hier alles! Ein Tauber müßte doch seine Freude an dieser klar disponierten Partitur haben, an der schönen Verteilung der Instrumentengruppen, an der reizvollen Führung und den reichen Umwandlungen der melodischen Linie.[59]

Kretzschmars Vortrag »Die Musik und das Auge« enthält zudem ein Zitat, das nur mit Hilfe von Manns Handexemplar entschlüsselt werden kann. Dieses ist an einigen Stellen mit handschriftlichen Ergänzungen Wetzlers versehen, so im *Analogien*-Kapitel, aber auch in *Ueber Tonsymbolik*. Dort ist der Untertitel »Symbole des Blickes« von Wetzlers Hand ergänzt mit »›To hear with eyes belongs to love's fine wit.‹ / Shakespeare, Sonnet XXIII«.[60] Diese Vorlage übernahm Mann unverändert (vgl. 10.1, 93). Entsprechend dem »Auge«-Vortrag kam auch der »Elemente«-Vortrag zustande. Dieser entsprang einer für Wetzler typischen, esoterischen Äußerung zur Metaphysik der Musik[61] – wiederum durch Mann markiert und ergänzt mit Ausrufezeichen und der Anmerkung »Elemente«:

[Trotz der unergründlichen Tiefe der Musik][62] ist ihre äußerliche Struktur außerordentlich leicht faßlich. Das Studium der Elemente der Musik eröffnet ungeahnte Einblicke in ihr Wesen. So leicht ihre Formen zu erfassen sind, so schwierig aber ist die Erfindung in der Musik.[63]

Lediglich eine Passage übernahm Mann in voller Entsprechung als Paraphrase, jedoch nicht von Wetzler selbst, sondern vom Zitat aus Hans Joachim Mosers

---

59 Wetzler: Wege zur Musik (wie Anm. 56), S. 138 (Unterstreichung durch Mann).
60 Ebd., S. 18.
61 Seine Hermeneutik benennt Wetzler in *Analogien bei Shakespeare und Beethoven*. Darin fordert er den Leser auf, »[die Partituren] nicht im populären, sondern im esoterischen Sinn [zu lesen], indem wir das Gefühl wachrufen für das, was zwischen den Zeilen steht, denn dieses ist allemal das Wesentliche.« (Ebd., S. 153.)
62 Die Passage in eckigen Klammern ist weder an- noch unterstrichen.
63 Wetzler: Wege zur Musik (wie Anm. 56), S. 138 (Unterstreichung durch Mann).

Bach-Biografie von 1935[64] in *Ueber Tonsymbolik*, in dem Phänomene der musikalischen Rhetorik referiert werden:

Doktor Faustus	*Wege zur Musik*
So habe Orlandus Lassus in der Hochzeit von Kana für die sechs Wasserkrüge sechs Stimmen gebraucht, was man ihm auch beim Sehen besser habe nachrechnen können, als beim Hören;	Hans Joachim Moser schreibt in seinem Bach-Werk: »Endlich Bach und das <u>Zahlensymbol</u>. Auch hier steht unser Meister in einer <u>uralten Tradition</u>. Wenn <u>Lassus</u> das Evangelium von der Hochzeit zu Kana komponiert, so braucht er <u>wegen der »sechs« Wasserkrüge ›sechs‹ Stimmen</u> – genau so wie noch die <u>Sechsstimmigkeit im Sanctus der H-moll-Messe auf die sechs Engelsflügel der Jesaiasvision zurückgeht</u>. Und wenn Bachs Mühlhäuser Amtsahn Joachim a Burck in seiner Johannispassion von 1568 schreibt: [es folgen zwei Notenbeispiele mit unterlegtem Text: »gab der Diener einer Jesu einen Backenstreich / Mit ihm ›zween‹ andere zu beiden Seiten, Jesum aber«] so ist das weder kindisch-spielerisch noch geschmacklos, sondern eine Zauberabbildung, eine pythagorashafte Schuldigkeit vor dem Dämonium der Zahl.«[65]
und in der Johannispassion des Joachim Burck habe ›der Diener *einer*‹, der Jesu einen Backenstreich gab, nur *eine* Note, auf das ›zween‹ aber in der nachfolgenden Phrase ›Mit ihm zween andere‹ fielen deren *zwei*. (10.1, 94)	

Der einzige Wetzler-Artikel, den Mann in seiner Kernaussage unverändert übernahm, hingegen nicht in ein eigenes Kretzschmar-Kapitel integrierte, ist *Analogien bei Shakespeare und Beethoven*. Darin listet Wetzler seitenweise Shakespearesche Verse auf, die er inhaltlichen und formalen Eigenheiten der Beethovenschen Kompositionstechnik zur Seite stellt. So sei es etwa »möglich, in der Ausdeutung einer <u>bestimmten Art Shakespearescher Wortspiele und Beethovenscher enharmonischer Verwechslungen eine Analogie</u> zu empfinden«.[66] Entsprechend porträtierte Mann:

Shakespeare und Beethoven zusammen bildeten an seinem [Kretzschmars] geistigen Himmel ein alles überleuchtendes Zwillingsgestirn, und sehr liebte er es, seinem Schüler merkwürdige Verwandtschaften und Übereinstimmungen in den Schaffensprinzipien und methoden der beiden Giganten nachzuweisen, – ein Beispiel dafür, wie weit

---

[64] Siehe Hans Joachim Moser: Joh. Seb. Bach, Berlin-Schöneberg: Hesse 1935 (= Klassiker der Musik).

[65] Wetzler: Wege zur Musik (wie Anm. 56), S. 26f. (Unterstreichung durch Mann).

[66] Ebd., S. 153 (Unterstreichung durch Mann).

der erzieherische Einfluß des Stotterers auf meinen Freund über den eines Klavierlehrers hinausging. (10.1, 107 f.)

Schluss

Wir haben gesehen, dass der prekäre Forschungsstand zu Wetzler von der bislang ebenso prekären Quellenlage zu Wetzler herrührt. Die einzigen Zeugnisse bezüglich Thomas Mann außerhalb des Nachlasses sind der Eintrag in dessen vorbereitenden Notizen sowie dessen Handexemplar von Wetzlers *Wege zur Musik*, reichlich versehen mit handschriftlichen Eintragungen durch Widmungsträger und auch Autor.

In Kontrast zu Wetzlers Absenz in den Quellen stehen die zahlreichen Berührungspunkte mit Mann, die in gewisser Hinsicht bis in die Zeit des Ersten Weltkriegs zurückreichen. Als Erster Kapellmeister am Stadttheater Lübeck von 1915 bis 1919 wird die eine oder andere Kunde über sein recht erfolgreiches Wirken wohl bis zu Thomas Mann gedrungen sein. Die mindestens drei persönlichen Begegnungen im Sommer 1927 auf Sylt legten sodann einen Grundstein für den spärlichen Briefverkehr zwischen 1934 und 1935 bezüglich Wetzlers Vortragstexte und Manns Referat *Leiden und Größe Richard Wagners* in Basel. Letztes und nachhaltigstes Zeugnis Wetzlers in Manns Leben ist jedoch zweifellos das Widmungsexemplar von *Wege zur Musik*, das wiederholten Niederschlag in Manns Tagebuch fand. Mann lernte den Musiker Wetzler vor allem über dessen schriftliche Texte und mündliche Äußerungen zur Musik kennen, und nicht über Werke oder Aufführungen – Wetzlers primäres Medium.

Zu den Eigenarten Wetzlers, die im Hinblick auf seinen Eingang ins literarische Werk von Bedeutung sind, gehört zunächst seine Internationalität; die doppelte amerikanisch-deutsche Identität war im deutschen Reich eine Seltenheit, da die Zuwanderung unter Musikern gegebenenfalls aus Österreich-Ungarn, Osteuropa und Russland erfolgte. Ein nicht auf ein deutsches Repertoire fixierter Geschmack mag daraus resultiert haben, trotzdem ist die Neigung zur Musik Hector Berlioz' eher Wetzlers spezifischer musikalischer Persönlichkeit zuzuschreiben. Seine gute Vernetzung in obere Gesellschafts- und Wirtschaftsschichten an all seinen Wirkungsorten mag aus heutiger Sicht angesichts seiner vollkommenen Unbekanntheit erstaunen, stellte jedoch für einen Ersten Kapellmeister den Normalfall dar. Konventionell war schließlich auch sein Gesamtwirken als Musiker: die Art des Dirigierens mit einem überaus traditionellen Klangideal und das Komponieren diesseits der Tonalitätsgrenze. Exzeptionell hingegen war Wetzlers Stotterleiden, zwar von der Außenwelt weitgehend tabuisiert, aber durchaus stigmatisierend. Zweifellos wäre Wetzler, hätte er *Doktor Faustus* noch erlebt, wie viele seiner Zeitgenossen *not amused* gewesen ob seiner Inszenierung.

Die Frage, was Mann den Ausschlag gab, Wetzler als Vorlage zu wählen, ist letztlich müßig. Als Stotterer bescherte dieser dramatische Effekte. Dank der doppelten nationalen Herkunft und der individuellen Prägung stand er zudem für einen offenen Umgang mit deutschem und nicht-deutschem Repertoire, wenngleich er sich in politischen Fragen nicht merklich von der Masse unterschied. Gepaart mit der aufgezeigten, äußerlichen Konventionalität Wetzlers ergibt sich allerdings genau die Mixtur, die den Lehrer Kretzschmar ausmacht. Insofern steckt erstaunlich viel Wetzler in Kretzschmar. Dass Mann zudem *Wege zur Musik* eingehend studierte und entsprechenden Erzeugnissen von Paul Bekker, Ernst Krenek, Igor Strawinsky und letztlich auch Adorno zur Seite stellte, deutet darauf hin, dass er auch der Sammlung einen gewissen Wert beimaß. So erfüllte Wetzler neben großen Namen wie Bruno Walter und später Theodor Wiesengrund Adorno in bescheidenem Maß die Funktion eines musikalischen Beraters.[67]

---

[67] Hans Rudolf Vaget hat 2006 eine Genealogie der musikalischen Berater Manns erstellt: Carl Ehrenberg (bis 1905), Carl Pringsheim (1905–ca. 1913), Bruno Walter (ab 1913), Theodor Wiesengrund Adorno (ab 1943) (vgl. Vaget: Seelenzauber. Thomas Mann und die Musik [wie Anm. 8], S. 81).

Gregor Ackermann, Walter Delabar und Dirk Heißerer

10. Nachtrag zur Thomas-Mann-Bibliographie

Die nachfolgende Mitteilung von Texten und Drucken zu Lebzeiten schließt
an die in Band 13 des Thomas Mann Jahrbuchs begonnene Berichterstattung
an. Drucke bekannter Texte werden nach den einschlägigen bibliographischen
Arbeiten ausgewiesen. Hierzu benutzen wir folgende Siglen:
Potempa (= Georg Potempa. Thomas-Mann-Bibliographie. Mitarbeit Gert
Heine. 2 Bde. Morsum/Sylt 1992–1997.)
Potempa, Aufrufe (= Georg Potempa. Thomas Mann. Beteiligungen an poli-
tischen Aufrufen und anderen kollektiven Publikationen. Eine Bibliographie.
Morsum/Sylt 1988.)
Regesten (= Die Briefe Thomas Manns. Regesten und Register. Bd. 1–5. Hrsg.
von Hans Bürgin u. Hans-Otto Mayer. Frankfurt/Main 1976–1987.)

I. Texte

[o. T.] – In: Neues Wiener Journal (Wien), Jg. 21, Nr. 7244 vom 25. 12. 1913,
S. 13–14, hier S. 13.
Thomas Manns Beitrag steht hier neben Äußerungen von Walter Bloem, Georg
Engel, Herbert Eulenberg, Friedrich Freksa, Max Halbe, Paul Heyse, Frank
Wedekind, Karl Hauptmann u. v. a. unter dem redakt. Sammeltitel »Woran ar-
beiten Sie? Eine Rundfrage an Schriftsteller, Maler, Bildhauer und Gelehrte«.
Nicht bei Potempa

[o. T.] – In: Neues Wiener Journal (Wien), Jg. 24, Nr. 8075 vom 23. 4. 1916, S. 12.
Thomas Manns Beitrag steht hier neben Äußerungen von Julius Bittner, Franz
Theodor Csokor, Leo Feld, Karl Hauptmann, Viktor Hollaender, Felix Salten,
Anton Wildgans u. a. unter dem redakt. Sammeltitel »Mit welcher größeren
Arbeit sind Sie gegenwärtig beschäftigt? Eine Rundfrage unter Schriftstellern,
Komponisten, Malern und Architekten«.
Thomas Manns Beitrag datiert: München, den 2. April 1916.
Nicht bei Potempa

Thomas Mann antwortet auf eine Rundfrage des »Fremdenblatts« [!] [...] – In:
Prager Tagblatt (Prag), Jg. 40, Nr. 114 vom 25. 4. 1916, Morgen-Ausg., S. 6.

Nachdruck von Thomas Manns Rundfragebeitrag im »Neuen Wiener Journal«
vom 23.4.1916.
Nicht bei Potempa

[o.T.] – In: Neues Wiener Journal (Wien), Jg. 24, Nr. 8318 vom 24.12.1916, S. 20.
Thomas Manns Beitrag steht hier neben Äußerungen von Walter Bloem, Franz
Theodor Csokor, Friedrich Freksa, Arno Holz, Hermann Sudermann, Anton
Wildgans u.v.a. unter dem redakt. Sammeltitel »Mit welcher größeren Arbeit
sind Sie gegenwärtig beschäftigt? Eine Rundfrage an Schriftsteller, Kompo-
nisten und Maler«.
Nicht bei Potempa

Folgender Offener Brief an die Münchener Buchhändler ist uns mit dem Ersu-
chen um Abdruck zugegangen: – In: Bayerische Staatszeitung und Bayerischer
Staatsanzeiger (München), Jg. 15, Nr. 258 vom 9.11.1927, S. 4 (Rubrik: Kunst
und Wissenschaft).
Brief, gemeinsam mit Bruno Frank und Hans Friedrich – namens des S.D.S,
Gau Bayern – an die Münchener Buchhändler.
Nicht bei Potempa, nicht in den Regesten

Aus eigener Anschauung. – In: Selbstwehr. Jüdisches Volksblatt (Prag), Jg. 29,
Nr. 44 vom 25.10.1935, S. 3.
Thomas Manns Beitrag steht neben Äußerungen von Albert Einstein, Sigmund
Freud, Heinrich Mann, Max Brod, Franz Werfel, Stefan Zweig, Arnold Zweig
u.a. unter dem redakt. Sammeltitel »Männer des Geistes und der Kunst [über
»15 Jahre Keren Hajessod«]«.
Nicht bei Potempa

»München leuchtet …« Aus der Novelle »Gladius Dei«. – In: Sonntagsblatt
Staats-Zeitung und Herold (New York), Jg. 97 (Jg. 81 des Sonntags-Herold),
Nr. 22 vom 3.6.1945, Post-Ausg., Sektion C, S. 4C.
Potempa E 14

Monolog. – In: Sonntagsblatt Staats-Zeitung und Herold (New York), Jg. 97
(Jg. 81 des Sonntags-Herold), Nr. 22 vom 3.6.1945, Post-Ausg., Sektion C, S. 11C.
Potempa F 6

Thomas Mann über sich selbst. Zu seinem Vortragsabend in Altona. »Im Spiegel«. [Mit e. redakt. Einl.] – In: Altonaer Nachrichten (Altona), Jg. 74, Nr. 125
vom 2.6.1926, S. [1].
Potempa G 32

[o.T.] – In: Neues Wiener Journal (Wien), Jg. 25, Nr. 8366 vom 14. 2. 1917, S. 7.
Thomas Manns Beitrag steht hier neben Äußerungen von Ludwig Fulda,
Auguste Supper und Max Dreyer unter dem redakt. Sammeltitel »Dichterhul-
digungen für Theodor Storm. Ein Gedenkblatt«.
Potempa G 99

Deutscher Geist und kosmopolitische Idee. [Mit e. redakt. Einl.] – In: Altonaer
Nachrichten (Altona), Jg. 73, Nr. 279 vom 28. 11. 1925, 2. Beil., S. [2].
Potempa G 244

[o.T.] – In: Altonaer Nachrichten (Altona), Jg. 73, Nr. 291 vom 12. 12. 1925,
3. Beil., S. [2].
Thomas Manns Beitrag steht hier neben Äußerungen von Heinrich Mann,
Stefan Zweig, Kasimir Edschmid, Hermann Bahr, Max Brod u. a. unter dem
redakt. Sammeltitel »Welche Bücher schenken Sie zu Weihnachten?« [Mit e. redakt. Einl.].
Potempa 252

Die Todesstrafe. [Mit e. redakt. Einl.] – In: Neue Badische Landes-Zeitung
(Mannheim), Jg. 71, Nr. 137 vom 16. 3. 1926, Morgen-Ausg., S. 6 (Unterhal-
tungs-Beilage).
Potempa G 262

Pariser Rechenschaft. – In: Altonaer Nachrichten (Altona), Jg. 74, Nr. 129 vom
7. 6. 1926, S. [1].
Potempa G 270

Münchens geistiger Niedergang. – In: Altonaer Nachrichten (Altona), Jg. 74,
Nr. 288 vom 10. 12. 1926, S. [1].
Potempa G 297

Thomas Mann an die literarische Jugend. – In: Altonaer Nachrichten (Altona),
Jg. 75, Nr. 9 vom 12. 1. 1927, 1. Beil., S. [3].
Potempa G 306

Romane der Welt. [Mit e. redakt. Einl.] – In: Altonaer Nachrichten (Altona),
Jg. 75, Nr. 81 vom 6. 4. 1927, 1. Beil., S. [3].
Potempa G 310

II. Interviews

Helmuth Holzer: Ein Gespräch über Radio mit Thomas Mann. [Mit e. Photogr.] – In: Radiowelt (Wien), Jg. 5, H. 45 vom 10.11.1928, S. 639.
Nicht bei Potempa

Die Krise des deutschen Romans. Gespräch mit Thomas Mann. – In: Neue Badische Landes-Zeitung (Mannheim), Jg. 70, Nr. 282 vom 6.6.1925, Morgen-Ausg., S. 2.
Potempa K 40

Thomas Mann über Hauptmanns Absage. – In: Neue Badische Landes-Zeitung (Mannheim), Jg. 71, Nr. 272 vom 1.6.1926, Morgen-Ausg., S. 6 (Unterhaltungs-Beilage).
Potempa K 48

Thomas Manns Pläne. [Mit e. redakt. Einl.] – In: Altonaer Nachrichten (Altona), Jg. 74, Nr. 131 vom 11.6.1926, S. [2].
Potempa K 50

In die neue Zeit – aber mit Vernunft. Thomas Mann über die Präsidenten-Wahl. – In: Tempo (Berlin), Jg. 5, Nr. 63 vom 15.3.1932, S. 10.
Potempa K 151 (mit Abweichungen)

III. Aufrufe

Im ersten Heft der neuen Monatsschrift »Das Forum« findet sich ein Aufruf für Frank Wedekind [...] – In: Wiener Abendpost (Wien), Nr. 84 vom 14.4.1914, S. 6.
Potempa, Aufrufe Nr. 5

Für Frank Wedekind. – In: Pester Lloyd (Budapest), Jg. 61, Nr. 93 vom 19.4.1914, Morgenblatt, S. 12.
Potempa, Aufrufe Nr. 5

Aufruf für Franz [!] Wedekind. – In: Pester Lloyd (Budapest), Jg. 61, Nr. 118 vom 20.5.1914, Morgenblatt, S. 16.
Potempa, Aufrufe Nr. 6

Warnruf an die Entente. – In: Neues Wiener Journal (Wien), Jg. 26, Nr. 9034
vom 27. 12. 1918, S. 4.
Dem Aufrufe-Text ist das Anschreiben Richard Dehmels vorangestellt.
Potempa, Aufrufe Nr. 10

Siglenverzeichnis

[Band arabisch, Seite]	Thomas Mann: Große kommentierte Frankfurter Ausgabe. Werke – Briefe – Tagebücher, hrsg. von Heinrich Detering, Eckhard Heftrich, Hermann Kurzke, Terence J. Reed, Thomas Sprecher, Hans Rudolf Vaget und Ruprecht Wimmer in Zusammenarbeit mit dem Thomas-Mann-Archiv der ETH Zürich, Frankfurt/Main: S. Fischer 2002 ff.
[Band römisch, Seite]	Thomas Mann: Gesammelte Werke in dreizehn Bänden, 2. Aufl., Frankfurt/Main: S. Fischer 1974.
Br I–III	Thomas Mann: Briefe 1889–1936, 1937–1947, 1948–1955 und Nachlese, hrsg. von Erika Mann, Frankfurt/Main: S. Fischer 1962–1965.
BrAd	Theodor W. Adorno – Thomas Mann: Briefwechsel 1943–1955, hrsg. von Christoph Gödde und Thomas Sprecher, Frankfurt/Main: S. Fischer 2003.
BrAM	Thomas Mann – Agnes E. Meyer: Briefwechsel 1937–1955, hrsg. von Hans Rudolf Vaget, Frankfurt/Main: S. Fischer 1992.
BrBF	Thomas Mann: Briefwechsel mit seinem Verleger Gottfried Bermann Fischer 1932–1955, hrsg. von Peter de Mendelssohn, Frankfurt/Main: S. Fischer 1973.
DüD I–III	Dichter über ihre Dichtungen, Bd. 14/I–III: Thomas Mann, hrsg. von Hans Wysling unter Mitwirkung von Marianne Fischer, München: Heimeran; Frankfurt/Main: S. Fischer 1975–1981.
Ess I–VI	Thomas Mann: Essays, Bd. 1–6, hrsg. von Hermann Kurzke und Stephan Stachorski, Frankfurt/Main: S. Fischer 1993–1997.

Notb I–II   Thomas Mann: Notizbücher 1–6 und 7–14, hrsg. von
                   Hans Wysling und Yvonne Schmidlin, Frankfurt/
                   Main: S. Fischer 1991–1992.

Reg I–V   Die Briefe Thomas Manns. Regesten und Register,
                   Bd. 1–5, hrsg. von Hans Bürgin und Hans-Otto Mayer,
                   Frankfurt/Main: S. Fischer 1976–1987.

Tb, [Datum]   Thomas Mann: Tagebücher. 1918–1921, 1933–1934,
                   1935–1936, 1937–1939, 1940–1943, hrsg. von Peter de
                   Mendelssohn, 1944–1. 4. 1946, 28. 5. 1946–31. 12. 1948,
                   1949–1950, 1951–1952, 1953–1955, hrsg. von Inge Jens,
                   Frankfurt/Main: S. Fischer 1977–1995.

TMA   Thomas-Mann-Archiv der ETH-Bibliothek Zürich.

TM Hb   Thomas-Mann-Handbuch, 3. Aufl., hrsg. von Helmut
                   Koopmann, Stuttgart: Kröner 2001.

TM Jb [Band]   Thomas Mann Jahrbuch 1 (1988) ff., begründet von
                   Eckhard Heftrich und Hans Wysling, hrsg. von Katrin
                   Bedenig und Hans Wißkirchen (ab 2014), Frankfurt/
                   Main: Klostermann.

TMS [Band]   Thomas-Mann-Studien 1 (1967) ff., hrsg. von Tho-
                   mas-Mann-Archiv der ETH Zürich, Bern/München:
                   Francke, ab 9 (1991) Frankfurt/Main: Klostermann.

Thomas Mann: Werkregister

Kursive Seitenzahlen verweisen auf die Anmerkungen.

Personenregister

Die Autorinnen und Autoren

Gregor Ackermann, Augustastr. 60, 52070 Aachen.

Dr. Heinrich Aerni, Zentralbibliothek Zürich, Musikabteilung, Sammlungen und Nachlässe, Zähringerplatz 6, CH-8001 Zürich.

Prof. Dr. Ursula Amrein, Universität Zürich, Deutsches Seminar, Schönberggasse 9, CH-8001 Zürich.

Prof. Dr. Luca Crescenzi, Università degli Studi di Pisa, Dipartimento di Filologia, Letteratura e Linguistica, Via Santa Maria 36, I-56126 Pisa.

Prof. Dr. Walter Delabar, Beethovenstr. 7, 12307 Berlin.

Prof. Dr. Yahya Elsaghe, Universität Bern, Institut für Germanistik, Unitobler, Länggastr. 49, CH-3000 Bern 9.

Prof. Dr. Norbert Frei, Friedrich-Schiller-Universität Jena, Lehrstuhl für Neuere und Neueste Geschichte, Fürstengraben 13, 07743 Jena.

Prof. Dr. Elisabeth Galvan, Università degli Studi di Napoli L'Orientale, Dipartimento di Studi Letterari, Linguistici e Comparati, Palazzo Santa Maria Porta Coeli, Via Duomo 219, I-80138 Napoli.

Dr. Dirk Heißerer, Straubinger Str. 26a, 80687 München.

Prof. em. Dr. Herbert Lehnert, 8 Harvey Court, Irvine, CA 92617–4033, USA.

Dr. Michael Maar, Am Waldhaus 33, 14129 Berlin.

Dr. Nadja Reinhard, Heinrich-Heine-Universität, Germanistik II: Neuere Deutsche Literaturwissenschaft, Universitätsstr. 1, 40225 Düsseldorf.

Stephan Stachorski, Katzenberg 90, 55126 Mainz.

Prof. em. Dr. Hans Rudolf Vaget, Smith College, Department of German Studies, Northampton, MA 01063, USA.

Prof. Dr. Hans Wißkirchen, Kulturstiftung Hansestadt Lübeck, Schildstr. 12, 23552 Lübeck.

Auswahlbibliographie 2012–2013

zusammengestellt von Gabi Hollender

1. Primärliteratur

Mann, Thomas und Kerényi, Károly: Dialogo: lettere 1934–1955, Vorwort von Domenico Conte, Roma: Editori Riuniti 2013 (= Protagonisti), 223 S.

Mann, Thomas: »Das Gesetz«: Novelle (1944), mit einem Kommentar von Volker Ladenthin und Thomas Vormbaum, Berlin: De Gruyter 2013 (= Juristische Zeitgeschichte, Abteilung 6, Recht in der Kunst – Kunst im Recht, Bd. 39), 141 S.

Mann, Thomas und Liefmann, Emil: Thomas Mann – Emil Liefmann, Briefwechsel, hrsg. von Daniel Lang, Frankfurt/Main: Stroemfeld 2013 (= Edition Text, Bd. 11), 177 S.

Pringsheim, Hedwig: Mein Nachrichtendienst: Briefe an Katia Mann 1933–1941, hrsg. und kommentiert von Dirk Heißerer, Göttingen: Wallstein 2013, 2 Bde., 866 S. und 847 S.

Pringsheim, Hedwig: Tagebücher, hrsg. und kommentiert von Cristina Herbst, Göttingen: Wallstein 2013, Bd. 1: 1885–1891 und Bd. 2: 1892–1897, 718 S. und 767 S.

2. Sekundärliteratur

Bahr, Ehrhard: Exil als »beschädigtes Leben«: Thomas Mann und sein Roman »Joseph der Ernährer«, in: Horch, Hans Otto (Hrsg.): Exilerfahrung und Konstruktionen von Identität 1933–1945, Berlin: De Gruyter 2013 (= Conditio Judaica, Bd. 85), S. 245–256.

Bahr, Ehrhard: Thomas Mann in den USA: von der ersten zur zweiten Emigration (1938–1952), in: Wallace, Ian (Hrsg.): Feuchtwanger and remigration, Oxford: Lang 2013 (= Feuchtwanger studies, Bd. 3), S. 187–200.

Baier, Christian: Erzählen aus dem »Brunnen der Vergangenheit«: Mythos und Modernität in Thomas Manns biblischer Tetralogie »Joseph und seine Brüder«, in: Düsseldorfer Beiträge zur Thomas-Mann-Forschung 2013, S. 163–172.

Baier, Christian: Der Zerfall der Worte und die Brüchigkeit der Zeichen: Polyvalenz als Strukturprinzip in Thomas Manns Roman »Der Zauberberg«, in: Max, Wortkunst ohne Zweifel?, S. 100–128.

Bartetzko, Dieter: Sich eine Form geben: Thomas Mann und die Architektur, in: Thomas Mann Jahrbuch 2013, S. 9–22.

Bartl, Andrea: Visuelles Erzählen: zum Verhältnis von Literatur und bildender Kunst im Werk Heinrich Manns, erläutert am Beispiel der Novelle »Pippo Spano«, in: Thomas Mann Jahrbuch 2013, S. 135–154.

Bassler, Moritz: Literarische und kulturelle Intertextualität in Thomas Manns »Der Kleiderschrank«, in: Honold, Deconstructing Thomas Mann, S. 15–27.

Bastek, Alexander: Thomas Mann, Carl Georg Heise und die bildende Kunst in Lübeck, in: Thomas Mann Jahrbuch 2013, S. 53–67.

Baumgartner, Walter: Thomas Mann und der Fall Hamsun(s), in: Baumgartner, Walter: Artistik, Ironie und Gewalt bei Knut Hamsun, Frankfurt/Main: Lang 2013 (= Texte und Untersuchungen zur Germanistik und Skandinavistik, Bd. 64), S. 155–166.

Bedenig, Katrin: Max Frisch und Thomas Mann: ihr Weg zu engagierten Staatsbürgern von den Anfängen bis 1947, in: Battiston, Régine (Hrsg.): Max Frisch: sein Werk im Kontext der europäischen Literatur seiner Zeit, Würzburg: Königshausen & Neumann 2012, S. 43–68.

Bedenig, Katrin: Thomas Mann, Ernst Barlach und Alfred Kubin, in: Thomas Mann Jahrbuch 2013, S. 69–94.

Bischof, Erwin: Thomas Mann und Rotary: wie der deutsche Dichter gegen die Barbarei des Nationalsozialismus kämpfte, Bern: interforum 2013, 60 S.

Blöcker, Karsten: Die reizende Natalia: sie bezauberte Thomas Mann ... und andere, in: Der Wagen: Lübecker Beiträge zur Kultur und Gesellschaft 2012, S. 257–281.

Blödorn, Andreas: Farbschattierungen: Bildlichkeit im Frühwerk Thomas Manns, in: Thomas Mann Jahrbuch 2013, S. 155–168.

Böschenstein, Bernhard: Die Sprengkraft der Miniatur: zur Kurzprosa Robert Walsers, Kafkas, Musils, mit einer antithetischen Eröffnung zu Thomas Mann, Hildesheim: Olms 2013 (= Germanistische Texte und Studien, Bd. 91), 234 S.

Bohnen, Klaus: Ein »verzweifelter Humorist«: Villy Sørensens Rezeption von Thomas Manns »Doktor Faustus«, in: Detering, Thomas Manns »Doktor Faustus«, S. 231–239.

Borchmeyer, Dieter: Warum stottert Wendell Kretzschmar?, in: Detering, Thomas Manns »Doktor Faustus«, S. 153–157.

Braches, Ernst: Thomas Mann – »Der Tod in Venedig«: I–III: Kommentar: zur Jahrhundertfeier MMXII, Overveen: Braches 2012, 712 S.

Brenner, Peter J. (Hrsg.): Thomas Mann in München: ein schwieriger Weg in die Moderne, Thalhofen: Bauer 2013, 141 S.

Brockmeier, Alke: Die Rezeption französischer Literatur bei Thomas Mann:

von den Anfängen bis 1914, Würzburg: Königshausen & Neumann 2013 (= Epistemata, Reihe Literaturwissenschaft, Bd. 780), 327 S.

Brütting, Richard: »Il mio nome è ...«: nomi precari in alcune novelle del primo Thomas Mann, in: Bremer, Donatella (Hrsg.): Nomina: studi di onomastica in onore di Maria Giovanna Arcamone, Pisa: Edizioni ETS 2013, S. 89–101.

Brütting, Richard: Thomas Manns Kunst der Namengebung, in: Brütting, Richard: Namen und ihre Geheimnisse in Erzählwerken der Moderne, Hamburg: Baar 2013, S. 91–132.

Burggrabe, Hartmut: Familie, Geld und Depression: Jonathan Franzens »Die Korrekturen« und Thomas Manns »Buddenbrooks«, in: Thomas Mann Jahrbuch 2013, S. 209–229.

Bußmann, Britta: Alter ego Parzival: zur Funktion der Wolfram-Zitate in Thomas Manns Wiedererzählung des »Gregorius«, in: Mitteilungen des Deutschen Germanistenverbandes, Jg. 60, H. 2, 2013, S. 127–140.

Cottone, Margherita: »Dear Agnes ...«: l'esperienza dell'esilio nel carteggio di Thomas Mann con Agnes E. Meyer tra passato e futuro, in: Dolei, Rimozione e memoria ritrovata, S. 15–34.

Craemer, Susanne: »Haunting melody«: zur Bedeutung Gustav Mahlers für den »Tod in Venedig« und »Morte a Venezia«, in: Zeitschrift für interkulturelle Germanistik, Jg. 4, H. 1, 2013, S. 95–109.

Czapla, Ralf Georg: Wie Thomas Mann und Fritz Stein den Savanarola-Stoff für den völkischen Historienroman untauglich werden liessen: zu »Gladius Dei« (1902) und »Savanarola der Zweite« (1924), in: Paul, Ina Ulrike (Hrsg.): Der historische Roman zwischen Kunst, Ideologie und Wissenschaft, Würzburg: Könighausen & Neumann 2013, S. 349–370.

Detering, Heinrich (Hrsg.): Thomas Manns »Doktor Faustus« – neue Ansichten, neue Einsichten, Frankfurt/Main: Klostermann 2013 (= Thomas-Mann-Studien, Bd. XLVI), 253 S.

Dierks, Manfred: Die Figur des Dr. Unruhe im Kridwiß-Kreis und die »neue Wissenschaft« nach dem Kriege, in: Detering, Thomas Manns »Doktor Faustus«, S. 133–151.

DiMassa, Daniel: Stefan George, Thomas Mann, and the politics of homoeroticism, in: German quarterly: a journal of the American Association of Teachers of German, Jg. 86, H. 3, 2013, S. 311–333.

Dömer, Tobias: Aschenbachs Dérive: eine psychogeographische Lesart von Thomas Manns »Der Tod in Venedig«, in: Düsseldorfer Beiträge zur Thomas-Mann-Forschung 2013, S. 181–188.

Dolei, Giuseppe (Hrsg.): Rimozione e memoria ritrovata: la letteratura tedesca del Novecento tra esilio e migrazioni, Roma: Artemide (= Proteo, Bd. 69), 279 S.

Draesner, Ulrike: Vom Heldenmut des Lesers: Gedanken zum Altern anlässlich der Wiederlektüre von Thomas Manns letztem Roman, in: Draesner, Ulrike: Heimliche Helden: über Heinrich von Kleist, Jean-Henri Fabre, James Joyce, Thomas Mann, Gottfried Benn, Karl Valentin u. v. a.: Essays, München: Luchterhand 2013, S. 339–353.

Düsseldorfer Beiträge zur Thomas-Mann-Forschung 2013: Schriftenreihe der Thomas-Mann-Gesellschaft Düsseldorf, hrsg. von Miriam Albracht, Düsseldorf: Wellem 2013 (= Düsseldorfer Beiträge zur Thomas-Mann-Forschung, Bd. 2), 238 S.

Dumschat-Rehfeldt, Denise: »Zufuhr neuen Blutes«: Vampirismuslektüren von Erzählungen Thomas Manns, Würzburg: Königshausen & Neumann 2013 (= Konnex, Bd. 5), 217 S.

Elsaghe, Yahya: Das Goldene Horn und die Hörner der Männchen: zur Krise der Männlichkeit in »Doktor Faustus« und »Mario und der Zauberer«, in: Honold, Deconstructing Thomas Mann, S. 121–134.

Elsaghe, Yahya: Das Grammophon des Fabrikanten Bullinger im Kontext des Gesamtwerks, in: Detering, Thomas Manns »Doktor Faustus«, S. 167–192.

Elsaghe, Yahya: Maurice Hutzler, Raoul Überbein und Doktor Sammet: eine quellenkritische Miszelle zu Thomas Manns »Königliche Hoheit«, in: Wirkendes Wort: deutsche Sprache und Literatur in Forschung und Lehre, Jg. 62, H. 2, 2012, S. 235–253.

Elsaghe, Yahya: Wie Jappe und Do Escobar boxen – oder sich doch nur prügeln?: Sport in Thomas Manns Erzählwerk, in: Colloquium Helveticum, Jg. 43, 2012, S. 18–48.

Ewen, Jens: Moderne ohne Tempo: Thomas Mann im Feld der literarischen Moderne – am Beispiel von »Der Zauberberg« und »Unordnung und frühes Leid«, in: Max, Wortkunst ohne Zweifel?, S. 77–99.

Fix, Ulla: Entstehung, intertextuelle Bezüge und sprachutopische Elemente des Romans »Der Erwählte« von Thomas Mann, in: Fix, Ulla: Sprache in der Literatur und im Alltag: ausgewählte Aufsätze, Berlin: Frank & Timme 2013 (= Sprachwissenschaft, Bd. 12), S. 417–446.

Flügge, Manfred: Bruderkrieg, in: Flügge, Manfred: Traumland und Zuflucht: Heinrich Mann und Frankreich, Berlin: Insel-Verlag 2013 (= Buddenbrookhaus-Kataloge) (= Insel-Taschenbuch, Bd. 4254), S. 63–67.

Frankowsky, Sven: Buddenbrooks sind Lang-Weiler – Es ist so!, in: Düsseldorfer Beiträge zur Thomas-Mann-Forschung 2013, S. 137–144.

Freedmann, Carl: Notes on Benjamin, Adorno, Mann, and the cinema of Michael Haneke, in: Film international: die tägliche Zeitung zum Berlin-Festival, Jg. 57, H. 10, 2012, S. 16–35.

Gerl, Hanna-Barbara: Thomas Mann – Mystik der Gottesferne, in: Zufall und Notwendigkeit oder Gottes Schöpfungsplan?, S. 100–114.

Grugger, Helmut: »Versagen der Sprache, rührend«: Annäherung an die Konzeption von Sprachkritik, Subjekt und Modernität in Thomas Manns »Doktor Faustus«, in: Max, Wortkunst ohne Zweifel?, S. 178–200.

Gutjahr, Ortrud: Thomas Manns Frühwerk: Anfänge und Vollendungen, in: Pankau, Johannes G. (Hrsg.): Fin de Siècle: Epoche – Autoren – Werke, Darmstadt: WGB 2013, S. 124–140.

Hansen, Sebastian und Heißerer, Dirk: Besuch beim Buchhändler: Thomas Mann in der Düsseldorfer Buchhandlung Schrobsdorff auf der Königsallee im August 1954: mit einer Bilderfolge, in: Düsseldorfer Beiträge zur Thomas-Mann-Forschung 2013, S. 122–136.

Hansen, Sebastian: Betrachtungen eines Politischen: Thomas Mann und die deutsche Politik: 1914–1933, Düsseldorf: Wellem 2013, 349 S.

Heißerer, Dirk: Paul Heyse adelt Gustav von Aschenbach: mit einer unbekannten Widmung Thomas Manns in einem Prachtband der Bayerischen Staatsbibliothek, in: Bibliotheks-Magazin: Mitteilungen aus den Staatsbibliotheken in Berlin und München, Jg. 9, H. 3, 2013, S. 18–22.

Heißerer, Dirk: Vertauschte Orte: »Doktor Faustus« in München, in: Detering, Thomas Manns »Doktor Faustus«, S. 193–204.

Heister, Hans-Werner: Sechseck zwischen Hollywood und New York: Adorno – Brecht – Eisler – Thomas Mann – Schönberg – Weill, in: Marx, Exilsituationen und inszeniertes Leben, S. 57–100.

Hempel, Dirk: Die Manns: der »Zauberer« und seine Familie, Regensburg: Friedrich Pustet 2013 (= Kleine bayerische Biografien), 143 S.

Herwig, Henriette: Der melancholische Jüngling in Hermann Hesses »Peter Camenzind« und »Unterm Rad« und Thomas Manns »Buddenbrooks« und »Tonio Kröger«, in: Thomas Mann Jahrbuch 2013, S. 191–208.

Hibbitt, Richard: Two responses to Paul Bourget: Henry James and Thomas Mann, in: Comparative critical studies: the journal of the British Comparative Literature Association, Jg. 10, H. 2, 2013, S. 303–316.

Hillmann, Heinz: Der Abstieg einer Kaufmannsfamilie im Fortschrittsjahrhundert und der Aufstieg einer Unternehmerfamilie: Thomas Mann, »Buddenbrooks. Verfall einer Familie« (1901) und Rudolf Herzog, »Die Wiskottens« (1905), in: Hillmann, Heinz (Hrsg.): Lebendiger Umgang mit den Toten – der moderne Familienroman in Europa und Übersee, Hamburg: Hamburg University Press 2012 (= Europäische Schneisen, Bd. 2), S. 171–222.

Hoeges, Dirk: Die Menschenrechte und ihre Feinde: deutsche Profile zwischen Kaiserreich und Bundesrepublik: Thomas Mann – Ernst Jünger – Martin Heidegger – Gottfried Benn – Carl Schmitt – Rudolf Borchardt – Stefan George – Rainer Maria Rilke – Alfred Toepfer – Neue Gefahren, Köln: Machiavelli 2013, 274 S.

Honold, Alexander (Hrsg.): Deconstructing Thomas Mann, Heidelberg: Winter 2012 (= Reihe Siegen, Germanistische Abteilung, Bd. 167), 148 S.

Honold, Alexander und Werber, Niels: Einleitung: [zu »Deconstructing Thomas Mann«], in: Honold, Deconstructing Thomas Mann, S. 5–13.

Honold, Alexander: Vorkriegs-Nachlese mit »Herr und Hund«: eine Dekonstruktion, in: Honold, Deconstructing Thomas Mann, S. 43–63.

Horton, David: Thomas Mann in English: a study in literary translation, London: Bloomsbury Academic 2013 (= New directions in German studies, Bd. 8), 248 S.

Hübner, Kerstin: Das Rätselwesen Mensch zwischen Religiosität und Unergründlichkeit des Seins: zeitlose Reflexionen in Thomas Manns Romantetralogie »Joseph und seine Brüder«, in: Düsseldorfer Beiträge zur Thomas-Mann-Forschung 2013, S. 173–179.

Hüls, Ansgar Michael: Die Anpassung des Bürgers: Carl Sternheims und Thomas Manns »Maskenmenschen«, in: Hüls, Ansgar Michael: Maske und Identität: das Maskenmotiv in Literatur, Philosophie und Kunst um 1900, Würzburg: Königshausen & Neumann 2013 (= Epistemata, Reihe Literaturwissenschaft, Bd. 784), S. 176–200.

Jamme, Christoph: Aufgeklärte Mythologie: Thomas Mann und der Mythos, in: Krüger, Brigitte (Hrsg.): Mythos und Kulturtransfer: neue Figurationen in Literatur, Kunst und modernen Medien, Bielefeld: transkript 2013 (= Metabasis, Bd. 14), S. 143–154.

Jens, Inge: Am Schreibtisch: Thomas Mann und seine Welt, Reinbek: Rowohlt 2013, 207 S.

Karthaus, Ulrich: Teuflische Gestalten aus Kaisersaschern: zur Figurenkomposition und einigen Motiven des »Doktor Faustus«, in: Detering, Thomas Manns »Doktor Faustus«, S. 111–131.

Kinder, Anna: Geldströme: Ökonomie im Romanwerk Thomas Manns, Berlin: De Gruyter 2013 (= Quellen und Forschungen zur Literatur- und Kulturgeschichte, Bd. 76), 247 S.

Klein, Kerstin: Wollust des Untergangs: »Der Tod in Venedig«, Thomas Mann und Richard Wagner: [Ausstellungskatalog], Zürich: Museum Strauhof 2013, 40 S.

Kling, Anna: Zum Werk von Thomas Mann – eine literarisch-anthropologische Betrachtung, in: Zufall und Notwendigkeit oder Gottes Schöpfungsplan?, S. 91–99.

Kling, Boris: Thomas Mann: Leben und Werk im historischen Kontext, in: Zufall und Notwendigkeit oder Gottes Schöpfungsplan?, S. 84–90.

Kohfeldt, Günter: Thomas Mann und Richard Wagner als Repräsentanten abendländischer Kulturen, in: Der Wagen: Lübecker Beiträge zur Kultur und Gesellschaft, 2012, S. 53–67.

Koopmann, Helmut: Der Hass der Exulanten und das Beispiel Heinrich und Thomas Mann, in: Gerigk, Horst-Jürgen: Hass: Darstellung und Deutung in den Wissenschaften und Künsten, Heidelberg: Mattes 2013, S. 1–18.

Koopmann, Helmut: Über das Böse: ein Versuch, in: Detering, Thomas Manns »Doktor Faustus«, S. 63–76.

Kraske, Bernd M.: »... eine alte Sehnsucht hat sich erfüllt«: Thomas Mann in Nidden: Vortrag, Bad Schwartau: WFB-Verlagsgruppe 2013, 70 S.

Kristiansen, Børge: Thomas Mann – der ironische Metaphysiker: Nihilismus, Ironie, Anthropologie in Thomas Manns Erzählungen und im »Zauberberg«, Würzburg: Königshausen & Neumann 2013, 566 S.

Kröncke, Dietrich: Richard Strauss und Thomas Mann: 1933 – »Protest der Richard-Wagner-Stadt München«: eine zweite selektive Strauss-Biographie, Tutzing: Schneider 2013, 230 S.

Kühn, Karolina: »Das ist vom Reh«: zur Bedeutungsgeschichte eines Erbstücks der Familie Mann, in: Thomas Mann Jahrbuch 2013, S. 257–261.

Kurzke, Hermann: Neue Quellenfunde zu den »Betrachtungen eines Unpolitischen«: ein Nachtrag zu Band 13 der GKFA, in: Thomas Mann Jahrbuch 2013, S. 263–266.

Lebedeva, Yulia: Der Begriff »vornehm« bei Thomas Mann, in: Max, Wortkunst ohne Zweifel?, S. 65–76.

Lehnert, Herbert: Beiträge zur Biographie Thomas Manns: 2009–2010, in: Orbis litterarum: international review of literary studies, Jg. 68, H. 1, 2013, S. 72–82.

Lehnert, Herbert: Kaisersaschern auf der Flucht vor der Modernität, in: Detering, Thomas Manns »Doktor Faustus«, S. 11–31.

Leyh, Frowine: Krankheitszeichen: Deutung und Bedeutung im Romanwerk von Thomas Mann, [bearb. von Hans Bernhard Wuermeling], in: Zufall und Notwendigkeit oder Gottes Schöpfungsplan?, S. 115–134.

Li, Shuangzhi: Die Narziss-Jugend: eine poetologische Figuration in der deutschen Dekadenz-Literatur um 1900 am Beispiel von Leopold von Andrian, Hugo von Hofmannsthal und Thomas Mann, Heidelberg: Winter 2013 (= Reihe Siegen, Germanistische Abteilung, Bd. 170), 285 S.

Linder, Jutta: »Wo ich bin, ist Deutschland«: note sull'esilio di Thomas Mann, in: Dolei, Rimozione e memoria ritrovata, S. 35–50.

Lintz, Katja: Thomas Manns »Joseph und seine Brüder«: ein moderner Roman, Frankfurt/Main: Lang 2013 (= Münchener Studien zur literarischen Kultur in Deutschland, Bd. 47), 202 S.

Mann, Martin: Der Künstler zwischen Gott und Führer: Schnittstellen von Schöpfertum in Thomas Manns Erzählung »Das Gesetz«, in: Max, Wortkunst ohne Zweifel?, S. 163–177.

Marquardt, Franka: »Mondgrammatik« und »Schönes Gespräch«: Thomas

Manns »Joseph und seine Brüder« – ein biblischer Roman?, in: Honold, Deconstructing Thomas Mann, S. 87–103.

Marx, Friedhelm: Thomas Manns »Buddenbrooks« und die Familienromane der Gegenwartsliteratur, Bonn: Bernstein 2012 (= Schriften des Ortsvereins BonnKöln der Deutschen Thomas-Mann-Gesellschaft e.V., Bd. 5), 26 S.

Marx, Leonie und Koopmann, Helmut (Hrsg.): Exilsituationen und inszeniertes Leben, Münster: mentis 2013, 238 S.

Max, Katrin: Einleitung: [Wortkunst ohne Zweifel], in: Max, Wortkunst ohne Zweifel?, S. 7–17.

Max, Katrin: Liegekur und Bakterienrausch: literarische Deutungen der Tuberkulose im »Zauberberg« und anderswo, Würzburg: Königshausen & Neumann 2013, 356 S.

Max, Katrin (Hrsg.): Wortkunst ohne Zweifel?: Aspekte der Sprache bei Thomas Mann, Würzburg: Könighausen & Neumann 2013, 248 S.

Mayer, Hartwig (Hrsg.): Romanticism, humanism, Judaism: the legacy of Hans Eichner, Bern: Lang 2013 (= Kanadische Studien zur deutschen Sprache und Literatur, Bd. 52), 307 S.

Mazzetti, Elisabetta: Thomas Manns Italienbild mit einem Seitenblick auf Goethe: sein Italienerlebnis im autobiographischen Werk und der geistige Austausch mit gleich gesinnten Italienern als Konkretisierung von Goethes Begriff der Weltliteratur, in: Düsseldorfer Beiträge zur Thomas-Mann-Forschung 2013, S. 95–120.

Mensching, Günther: Thomas Mann und das Mittelalter, in: Lühe, Irmela von der (Hrsg.): Landschaften – Gärten – Literaturen: Festschrift für Hubertus Fischer, München: AVM 2013, S. 185–197.

Michels, Volker: »Spitzbübischer Spötter« und »treuherzige Nachtigall«: Thomas Mann und Hermann Hesse, in: Thomas Mann Jahrbuch 2013, S. 169–189.

Moll, Björn: »… eindringlich betrachtet«: zur Erotisierung des Blicks in Thomas Manns »Bekenntnisse des Hochstaplers Felix Krull«, in: Düsseldorfer Beiträge zur Thomas-Mann-Forschung 2013, S. 19–35.

Nagel, Stefan: Felix Krulls Ars Amandi, in: Düsseldorfer Beiträge zur Thomas-Mann-Forschung 2013, S. 3–18.

Neuhaus, Volker: »Liebender Mann« oder »unwürdiger Greis«: Goethes letzte Liebe bei Thomas Mann, Stefan Zweig und Martin Walser, Düsseldorf: Goethe-Museum 2012 (= Düsseldorfer Goethe-Vorträge, Bd. 2), 49 S.

Neumann, Michael: Der Humanist auf dem Domberg oder Thomas Mann und das Katholische, in: Detering, Thomas Manns »Doktor Faustus«, S. 77–95.

Neumann, Veit: Die Übersetzung als Säkularisat der Formwerdung religiöser Inhalte: Erkenntnisse zur Übertragbarkeit der Glaubenssphäre am Beispiel der französischen Version der Gottesdienstszene in Thomas Manns Novelle »Der Tod in Venedig«, in: Neecke, Michel (Hrsg.): »Unübersetzbar?«: zur

Kritik der literarischen Übersetzung, Hamburg: Kovac 2013 (= Schriften-reihe Translatologie, Bd. 6), S. 125–142.

Neymeyr, Barbara: Die rhetorische Inszenierung der Sprachskepsis: ein lite-rarisches Paradoxon in Thomas Manns Erzählung »Enttäuschung« im Ver-gleich mit der Sprachkritik bei Goethe, Hofmannsthal und Nietzsche, in: Max, Wortkunst ohne Zweifel?, S. 18–43.

Oelkers, Ann-Cathrin: »Was jetzt auf beiden Seiten geschieht, ist so falsch wie möglich«: die aussenpolitisch-ökonomische Doppelkrise von 1923 im Urteil Heinrich und Thomas Manns, in: Juni: Magazin für Literatur und Kultur, H. 47/48, 2013, S. 143–156.

Olliges-Wieczorek, Ute: Das Doppelporträt Bertold Brecht und Thomas Mann von Bernhard Heisig: eine Neuerwerbung für die Thomas-Mann-Sammlung der Universitäts- und Landesbibliothek Düsseldorf, in: Düsseldorfer Bei-träge zur Thomas-Mann-Forschung 2013, S. 79–94.

Opitz, Wilfried: Thomas Mann, Tolstoj und die Demokratie: Tolstojs »Herr und Knecht« – Vorbild des Schneekapitels in Thomas Manns »Der Zauber-berg«, in: Wirkendes Wort: deutsche Sprache und Literatur in Forschung und Lehre, Jg. 63, H. 1, 2013, S. 69–90.

Ott, Hans-Georg: Zauberer / Entzauberer: Thomas Mann und Robert Musil – Politik und Kultur im 20. Jahrhundert, in: Düsseldorfer Beiträge zur Tho-mas-Mann-Forschung 2013, S. 37–60.

Panizzo, Paolo: Die Verführung der Worte: Settembrini und Naphta auf dem »Zauberberg«, in: Max, Wortkunst ohne Zweifel?, S. 129–147.

Pikulik, Lothar: Thomas Mann und der Faschismus: Wahrnehmung, Erkennt-nisinteresse, Widerstand, Hildesheim: Olms 2013 (= Germanistische Texte und Studien, Bd. 90), 208 S.

Pross, Caroline: Achsendrehung und Ambiguierungen: Thomas Mann, »Bud-denbrooks. Verfall einer Familie (1901)«, in: Pross, Caroline: Dekadenz: Stu-dien zu einer großen Erzählung der frühen Moderne, Göttingen: Wallstein 2013, S. 246–267.

Pross, Caroline: Divergente Spiegelungen: Anmerkungen zum Verhältnis von Wissen, Erzählen und Poesie im Frühwerk Thomas Manns (»Budden-brooks«), in: Honold, Deconstructing Thomas Mann, S. 29–42.

Pugh, David: »The Buddenbrooks« as their own narrators, in: Mayer, Roman-ticism, humanism, Judaism, S. 215–239.

Rehm, Stefan: »Könnte das Massenhafte, das Menschengerechte nicht ein-mal gut sein?«: Thomas Mann und die Massenkultur des Literaturmarktes der Weimarer Republik, in: Düsseldorfer Beiträge zur Thomas-Mann-For-schung 2013, S. 199–209.

Reiter, Julia Ariane: Literatur und Psychoanalyse: eine psychoanalytische Be-trachtung der Figur Gustav von Aschenbach in Thomas Manns Novelle »Der

Tod in Venedig«, in: Düsseldorfer Beiträge zur Thomas-Mann-Forschung 2013, S. 189–197.

Rösler, Winfried: Spiegelverkehrte Bildungswelten: zu Adalbert Stifters »Nachsommer« und Thomas Manns »Zauberberg«: ein Essay, Würzburg: Königshausen & Neumann 2012, 111 S.

Roskothen, Johannes: Der Stehkragen sprach: die unproduktive Spannung zwischen Thomas Mann und Bertold Brecht – eine Rekonstruktion, in: Düsseldorfer Beiträge zur Thomas-Mann-Forschung 2013, S. 61–78.

Rudloff, Holger und Liche, Helmut: Infamie: »Pädagogen-Rivalität (quasi erotisch)« in Thomas Manns Roman »Der Zauberberg«, in: Thomas Mann Jahrbuch 2013, S. 231–256.

Rudloff, Holger: Max Hergesell: eine Figur in Thomas Manns Erzählung »Unordnung und frühes Leid«, in: Wirkendes Wort: deutsche Sprache und Literatur in Forschung und Lehre, Jg. 63, H. 3, 2013, S. 411–434.

Sakamoto, Sakie: Gewalt und Gegengewalt: die ästhetisch heterogene Struktur von Thomas Manns Erzählungen »Das Eisenbahnunglück« und »Der Tod in Venedig«, in: Masumoto, Hiroko (Hrsg.): Ästhetik der Dinge: Diskurse der Gewalt, München: Iudicium 2013, S. 164–181.

Savietto, Valentina: Thomas Manns »Doktor Faustus«: die Durchlässigkeit der Grenzen zwischen Literatur und Musik als Strategie zur Steigerung des Schreibens, in: Max, Wortkunst ohne Zweifel?, S. 222–244.

Scheufens, Alexander: Einbrüche der Moderne: Thomas Manns Erzählungen »Unordnung und frühes Leid« sowie »Mario und der Zauberer«, in: Düsseldorfer Beiträge zur Thomas-Mann-Forschung 2013, S. 153–161.

Schilling, Klaus von: Thomas Manns »Der Zauberberg«, in: Schilling, Klaus von: Kultur und Identität, Teil 1: Geselligkeit und Gemeinsinn – Bürgerlichkeit im philosophischen und literarischen Diskurs, Würzburg: Königshausen & Neumann 2013, S. 325–365.

Schmidt-Schütz, Eva: Der Epilog im Himmel – »Der Erwählte«, »Doktor Faustus« und die Gnade der Absolution, in: Detering, Thomas Manns »Doktor Faustus«, S. 97–109.

Schöll, Julia: Einführung in das Werk Thomas Manns, Darmstadt: WBG 2013 (= Einführungen Germanistik) (= Wissen verbindet), 133 S.

Schöll, Julia: Nichts, was Männer können: Installation und Demontage des »grossen Mannes« in Thomas Manns Essays, in: Honold, Deconstructing Thomas Mann, S. 105–119.

Schwarz, Olga Katharina: Ein Künstlerroman besonderer Art: »Felix Krull« in Nabokovs »Verzweiflung«, in: Düsseldorfer Beiträge zur Thomas-Mann-Forschung 2013, S. 219–228.

Simonis, Annette: »Ein Traum von einer schmalen Lorbeerkrone«: zur Dante-Rezeption bei Thomas Mann und Hugo von Hofmannsthal, in: Dallapiazza, Michael (Hrsg.): Dante deutsch: die Dante-Rezeption im 20. Jahrhundert in Literatur, Philosophie, Künsten und Medien, Bern: Lang 2013 (= Jahrbuch für Internationale Germanistik, Reihe A – Kongressberichte, Bd. 114), S. 11–29.

Singer, Gesa: Künstlertum und Politisierung des Geistes: Thomas Manns Amerika-Exil, in: Fernandez Bueno, Marta (Hrsg.): Rückblicke und Perspektiven = Miradas Retrospectivas y nuevas orientaciones, Bern: Lang 2013 (= Perspektiven der Germanistik und Komparatistik in Spanien, Bd. 9), S. 265–276.

Sparenberg, Tim: Feuer, Asche und Verschwendung: die Müdigkeit und die »kluge Verwaltung« der (ästhetischen) Kraft in Thomas Manns Erzählungen »Der Tod in Venedig« und »Schwere Stunde«, in: Thomas Mann Jahrbuch 2013, S. 95–133.

Sprecher, Thomas: »Doktor Faustus« – eine »offene Wunde«, in: Detering, Thomas Manns »Doktor Faustus«, S. 49–62.

Sprecher, Thomas: Kleine Anmerkungen zur Thomas-Mann-Briefausgabe, Bonn: Bernstein 2013 (= Schriften des Ortsvereins BonnKöln der Deutschen Thomas-Mann-Gesellschaft e.V., Bd. 6), 25 S.

Stachorski, Stephan: Verteidigung des »Fugengewichts«, in: Detering, Thomas Manns »Doktor Faustus«, S. 159–166.

Strelczyk, Sophie: Friedrich Mann und Christian Buddenbrook: eine literaturanthropologische Analyse der Fiktionalisierungsmechanismen bei Thomas Mann, München: Allitera 2013 (= Bavaria, Bd. 2), 231 S.

Stürmer, Franziska: Künstler zwischen Tod und Teufel: Sprache und Sprachkritik im »Doktor Faustus«, in: Max, Wortkunst ohne Zweifel?, S. 201–221.

Swales, Martin: Humanism, physics, and metaphysics: reflections on Thomas's »Die Betrogene«, in: Mayer, Romanticism, Humanism, Judaism, S. 207–215.

Thimann, Michael: Thomas Mann und das Michelangelo-Bild der Deutschen, in: Thomas Mann Jahrbuch 2013, S. 39–52.

Thomas Mann Jahrbuch 2013, hrsg. von Katrin Bedenig, Thomas Sprecher und Hans Wißkirchen, in Verbindung mit der Deutschen Thomas-Mann-Gesellschaft Sitz Lübeck e.V., Frankfurt/Main: Klostermann 2013 (= Thomas Mann Jahrbuch, Bd. 26), 310 S.

Thums, Barbara: Festkleid oder graues Kostüm – Textile Dinge des Exils: Ästhetik und Politik der Kleidung in Thomas Manns »Joseph und seine Brüder« und Reinhard Jirgls »Die Unvollendeten«, in: Bischoff, Doerte (Hrsg.): Dinge des Exils, München: Edition Text + Kritik 2013 (= Exilforschung: ein internationales Jahrbuch, Bd. 31), S. 283–298.

Tönnesmann, Andreas: Alte Erde, neues Exil?: Thomas Mann, Paul Hindemith, Carl Zuckmayer zurück in der Schweiz (2009), in: Tönnesmann, Die Freiheit des Betrachtens, S. 523–545.

Tönnesmann, Andreas: Die Freiheit des Betrachtens: Schriften zu Architektur, Kunst und Literatur, Zürich: gta 2013, 645 S.

Tönnesmann, Andreas: Heilung und Selbstheilung bei Thomas Mann (2011), in: Tönnesmann, Die Freiheit des Betrachtens, S. 595–620.

Tönnesmann, Andreas: »Diese politische Linie seines Lebens«: Thomas Mann, Karl Schmid und die ETH Zürich (2010), in: Tönnesmann, Die Freiheit des Betrachtens, S. 561–594.

Tönnesmann, Andreas: Thomas Manns Italien (2010), in: Tönnesmann, Die Freiheit des Betrachtens, S. 546–560.

Vaget, Hans Rudolf: »Etwas wahrhaft Ergreifendes«: Thomas Manns Beziehung zu Roger Sessions, in: Detering, Thomas Manns »Doktor Faustus«, S. 219–230.

Vaget, Hans Rudolf: Thomas Mann unterwegs in Amerika: from seat to shining sea, in: Marx, Exilsituationen und inszeniertes Leben, S. 139–150.

Vaget, Rudolf: Vansittartism revisted: Thomas Mann, Bertolt Brecht, and the threat of World War: [the Ida Herz lecture], in: Publications of the English Goethe Society, Jg. 82, H. 1, 2013, S. 26–41.

Vanhelleputte, Michel: Thomas Mann und die jüdische Alterität, in: Arteel, Inge und Lochtman, Katja (Hrsg.): Alterität: Festschrift für Heidy Margrit Müller, Tübingen: Stauffenburg 2013 (= Stauffenburg Festschriften), S. 183–192.

Vogt, Jochen: Thomas Mann: »Doktor Faustus« (1947), in: Agazzi, Elena (Hrsg.): Handbuch Nachkriegskultur: Literatur, Sachbuch und Film in Deutschland (1945–1962), Berlin: De Gruyter 2013 (= De Gruyter Handbook), S. 349–353.

Wacker, Gabriela: Thomas Mann und Stefan George: zwischen Prophetie und Parodie, in: Wacker, Gabriela: Poetik des Prophetischen: zum visionären Kunstverständnis in der Klassischen Moderne, Berlin: De Gruyter 2013 (= Studien zur deutschen Literatur, Bd. 201), S. 106–177.

Walter, Hugo G.: Magnificent houses in twentieth century European literature, New York: Lang 2012 (= Studies on themes and motifs in literature, Bd. 115), 323 S.

Wege, Sophia: Wie geht's wie steht's, Hans Castorp? Rückneigung im »Zauberberg«, in: Wege, Sophia: Wahrnehmung, Wiederholung, Vertikalität: zur Theorie und Praxis der kognitiven Literaturwissenschaft, Bielefeld: Aisthesis 2013, S. 459–487.

Wenderholm, Iris: »Totentanz-Heimat«: literarische Funktionalisierung sakraler Kunst bei Thomas Mann, in: Thomas Mann Jahrbuch 2013, S. 23–37.

Werber, Niels: Das Politische des Unpolitischen: Thomas Manns Unterscheidungen zwischen Heinrich von Kleist und Carl Schmitt, in: Honold, Deconstructing Thomas Mann, S. 65–85.

Wimmer, Ruprecht: »Der Erwählte«: ein »vielversuchtes Gedicht« von Sünde und Gnade: Thomas Manns Wiedererzählung einer mittelalterlichen Legende, in: Lindner, Konstantin (Hrsg.): Erinnern und Erzählen: theologische, geistes-, human- und kulturwissenschaftliche Perspektiven, Berlin: LIT 2013 (= Bamberger theologisches Forum, Bd. 14), S. 145–153.

Wishard, Armin: Thomas Mann in the Rocky Mountains, in: Hawaii International Conference on Arts & Humanities: 2013 Conference Proceedings, S. 69–78.

Wißkirchen, Hans: Der »Doktor Faustus« als Roman des Endes: zur Verschränkung von Ästhetik und Zeitgeschichte bei Thomas Mann, in: Detering, Thomas Manns »Doktor Faustus«, S. 205–218.

Woll, Silvia: Aspekte des Modernen bei Thomas Mann: die Darstellung von Gewalt in den frühen Erzählungen »Tobias Mindernickel« und »Der kleine Herr Friedemann«, in: Düsseldorfer Beiträge zur Thomas-Mann-Forschung 2013, S. 145–152.

Zeller, Regine: Läuse, Wölfe, Tanzbären: Tiermetaphorik in Thomas Manns Erzählungen »Luischen« und »Wälsungenblut«, in: Max, Wortkunst ohne Zweifel?, S. 44–64.

Zoggel, Marc von: Mythical dimensions: Harry Mulisch and the irony concept of Thomas Mann, in: Düsseldorfer Beiträge zur Thomas-Mann-Forschung 2013, S. 211–218.

»Zufall und Notwendigkeit oder Gottes Schöpfungsplan? – Nachfrage bei Charles Darwin« und »Christentum und ärztliche Kunst – Nachfrage bei Thomas Mann« und »Arm in einem reichen Land«: Konferenzen der Katholischen Ärztearbeit Deutschlands, Maria Laach 2010–2011, hrsg. von der Katholischen Ärztearbeit Deutschlands e.V., Grafschaft: Katholische Ärztearbeit Deutschlands 2012, 216 S.

Mitteilungen der Deutschen Thomas Mann-Gesellschaft, Sitz Lübeck e.V., für 2014

Thomas-Mann-Tagung 2013, Bonn:
Thomas Mann und Nachkriegsdeutschland

Die Herbsttagung der Deutschen Thomas Mann-Gesellschaft zum Thema »Thomas Mann und Nachkriegsdeutschland« wurde vom 20. bis zum 22. September 2013 in Bonn ausgerichtet – in Zusammenarbeit mit dem Heinrich-und-Thomas-Mann-Zentrum, dem Ortsverein BonnKöln und der Stiftung Haus der Geschichte der Bundesrepublik Deutschland.

Als eine Art von Resümee der Haltung Thomas Manns zu Nachkriegsdeutschland darf ein Satz aus seinem Brief an Erich von Kahler vom 12. August 1954 verstanden werden: »Zwischen den Stühlen sitzt man *stumm*. Es ist die Situation jedes besseren Menschen heute« (Br III, 352). Angesprochen ist seine Position zwischen Ost und West, die ihm viele Anfeindungen eingebracht hatte, aber auch ein resignatives Element: Zum Ende seines Lebens wollte sich Thomas Mann nicht mehr einmischen.

Wie war es zu dieser Haltung gekommen? Wie hatte Thomas Mann unmittelbar nach Kriegsende auf die deutsche Situation reagiert, wie sich seine Haltung in den folgenden zehn Jahren entwickelt? Um dies zu ergründen, nahm die Tagung sowohl die tagesaktuellen Schriften Thomas Manns in den Blick, seine Essays, Zeitungsartikel und Briefe, als auch die literarischen Werke jener Jahre. Hatte sich doch gerade um den großen Altersroman *Doktor Faustus* nach dem Erscheinen in Deutschland eine Debatte entsponnen, in der sich Ästhetisches und Politisches vermischten.

Unter der Überschrift »Die Zeitgeschichte« befasste sich im ersten Themenblock Prof. Dr. Norbert Frei mit dem Thema *Kollektivschuldthese und Vergangenheitspolitik, Thomas Mann im politischen Horizont der Nachkriegsdeutschen*, und Prof. Dr. Hans Rudolf Vaget sprach unter dem Titel *Der Unerwünschte, Thomas Mann in Nachkriegsdeutschland* über die Außenwahrnehmung Thomas Manns in dieser Zeit. Prof. Dr. Günther Rüther hingegen behandelte in seinem Beitrag *Zwischen Nähe und Distanz, Thomas Manns Deutschlandbild im Goethejahr 1949* die Perspektive des Autors. Am Abend wurde im Rahmen der Mitgliederversammlung eine Festschrift an Prof. Dr. h.c. Ruprecht Wimmer verliehen. Den Abschluss des Tages bildete ein geselliges Beisammensein im Rheinischen Landesmuseum mit Führung von Frau Dr. Eva de Voss zur Pietà Röttgen, die im *Zauberberg* eine wichtige Rolle spielt.

Die zweite Sektion behandelte »Die Wirkung«. Dementsprechend ging Prof. Dr. Hans Wißkirchen in seinem Vortrag *Politische Lektüren* auf *Die Rezeption der Brüder Heinrich und Thomas Mann in den beiden deutschen Staaten zwischen 1945 und 1955* ein. Prof. Dr. Yahya Elsaghe hatte die *Thomas Mann-Verfilmungen als Vergangenheitspolitik* zum Thema, und Prof. Dr. Elisabeth Galvan referierte über *Das Erbe der »anderen Achse«, Thomas Mann im Italien der Nachkriegszeit*.

Anschließend gab es ein umfangreiches Programm im Haus der Geschichte mit Kurzvortrag und Führungen durch die Dauer- sowie die Sonderausstellung »*The American Way*«. Auch konnten das alte Bundesratsgebäude, in dem 1949 das Grundgesetz unterzeichnet wurde, und der Kanzlerbungalow besucht werden. Am Abend umrahmte Organist Andreas Arand in der Sankt Remigiuskirche mit Musikbeispielen ein Programm unter dem Titel »*Das musikalische Credo des Edmund Pfühl / Buddenbrooks*« – Kommentierungen und Lesungen aus dem Roman.

Unter der dritten Überschrift »Das Werk und die Zeit« behandelte Stephan Stachorski das Thema »*Swie groß si jemands Missetat. Got dennoch mehr Genaden hat*«, *Thomas Manns direkte und indirekte Reflexionen zur deutschen Schuld vom Beginn des Exils bis zum* »*Erwählten*«. Prof. Dr. Luca Crescenzi sprach über den *Abschied vom Ästhetizismus, Deutschlands ethische Wende und die musikalische Symbolik des* »*Doktor Faustus*«. Im Anschluss beendete der Präsident die Tagung.

Mitteilungen der Thomas Mann Gesellschaft
Zürich 2014

In diesem Jahr jährte sich der Ausbruch des Ersten Weltkriegs zum hundertsten Mal. Die Thomas Mann Gesellschaft Zürich nahm dies zum Anlass, die kulturpolitische Haltung Thomas Manns vor und während der Kriegsjahre sowohl von Seiten der Literaturwissenschaft als auch von Seiten der Geschichtswissenschaft neu untersuchen und deuten zu lassen.

Die Jahrestagung fand am 31. Mai im bewährten Rahmen des Literaturhauses Zürich statt. Sie wurde durch ein Referat des Literaturwissenschaftlers Prof. Dr. Dr. h.c. Heinrich Detering eröffnet. Er analysierte den geistigen Weg Thomas Manns »Vom ›Litteraten‹ zum Propagandisten des Krieges« und somit die Vorgeschichte von Thomas Manns Kriegsenthusiasmus im August 1914. Zu diesem Zweck untersuchte er das literarische Werk der Vorkriegszeit insbesondere anhand Thomas Manns Essays der Jahre von 1903 bis 1914.

Ein fachübergreifendes Pendant bildete der anschließende Vortrag von Prof. Dr. Georg Kreis. Er überprüfte als Historiker Thomas Manns *Betrachtungen eines Unpolitischen* im zeitgeschichtlichen Kontext und zeigte an drei ausgewählten Kategorien Thomas Manns Rechtfertigungen des Kriegs von 1914 bis 1918 auf.

In der Kombination der beiden Referate lag sowohl eine literarisch-biographische als auch eine historisch-politische Öffnung des Themas. Literatur- und Zeitgeschichte der Vorkriegsjahre wie auch der Weltkriegsjahre selbst konnten im abschließenden und von Manfred Papst moderierten Podiumsgespräch weiter vertieft werden.

Als zusätzliche Veranstaltung lud die Thomas Mann Gesellschaft Zürich ihre Mitglieder am 4. Mai zu einer literarisch-musikalischen Soiree zu Thomas Manns Teufelsgespräch im *Faustus*-Roman. Es handelte sich um eine Koproduktion mit dem Kammermusikkreis La Part-Dieu im Kulturhaus Helferei in Zürich. Der Schauspieler Peter Fricke übernahm souverän den Part der kurzfristig verhinderten Dietlinde Turban Maazel und las ausgewählte Passagen aus Thomas Manns Teufelsgespräch. Kongenial ergänzt wurde diese Lesung durch auf den Roman abgestimmte Werke von Mahler, Schnittke, Beethoven und Schostakowitsch, die vom Philharmonischen Klaviertrio München gemeinsam mit Beate Springorum glanzvoll interpretiert wurden. Eine fundierte inhaltliche Einführung in Thomas Manns Teufelsgespräch bot Dr. Friedrich Schmidt von der Universität Freiburg.